JN084194

最高水準
問題集

中学公民

文英堂

本書のねらい

▶みなさんは，"定期テストでよい成績をとりたい"とか，"希望する高校に合格したい"と考えて毎日勉強していることでしょう。そのためには，**どんな問題でも解ける最高レベルの実力**を身につける必要があります。では，どうしたらそのような実力がつくのでしょうか。それには，よい問題に数多くあたって，自分の力で解くことが大切です。

▶この問題集は，最高レベルの実力をつけたいという中学生のみなさんの願いに応えられるように，次の3つのことをねらいにしてつくりました。

1	教科書の内容を確実に理解しているかどうかを確かめられるようにする。

2	おさえておかなければならない内容をきめ細かく分析し，問題を1問1問練りあげる。

3	最高レベルの良問を数多く収録し，より広い見方や深い考え方の訓練ができるようにする。

▶この問題集を大いに活用して，どんな問題にぶつかっても対応できる最高レベルの実力を身につけてください。

本書の特色と使用法

① 「標準問題」→「最高水準問題」で構成し，段階的に無理なく問題を解いていくことができる。

▶本書は，「標準」と「最高水準」の2段階の問題を解いていくことで，各章の学習内容を確実に理解し，無理なく最高レベルの実力を身につけることができるようにしてあります。
▶本書全体での「標準問題」と「最高水準問題」それぞれの問題数は次のとおりです。

標 準 問 題 ……124題　　最 高 水 準 問 題 ……137題

豊富な問題を解いて，最高レベルの実力を身につけましょう。
▶さらに，学習内容の理解度をはかるために，より広いまとまりごとに「**実力テスト**」を設けてあります。ここで学習の成果と自分の実力を診断しましょう。

②　「標準問題」で，各章の学習内容を確実におさえているかが確認できる。

▶「標準問題」は，各章の学習内容のポイントを1つ1つおさえられるようにしてある問題です。1問1問確実に解いていきましょう。各問題には[タイトル]がつけてあり，どんな内容をおさえるための問題かが一目でわかるようにしてあります。

▶どんな難問を解く力も，基礎学力を着実に積み重ねていくことによって身についてくるものです。まず，「標準問題」を順を追って解いていき，基礎を固めましょう。

▶その章の学習内容に直接かかわる問題に **重要** のマークをつけています。じっくり取り組んで，解答の導き方を確実に理解しましょう。

③　「最高水準問題」は各章の最高レベルの問題で，最高レベルの実力が身につく。

▶「最高水準問題」は，各章の最高レベルの問題です。総合的で，幅広い見方や，より深い考え方が身につくように，難問・奇問ではなく，各章で勉強する基礎的な事項を応用・発展させた質の高い問題を集めました。

▶特に難しい問題には，**難** マークをつけて，解答でくわしく解説しました。

④　「標準問題」にある〈ガイド〉や，「最高水準問題」にある〈解答の方針〉で，基礎知識を押さえたり適切な解き方を確認したりすることができる。

▶「標準問題」には，**ガイド** をつけ，学習内容の要点や理解のしかたを示しました。

▶「最高水準問題」の下の段には，**解答の方針** をつけて，問題を解く糸口を示しました。ここで，解法の正しい道筋を確認してください。

⑤　くわしい〈解説〉つきの別冊解答。どんな難しい問題でも解き方が必ずわかる。

▶別冊の「解答と解説」には，各問題のくわしい解説があります。答えだけでなく，**解説** もじっくり読みましょう。

▶ **解説** には ㋐ **得点アップ** を設け，知っているとためになる知識や高校入試で問われるような情報などを満載しました。

もくじ

1 わたしたちが生きる現代社会と文化

標 準 問 題 ————————————————————————— (解答) 別冊 p. 2

重要 001 [現代社会の特色と文化]

次の各文章の[　　　　　]に適する語句を，下の語群から選んで答えなさい。

(1) 現代の社会は，ヒト・モノ・カネなどが国境を越えて行き来する①[　　　　　　　]の
時代になっている。また最近ではインターネットの急速な発達による IT 社会をむかえ，世
界の一体化が進んでいる。これを②[　　　　　　　]という。

(2) 日本は今，子どもの数が減り，高齢者の数が増える③[　　　　　　　]が進んでいる。

(3) 今日，国境を越えた市民の活動が活発になってきている。さまざまな人や文化が共存する
④[　　　　　　　]の時代を迎え，開発途上の国に協力する非営利の民間団体組織である
⑤[　　　　　　　]などの活動が盛んである。

(4) 音楽，絵画，彫刻などの⑥[　　　　　　　]は，くらしのなかで重要な役割をはたして
いる。日本では，自然崇拝や祖先信仰が神道や⑦[　　　　　　　]などと結びついて大切
にされてきた。

(5) 長い歴史のなかで，人びとに受け継がれてきた文化を⑧[　　　　　　　]という。能や
歌舞伎，華道や茶道などのほか，広く日常のなかで受け継がれてきた⑨[　　　　　　　]
や冠婚葬祭などの生活文化がある。これらの伝統文化は，時代の変化に合わせて形を変え，
現代に受け継がれている。国はこれらの伝統文化を保存や活用するため⑩[　　　　　　　]
の保護やその他の様々な活動をしている。

語群　共生社会　　グローバル化　　ローカル化　　少子高齢化　　多子若年化
　　　仏教　　伝統文化　　ボーダーレス　　NGO　　NPO　　多文化社会
　　　芸術　　文化財　　産業　　生活　　社会　　年中行事

002 [現代社会とわたしたちの生活]

祖父の生きてきた時代についての祖父と孫との会話を読んで，あとの問いに答えなさい。

> 孫　：おじいちゃんが生まれた 1937 年は日中戦争がはじまった年ですね。
> 祖父：そうだよ。8 歳の時，終戦となり，戦後しばらくは生活必需品の不足などで物価が
> 　　　上がり，生活がたいへんだったんだ。1951 年に⒜サンフランシスコ平和条約が調印
> 　　　された時は，中学生だったよ。高校を卒業して就職したころから高度経済成長がは
> 　　　じまり，日本経済は急激に成長し，日本人の生活は豊かになっていったよ。
> 孫　：お父さんは，⒝1960 年代半ば，東京オリンピックが開かれた年に生まれたんだよね。
> 祖父：その年，わが家では⒞テレビを買ってオリンピックを見たよ。その後，1973 年には
> 　　　⒟石油危機があって，世界的に不況となり，高度成長は終わったんだ。
> 孫　：私は 1994 年生まれで，21 世紀初めの年の 2001 年に小学校に入学しました。

(1) ⓐサンフランシスコ平和条約について適切なものを，次のア～エの中から1つ選び，記号で答えよ。　　　　　　　　　　　　　　　　　　　　　　　　　［　　　　　］

ア　条約には中華人民共和国も調印した。

イ　条約調印の同日，日米安全保障条約が結ばれた。

ウ　条約によって，ソ連との国交が回復して，国際連合に加盟した。

エ　条約によって，アメリカの占領下にあった沖縄が日本に返還された。

(2) ⓑ1960年代のできごととして適切でないものを，次のア～エの中から1つ選び，記号で答えよ。　　　　　　　　　　　　　　　　　　　　　　　　　　　　　　　　　［　　　　　］

ア　朝鮮戦争による特需によって好景気をむかえた。

イ　東海道新幹線や日本で最初の高速道路が開通した。

ウ　公害が深刻化したため，公害対策基本法が制定された。

エ　国民総生産が資本主義国で第2位になった。

(3) ⓒテレビについて，当時の日本人にとってテレビはあこがれの3大人気商品の1つだった。残りの2つは何か，次のア～エの中から1つ選び，記号で答えよ。　　　　　［　　　　　］

ア　冷蔵庫，車　　　イ　洗濯機，冷蔵庫　　　ウ　車，洗濯機　　　エ　扇風機，炊飯器

(4) ⓓ石油危機について適切なものを，次のア～エの中から1つ選び，記号で答えよ。

　　　　　　　　　　　　　　　　　　　　　　　　　　　　　　　　　　　　　　［　　　　　］

ア　イランとイラクとの戦争によって石油の輸入が急激に減ったため，経済危機をもたらした。

イ　中東戦争の影響により石油の価格が上がり，経済危機をもたらした。

ウ　朝鮮半島での南北対立が激しくなり，貿易で影響を受けた日本が経済危機になった。

エ　石油を産出する国々が石油の値上げを求めて輸出を制限したため，資源のない日本に大きな影響を与えた。

> **ガイド** (3)日本は高度経済成長により，先進国の仲間入りをはたし，消費も拡大した。1950年代には白黒テレビと(3)の答えが「三種の神器」として人気で，1960年代には3C（カラーテレビ・自動車・クーラー）が各家庭に普及していった。

---

003 〉[情報社会]

情報社会に関する次の問いに答えなさい。

(1) 高度に発達した通信手段は，情報を短時間でしかも大量に伝えることを可能にした。今日の情報社会の中で情報を利用するにあたって，私たちが心がけなければならないことは何か，書け。

　　［　　　］

(2) 今日，情報は人々の生活にとってなくてはならないものであるが，その一方で，情報化の進展にともない，さまざまな問題が起こっている。どのような問題が起こっているか，1つ取り上げて説明し，その問題に対応するためにはどのようなことが大切であるか，書け。

　　［　　　］

最高水準問題

解答　別冊 p.3

004 次の文章を読んで，あとの問いに答えなさい。

（大阪・清風高改）

　コンピューターと通信技術の進歩がもたらした高度情報社会では，これまでになかったような様々な問題が起こっている。たとえば，①インターネットの普及により，個人情報の流出や詐欺（さぎ）など新しい種類の人権侵害（はんざい）や犯罪行為が起こっている。また，②クレジットカードの普及によって商品の購入がとても便利になった反面，多額の借金を抱えて返済に行き詰まる人も増大している。新たなルールの確立とモラルの向上が大きな課題であるといえる。

　一方，コンピューターのトラブルから証券取引所の機能が完全に麻痺（まひ）したことで，[　③　]の売買が長時間にわたり停止するという問題も発生している。高度情報社会における危機管理のあり方が問われているといえるだろう。

(1) 下線部①について，次の2つのグラフから読み取れることを述べた文として誤っているものを，あとのア～エの中から1つ選び，記号で答えよ。　[　　　　]

日本のインターネット利用者数の推移

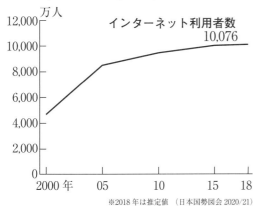

※2018年は推定値　（日本国勢図会 2020/21）

日本のインターネットによる犯罪数の推移

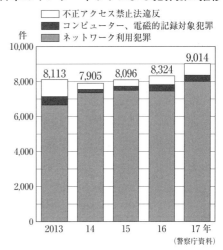

（警察庁資料）

ア　日本のインターネット利用者は，2000年から2018年の間に約2.2倍に増加した。

イ　2014年以降，不正アクセス禁止法違反の数は，2013年を上回っていない。

ウ　2013年以降，ネットワーク利用犯罪数は，インターネット利用者の増加とともに増加傾向にある。

エ　不正アクセス禁止法の施行以降，違反件数は減少傾向にある。

(2) 下線部②について，クレジットカードの特徴を述べた文として誤っているものを，次のア～エの中から1つ選び，記号で答えよ。　[　　　　]

ア　クレジットカードは，商品や代金の前払いをしておいて利用する。

イ　クレジットカードは，収入があるという信用にもとづいて利用できる。

ウ　クレジットカードは，分割払いが可能である。

エ　クレジットカードの利用額は，年々増加している。

(3) 文中の[　③　]に入る最も適当な語句を，次のア～エの中から1つ選び，記号で答えよ。

[　　　　]

ア　情報　　イ　株式　　ウ　土地　　エ　小切手

005 国際社会に見られるグローバル化現象として誤っているものを，次のア～エの中から1つ選び，記号で答えなさい。 (宮城・東北学院高) [　　　　]

ア　インターネットの利用により，情報は国境という壁をこえて流通し，地球的規模でさまざまな問題を考えることを可能にした。

イ　株や通貨が世界で瞬時に取り引きされるようになっており，ある国の経済政策の失敗がすぐに他の国々に影響を与えるようになった。

ウ　世界で活躍する企業は，各国のヒト・モノ・カネ・の流通を可能にし，世界の中の豊かな国々と貧しい国々の格差をいちじるしく縮小させた。

エ　ヨーロッパの EU や東南アジアの ASEAN などのように，地域的なまとまりを強める動きが活発化した。

006 次の文章を読んで，あとの問いに答えなさい。 (北海道改)

　第二次世界大戦後の日本では，1950年代半ばまでに経済がほぼ戦前の水準に回復し，①高度経済成長の時代の1968年には，国民総生産が資本主義国の中で第2位となった。その後も，日本は工業製品の輸出の増大などによって経済を発展させてきた。②1980年代の後半からは，株や土地への過剰な投資により，株価や地価が上昇して好況となったが，その後一転して深刻な不況に陥った。

(1) 下線部①について，この時代の日本の様子について述べた文として誤っているものを，次のア～エの中から1つ選び，記号で答えよ。 [　　　　]

ア　冷蔵庫などの電気(電化)製品が，家庭へ急速に普及した。

イ　大都市に人口が集中し，過密が問題となった。

ウ　インターネットの利用者が急増し，情報化が進んだ。

エ　東京オリンピックや大阪万国博覧会(大阪万博)が開催された。

(2) 下線部②を何というか，答えよ。 [　　　　]

難 007 次の資料を見て，あとの問いに答えなさい。 (大分改)

資料 [　　　　] デザインとは

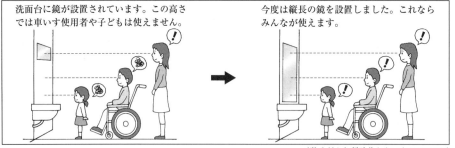

(県政だより新時代おおいた2008 No.61)

(1) 空欄にあてはまる語句をカタカナで答えよ。 [　　　　]

(2) (1)デザインとは何か，**資料を参考**にして答えよ。

[　　　　]

解答の方針

007 (1)バリアフリーではない。だれでも使えるという意味のことばが入る。

2 現代社会の見方・考え方

重要 008 [家族関係と法律]

右の図を参考にして、あとの問いに答えなさい。

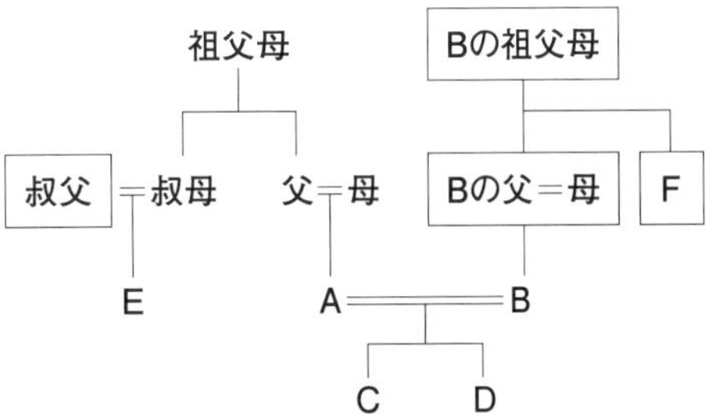

(1) 図中のAから見て、Bを何というか、漢字3字で答えよ。 [   ]

(2) 図中のAから見て、Eを何というか答えよ。 [   ]

(3) 図中のBから見て、Fは何親等か答えよ。 [   ]

(4) 図中のAが1,800万円の遺産を残して死亡した。Bは健在であり、AB間にはCとDの2人の子どもがいる。遺言やその他の法定相続分を変更するようなものはないとすると、それぞれの相続分はいくらか、正しいものを、次のア〜エの中から1つ選び、記号で答えよ。 [   ]

　ア　相続分は、B・C・Dともに600万円ずつである。

　イ　相続分は、Bが900万円、CとDが450万円ずつである。

　ウ　相続分は、Bが1,200万円、CとDが300万円ずつである。

　エ　相続分は、CとDが900万円ずつである。

(5) 民法には、親族や相続に関する規定がある。これらの規定に関して、誤っているものを次のア〜エの中から1つ選び、記号で答えよ。 [   ]

　ア　20歳(2022年4月より18歳)に達しない子は、父母の親権に服する。

　イ　相続は死亡によって開始する。

　ウ　直系血族または3親等内の傍系血族の間では、婚姻をすることができない。

　エ　夫婦は、婚姻の際に法律の定めるところに従い、夫の氏を称する。

> **ガイド** (4)配偶者と子どもが遺産相続人の場合には、配偶者が2分の1、子どもがその残りを均等に相続する。ただ、法改正の動きもあるので注意しよう。図中の[　　　]で囲った人々はAの姻族。

009 [戦後の社会変化]

春夫と祖母との会話を読んで、あとの問いに答えなさい。

春夫：おばあちゃんの若い時と比べて、社会で大きく変わったことにどんなことがあるの？

祖母：そうね、①家族のかたちや②お年寄りの割合かな。それから、③女性の働く環境も変わってきたね。

春夫：いろんなことが変わったんだね。

(1) 下線部①について，**図**は，日本の世帯数と世帯の構成について，1965年と2015年とを比較したものであり，X，Y，Zは，核家族世帯，単独(一人)世帯，その他の世帯のいずれかである。図のX，Y，Zのうち，割合が最も増加しているのは [a] で，これはb(ア　核家族　イ　単独)世帯である。[a] に当てはまる世帯を，X，Y，Zから1つ選び，記号で答えよ。また，bの(　　)の中から適当なものを1つ選び，記号で答えよ。　　a [　　　] b [　　　]

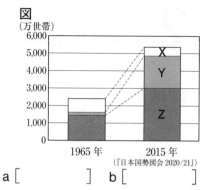

図
(万世帯)

(『日本国勢図会 2020/21』)

(2) 下線部②について，**表**は，日本の総人口に占める老年人口(65歳以上)の割合(%)の推移を示したものである。

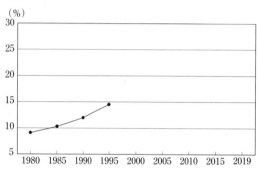

表

1965年	1970年	1975年	1980年
6.3%	7.1%	7.9%	9.1%

1985年	1990年	1995年	2000年
10.3%	12.0%	14.5%	17.3%

2005年	2010年	2015年	2019年
20.1%	23.0%	26.7%	28.4%

(『日本の100年第5版』による)

　表をもとに，老年人口の割合のグラフを完成させよ。また，表のように老年人口の割合が増加している理由を答えよ。[　　　　　　　　　　　　　　　　　　　　　　　　　]

(3) 下線部③について，男女雇用機会均等法が改正され，職場において男女を平等にあつかうことが強く求められるようになった。この法律で禁止されている男女差別にはどのようなことがあるか，具体的に1つ答えよ。[　　　　　　　　　　　　　　　　　　　]

---

010 [社会生活のルール]

次の問いに答えなさい。

(1) 次の文にあてはまる語句を，下の**語群**から選び答えよ。

　　人間はさまざまな集団と関わりを持つため社会的存在であると言われるが，人間には個性があり，考え方や価値観は違うので，意見が対立することもある。そのとき，わたしたちは①[　　　　　　]や公正を念頭において解決策を話し合い，全会一致や多数決という方法をとって②[　　　　　　]をめざそうとする。その後，同じような対立を防ぐために，権利・義務・責任の所在を明らかにして③[　　　　　　]をつくることも必要となる。

　語群　きまり　　法律　　自己主張　　合意　　無効　　効率　　欲求

(2) 公正とはどのようなことか。25字程度で答えよ。

　公正とは，[　　　　　　　　　　　　　　　　　　　　　　　　　　　　　]

ガイド　(2)「公正」は，手続きの公正さと，機会や結果の公正さについて考えてみるとよい。トラブルの解決策についてみんなが納得できるかどうかを判断する考え方が効率と公正。

最高水準問題 ──────────────────── 解答 別冊 p.5

011 次の文章を読んで，あとの問いに答えなさい。 (千葉・成田高)

　私たちが最初に出会う社会集団は家族です。その中で支え合い，安らぎを得，成長し，人生を歩んでいきます。また，日本国憲法第24条では家族について「（　A　）の尊厳と（　B　）の本質的平等」を基本的な原則としています。一方で，家族のあり方は時代とともに変化してきました。現代における変化の特徴として，ⓐ核家族化の進行，ⓑ女性の社会進出，ⓒ少子・高齢化の進行などをあげることができます。このような家族のあり方の変化は，経済状況の変化と密接に関連しているともいえます。

(1) 文章中の（　A　）に入る語句として正しいものを，次のア～オの中から1つ選び，記号で答えよ。　　　　　　　　　　　　　　　　　　　　　　　　　　　　　　　[　　　　]

　　ア　自由　　イ　理性　　ウ　人間　　エ　個人　　オ　国民

(2) 文章中の（　B　）に入る語句として正しいものを，次のア～オの中から1つ選び，記号で答えよ。　　　　　　　　　　　　　　　　　　　　　　　　　　　　　　　[　　　　]

　　ア　権利　　イ　義務　　ウ　両性　　エ　個人　　オ　国民

(3) 下線部ⓐについて，核家族とはいえないものを，次のア～エの中から1つ選び，記号で答えよ。　　　　　　　　　　　　　　　　　　　　　　　　　　　　　　　　　[　　　　]

　　ア　夫婦とその未婚の子どもが同居している家族
　　イ　夫婦のみが同居する家族
　　ウ　父親または母親とその未婚の子どもが同居している家族
　　エ　夫婦とその子ども夫婦が同居している家族

(4) 下線部ⓑについて，就職する時などに，女性が男性と比べて不利にならないように，1985年に制定された法律として正しいものを，次のア～オの中から1つ選び，記号で答えよ。　[　　　　]

　　ア　労働関係調整法　　　　イ　労働基準法　　ウ　育児・介護休業法
　　エ　男女雇用機会均等法　　オ　男女共同参画社会基本法

難 (5) 下線部ⓒについて，下の表を正しく読み取っているものを，次のア～オの中から1つ選び，記号で答えよ。　　　　　　　　　　　　　　　　　　　　　　　　　　　　[　　　　]

年　次	総人口 （千人）	年齢3区分別人口構成（%）		
		0～14歳 （年少人口）	15～64歳 （生産年齢人口）	65歳以上 （老年人口）
昭和20年	72,147	36.8	58.1	5.1
昭和35年	94,302	30.2	64.1	5.7
昭和50年	111,940	24.3	67.7	7.9
平成2年	123,611	18.2	69.5	12.0
平成17年	127,768	13.7	65.8	20.1

(総務省『日本の統計2008』)

　　ア　昭和50年の年少人口は，平成17年の老年人口を下回っていることがわかる。
　　イ　15年ごとにみると，平成2年から平成17年の高齢化のスピードが最も速いことがわかる。
　　ウ　各年度とも生産年齢人口が最も少ないことがわかる。
　　エ　平成2年の老年人口は昭和20年の約2.35倍であることがわかる。
　　オ　生産年齢人口は増え続けていることがわかる。

012 次の問いに答えなさい。
（岩手県改）

　ゆたかさんの中学校では，体育祭の競技種目について，生徒会執行部が全校生徒にアンケート調査を実施しその結果を参考に決定することにした。次の**資料Ⅰ**は，アンケート結果をクラスごとにまとめたもので，**資料Ⅱ**は，その後の生徒会執行部の話し合いの様子である。**資料Ⅱ**の（　X　）と（　Y　）には，どのような理由が入るか。**資料Ⅰ**から読み取れることにふれて，簡単に書け。

X [   ]

Y [   ]

資料Ⅰ

（単位：人）

生徒数 競技種目	1年 1組	1年 2組	2年 1組	2年 2組	3年 1組	3年 2組
競技種目	30	30	30	30	30	30
玉入れ	5	13	15	15	7	15
長縄飛び	4	5	1	2	4	4
綱引き	21	12	14	13	10	11

資料Ⅱ

生徒会役員A：アンケートの結果を見て，みなさんはどう思いますか。 生徒会役員B：私は，玉入れがよいと思います。その理由は，（　X　）からです。 生徒会役員C：私は，綱引きの方がよいと思います。それは，（　Y　）からです。

013 次の問いに答えなさい。
（東京学芸大附高）

(1) 家族に関する説明として誤っているものを，次のア〜エの中から1つ選び，記号で答えよ。

[　　　　　]

　ア　日本が女子差別撤廃条約を批准した直後から，夫婦はそれぞれ別の氏を称することができるよう民法が改正された。

　イ　家族についての基本的な原則は「個人の尊厳と両性の本質的平等」であり，成年男女は両性の合意のみで結婚することができる。

　ウ　離婚が成立したその日から再婚することができるのは男性であり，女性はできない。

　エ　男女平等の施策が推進された結果，法律上は父親も育児休暇をとれるようになった。

(2) 日本の少子化問題に対する近年の政策として最も適切なものを，次のア〜エの中から1つ選び，記号で答えよ。

[　　　　　]

　ア　高等学校と大学の授業料が無償化された。

　イ　少子化担当大臣がおかれ，少子化社会対策基本法が制定された。

　ウ　高校卒業までの子どもを対象に，国から子ども手当が支給されるようになった。

　エ　小児科・産婦人科の医師を増やすために，母体保護法が改正された。

解答の方針

012 決をとるためには，多数決の原理を採用する。

3 人権思想の発達と民主政治

重要 014 〉[基本的人権の歴史]

次の問いに答えなさい。

　基本的人権の歴史について調べ，次のA〜Cのカードを作った。A〜Cのカードを年代の古い順にならべ，記号で答えよ。　　　　　　　　　　　　　[　　　→　　　→　　　]

A	国際連合総会で，各国の達成すべき人権保障の水準を掲げた世界人権宣言が採択された。

B	ドイツで，社会権について明文化したワイマール憲法が制定された。

C	人は生まれながらに自由で平等な権利を持つことをうたったフランス人権宣言が出された。

015 〉[人権思想の確立]

次の会話文を読んで，政治についての問いに答えなさい。

　会話文

先生：写真に記してあるフランス人権宣言から，みなさんが学んだことは何ですか。

生徒：はい。この宣言にある，ⓐ国民主権という考え方が日本国憲法にも影響を与えているということです。

先生：なるほど。日本国憲法にはモンテスキューが主張した，国の権力を分割し，互いに均衡と抑制をはかるⓑ三権分立の工夫もとりいれられていましたね。

生徒：私は，主権者として自覚を持っていくということが大切だということも学びました。

写真

(1)　下線部ⓐに関して，国民が主権者として政治に参加し，正しい判断を行うために必要であるとして主張されるようになった権利として，適切なものを，次のア〜エの中から1つ選び，記号で答えよ。　　　　　　　　　　　　　　　　　　　　　　[　　　　　]

ア　自己決定権　　イ　知る権利　　ウ　プライバシーの権利　　エ　環境権

(2)　下線部ⓑに関して，日本国憲法における三権分立について，それぞれの権力と，担当する機関の組合せとして適切なものを，次のア〜エの中から１つ選び，記号で答えよ。

[　　　　　]

ア　立法権—国会　　　　行政権—内閣　　　司法権—裁判所
イ　立法権—内閣　　　　行政権—国会　　　司法権—裁判所
ウ　立法権—裁判所　　　行政権—内閣　　　司法権—国会
エ　立法権—国会　　　　行政権—裁判所　　司法権—内閣

> **ガイド**　(1)ア〜エは「新しい人権」である。これは，日本国憲法制定時には想定されていなかったため，憲法に規定はないが，近年になって保障の必要性が主張されている権利のことである。

◆ 重要 **016** ［人権思想の歴史］
次の文章を読んで，あとの問いに答えなさい。

　近代以前のヨーロッパ社会は身分制社会であり，支配する者と支配される者とに分かれていた。17・18世紀にはいると，人間は自由で平等であるという考えに立って，ⓐイギリスのピューリタン革命・名誉革命やアメリカ独立革命，フランス革命などの①[　　　　　]革命が起こり，民主政治を説いたイギリスのロック，フランスのⓑモンテスキュー，同じく『社会契約論』で人民主権を唱えた②[　　　　　]などが，その理論家として活躍した。

　18世紀に欧米で基本的人権が宣言されたとき，その中心は個人のⓒ自由権であった。しかし，19世紀になり資本主義が発展すると，社会の中に貧富の差が広がり，貧困や失業などの社会問題が起こった。そこですべての人が人間らしく生活できるように保障することも国家の役割と考えられるようになり，ここに20世紀型人権である社会権が登場した。③[　　　　　]年に成立したドイツの④[　　　　　]憲法は，生存権を初めて保障した憲法としても有名である。

(1)　空欄①〜④にあてはまる語句を，次のア〜クの中からそれぞれ選び，記号で答えよ。
　ア　1919　　　　イ　1925　　　　ウ　産業　　　　エ　市民
　オ　ワシントン　カ　ルソー　　　キ　ワイマール　ク　プロイセン

(2)　下線部ⓐについて，1689年にイギリスで制定された，議会を重視し，国民の自由と権利を守る約束を何というか，漢字で答えよ。　　　　　　　　　[　　　　　]

(3)　下線部ⓑについて，三権分立を主張した彼の著作を何というか，答えよ。
[　　　　　]

(4)　下線部ⓒについて，日本国憲法で定められている経済活動の自由は，精神の自由に比べて制限することが広く認められている。その制限を示す言葉を答えよ。
[　　　　　]

> **ガイド**　(4)「国民全体の利益」を表す言葉である。人間が生まれながらにしてもっている権利が**基本的人権**であるが，個人の人権の主張には，ほかの人たちの権利を守るという責任が伴う。

最 高 水 準 問 題 ━━━━━━━━━━━━━ 解答 別冊 p.6

017 次の文章を読んで，あとの問いに答えなさい。 （京都・洛南高）

> 　大日本帝国憲法にかわり，1947年<u>5月3日</u>，日本国憲法が施行された。天皇を主権者とする大日本帝国憲法とは異なり，国民を主権者とする民主的な憲法である。大日本帝国憲法第1条は「万世一系ノ天皇之ヲ統治ス」と定めているが，日本国憲法第1条は，「天皇は，日本国の（　　　）であり日本国民統合の（　　　）であって，この地位は，主権の存する日本国民の総意に基づく」と定められており，両憲法の性格の違いが明確にあらわされている。

(1) 文章中の（　　　）には同じ語句が入る。（　　　）にあてはまる語句を漢字で答えよ。 ［　　　　　　］

(2) 文章中の下線部について，憲法記念日は5月3日と定められているが，いくつかの祝日は年によって日が変わる。ハッピーマンデー制度により，その月の第3月曜日と定められた祝日を，次のア〜オの中から1つ選び，記号で答えよ。 ［　　　　　　］

　ア　建国記念の日
　イ　敬老の日
　ウ　文化の日
　エ　勤労感謝の日
　オ　天皇誕生日

(3) 大日本帝国憲法と日本国憲法がそれぞれ公布された時の内閣総理大臣の組み合わせとして正しいものを，右のア〜カの中から1つ選び，記号で答えよ。 ［　　　　　　］

	大日本帝国憲法	日本国憲法
ア	伊藤　博文	幣原　喜重郎
イ	大隈　重信	鳩山　一郎
ウ	黒田　清隆	吉田　茂
エ	伊藤　博文	鳩山　一郎
オ	大隈　重信	鳩山　一郎
カ	黒田　清隆	幣原　喜重郎

018 次の文章を読んで，あとの問いに答えなさい。 （熊本・真和高）

> 　人間が人間らしく生きていくために保障されている権利が人権です。人権は，すべての人が平等にもち，保障されなくてはならないものです。今日，①人権の思想は国際的にも広がり，世界共通の普遍的な理念になっていますが，②人権の保障が宣言されるまでには人々の長年にわたる努力がありました。日本国憲法では，基本的人権は「侵すことのできない永久の権利」として保障されています。③すべての国民は，法の下に平等であり，個人として尊重されますが，保障された自由や権利は□□□□□のために利用する責任を負っています。

(1) 文中の□□□□□にあてはまる語句を答えよ。 ［　　　　　　］

解答の方針
017 (3)憲法制定にたずさわった人物と，公布時の内閣総理大臣を混同しないように注意しよう。

(2) 下線部①について，次の文は，1948年に国連総会で採択されたものであるが何というか。次のア～エの中から1つ選び，記号で答えよ。　　　　　　　　　　　　　[　　　　　　]

> すべての人間は，生まれながらにして自由であり，かつ，尊厳と権利とについて平等である。

ア　世界人権宣言

イ　権利章典

ウ　京都議定書

エ　子どもの権利章典（児童の権利に関する条約）

(3) 下線部②について，1919年にドイツでつくられた，世界で最初に「人間らしく生きる権利」を保障した憲法の名称を答えよ。　　　　　　　　　　[　　　　　　]

(4) 下線部③について，アイヌの人びとの民族としての誇りが尊重される社会の実現を目的として，1997年に日本で制定された法律名を答えよ。　　　　　[　　　　　　]

019 ▶ 次の文章を読んで，あとの問いに答えなさい。　　　　　　　（鹿児島・樟南高）

　日本最初の近代憲法は，1889年に制定された大日本帝国憲法である。大日本帝国憲法の最大の特色に天皇主権があげられる。天皇は主権者としてすべての統治権を一手ににぎっていた。国民の権利については，「臣民の権利」として「　①　の範囲内」で認められていた。

　日本国憲法は，基本的人権をより確かなものとするために，「侵すことのできない永久の権利」として位置づけている。基本的人権として，自由権，平等権，②社会権をはじめ，参政権や請求権などの権利を保障している。

(1) 文中の　①　にあてはまる語を答えよ。　　　　　　　　　　　[　　　　　　]

(2) 下線部②を世界で最初に規定したのは，1919年に制定されたワイマール憲法である。下記のア～エは，ワイマール憲法，アメリカ独立宣言，フランス人権宣言，日本国憲法のいずれかである。ワイマール憲法にあてはまるものを，次のア～エの中から1つ選び，記号で答えよ。

[　　　　　　]

ア　そもそも国政は，国民の厳粛な信託によるものであって，その権威は国民に由来し，その権力は国民の代表者がこれを行使し，その福利は国民がこれを享受する。

イ　政治上の結社のすべての目的は，自然で侵すことのできない権利を守ることである。この権利というのは，自由，財産，安全，および圧政への抵抗である。

ウ　すべての人は平等に造られ，造物主によって一定の奪うことのできない権利を与えられ，その中には，生命，自由，および幸福の追求が含まれる。

エ　経済生活の秩序は，すべての者に人間に値する生存を保障する目的を持つ正義の原則に適合しなければならない。

解答の方針

018 (2)ウの京都議定書は1997年に京都で採択されたもので，地球温暖化の防止が目標。

019 (2)社会権の最も基本となる生存権を保障した文章を選べばよい。

4 日本国憲法の基本原則

重要 020 [日本国憲法の基本原理]

中学生のふみえさんは，社会科の授業で「日本国憲法の三つの基本原理」について調べ，表のようにまとめました。これを見て，あとの問いに答えなさい。

私たちの暮らし					
国民主権	国民は，選挙での投票や選挙された代表者を通じて，政治的な意思を決定します。特別に重要な問題に関する決定については，①国民投票の手続きがとられます。	基本的人権の尊重	人間が生まれながらにもっている権利を②基本的人権として尊重することが定められています。今日では，憲法に明記されていない，新しい人権が登場してきました。	平和主義	③第二次世界大戦での経験をふまえ，日本は国際平和の実現を目指しています。そのために，日本が果たすべき役割について，議論が行われています。

(1) 下線部①について，国民投票の手続きがとられるものを次のア～エの中から1つ選び，記号で答えよ。 [　　　　]

ア　衆議院の解散

イ　日本国憲法の改正

ウ　内閣総理大臣の指名

エ　弾劾裁判による裁判官の罷免

(2) 下線部②について，日本国憲法で自由権として保障されていることがらについて述べているものを次のア～エの中から1つ選び，記号で答えよ。 [　　　　]

ア　知識や技術，能力を身につけ，社会に出て活躍できるような教育を受けること。

イ　働きたい会社の採用試験を受けることができ，採用されると，そこで働けること。

ウ　自分の性別や出身地，身体の障がいによって，働いて得る収入は差別されないこと。

エ　働いている会社の経営者に対して，社員仲間と団結して職場環境の改善を求めること。

(3) 下線部③について，日本は，原子爆弾を投下された経験を持つ世界で唯一の被爆国である。このことをふまえ，日本は，核兵器について3つの原則をかかげている。その原則を何というか。内容にふれて答えよ。

[

]

ガイド (1)日本国憲法第96条に手続きの規定がある。**各議院の総議員の3分の2以上の賛成で国会が発議し，国民投票による承認が行われる。その承認には，過半数の賛成が必要。**

021 〉[国民主権]

太郎さんは，日本国憲法の前文の中にみられる「主権」を抜き出し，資料Aを作成しました。これを見て，あとの問いに答えなさい。

> 資料A　日本国憲法の前文の中にみられる「主権」
> ○　「ここに①主権が国民に存することを宣言し，この憲法を確定する。」
> ○　「②自国の主権を維持し，他国と対等関係に立とうとする各国の責務であると信ずる。」

(1)　下線部①における「主権」とはどのようなものか，簡潔に答えよ。

[　　　　　　　　　　　　　　　　　　　　　　　　　　　　　　　　　]

(2)　下線部①の原理に基づいて日本でとられている制度について述べた文として，誤っているものを，次のア～エの中から1つ選び，記号で答えよ。　　　　　[　　　　]

ア　予算の議決や内閣総理大臣の指名が，国会によって行われる。

イ　憲法の改正は，国会の発議の後，国民投票により決せられる。

ウ　国会の制定した法律に対し，内閣は違憲審査権を行使できる。

エ　最高裁判所の裁判官は，国民の投票による審査を受ける。

(3)　下線部②の及ぶ範囲である領域について説明するため，太郎さんは，**資料B**を作成した。**資料B**の（　③　）に入る数字として正しいものを，次のア～エの中から1つ選び，記号で答えよ。　　　　　[　　　　]

資料B　領域の範囲（日本の場合）

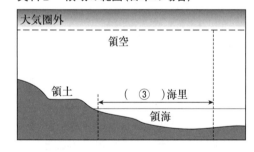

ア　12
イ　20
ウ　120
エ　200

> ガイド　(3)国家の主権がおよぶ範囲は領土，領海，領空からなる。排他的経済水域の範囲とまちがえないこと。

◆重要 022 〉[天皇の国事行為]

次の問いに答えなさい。

日本国憲法に定められている天皇の国事行為を，次のア～エの中から1つ選び，記号で答えよ。　　　　　[　　　　]

ア　条約の締結　　イ　内閣総理大臣の指名

ウ　国会の召集　　エ　国務大臣の任命

> ガイド　日本国憲法第7条に国事行為の規定がある。国事行為とは，形式的・儀礼的(ぎれい)な行為のこと。すべての国事行為には「内閣の助言と承認」を必要とするとある。

最高水準問題 ———————————————————————————— 解答 別冊 p.7

023 次の文章を読んで，あとの問いに答えなさい。 （大阪・履正社高）

　1945 年 8 月から，アメリカを中心とする連合国軍により日本の占領が始まった。ⓐ沖縄や小笠原諸島はアメリカの軍政下におかれ，日本本土はⓑGHQ のもとに日本政府が政治を行う（　①　）統治の方式がとられた。

　GHQ は，日本の民主化のためにⓒ一連の改革を進めるとともに，民主化の基本として，日本政府に憲法の改正を命じた。そして日本政府は GHQ が作成した原案をもとに憲法改正案をつくり，国会での審議を経て，一部修正可決され，ⓓ日本国憲法が成立した。

　しかし，第二次世界大戦後，世界はすぐにアメリカを中心とする西側とソ連を中心とする東側のⓔ対立が激しくなった。この対立はアジアにもおよび，1949 年 10 月に（　②　）が成立し，1950 年には（　③　）が勃発した。このような状況の中で，アメリカは，日本に対して，共産主義の広がりを阻止する役割を期待し，日本の経済の復興と自立を強く求めるようになった。1950 年には，日本政府に（　④　）をつくらせた。そして，1951 年，日本は独立を達成すると同時に，アメリカを中心とする西側陣営に位置することを明確に世界に示した。

　1956 年にはソ連と国交を回復し，（　②　）とも国交を正常化した。1978 年には（　⑤　）も（　②　）とのあいだに結ばれ，日本と（　②　）との交流は一層深まっている。現在，日本は，経済的にも政治的にも大国として，国際社会でのⓕ大きな役割を期待されている。

(1) 空欄（　①　）～（　⑤　）にあてはまる語句を，次のア～コの中から選び，それぞれ記号で答えよ。ただし，同じ番号には同じ語句が入る。

①［　　　］ ②［　　　］ ③［　　　］ ④［　　　］ ⑤［　　　］

　ア　大韓民国　　　　　イ　自衛隊　　ウ　直接　　エ　朝鮮戦争　　オ　朝鮮民主主義人民共和国
　カ　日中平和友好条約　キ　間接　　　ク　警察予備隊　ケ　イラク戦争　コ　中華人民共和国

(2) 下線部ⓐについて，①，②の問いに答えよ。

① 沖縄が日本に返還されたのは何年か。 ［　　　　　　　］

② 日米両政府で，その移転が話し合われている，沖縄県宜野湾市にある米軍基地を何というか。漢字で答えよ。 ［　　　　　　　］

(3) 下線部ⓑについて，この略称の正式名称を何というか。漢字で答えよ。［　　　　　　　］

(4) 下線部ⓒについて，①，②の問いに答えよ。

① 労働者の基本的権利を具体化するために，1947 年に制定された法律を何というか。漢字で答えよ。

② 教育の機会均等や男女共学の原則をうたった，1947 年に制定された法律を何というか。漢字で答えよ。

①［　　　　　　　］ ②［　　　　　　　］

🔴(5) 下線部ⓓについて，次ページの①，②のＡとＢ２つの文の内容について，ＡとＢがともに正しい場合にはアを，Ａが正しくＢが誤りの場合にはイを，Ａが誤りでＢが正しい場合にはウを，ＡとＢがともに誤りの場合にはエを，それぞれ答えよ。

①［　　　　　　　］ ②［　　　　　　　］

①A　この憲法は，1947年11月3日に公布されたのち，1948年5月3日に施行され，現在にいたっている。この間，憲法は一度も改正されていない。

　B　天皇は，政治についての決定権をもたず，憲法の定める国事行為のみを行う。天皇の国事行為には，一部については内閣の助言と承認が必要とされている。

②A　日本国憲法は，大日本帝国憲法を改正するという手続きによって成立したが，内容は全く新しい憲法である。

　B　日本国憲法は，国民主権・象徴天皇制・平和主義の3つの基本原則から成り立っており，第9条では，戦争を放棄し，戦力を持たず，交戦権を認めないと定めている。

(6)　下線部⑥について，この2つの世界の対立を何というか。漢字2字で答えよ。[　　　　　　　]

(7)　下線部⑥について，平和維持活動に自衛隊が参加できるように，1992年に成立した法律を何というか。答えよ。[　　　　　　　]

024　次のまる子さんと先生の会話文を読んで，あとの問いに答えなさい。　　　　　　　（福井・北陸高）

> 先　生：今年のインターハイは，沖縄県を中心に開かれるそうだよ。
> まる子：そうですか。沖縄といえば青い海と空をイメージします。先生は沖縄について，どのようなイメージを持たれていますか。
> 先　生：過去に沖縄で，日米両軍の戦闘があったことを思い出すね。
> まる子：それを思うと，今の⑧日本は平和ですね。
> 先　生：そうだね。しかし，世界では多くの紛争が続いていて，⑥自衛隊も国際協力の1つとして海外に派遣されるんだよ。
> まる子：派遣については，国内での反対意見も多いとニュースで言っていました。
> 先　生：自衛隊のあり方については，⑥憲法改正も含めて議論されているよね。
> まる子：はい，知っています。その他にも，社会が大きく変化してきたことによって，憲法にある自由権や社会権以外にも，新しい人権を追加しようとする考えがあることを教わりました。

(1)　下線部⑧について，**資料1**は日本国憲法第9条である。（　①　）と（　②　）にあてはまる語句は何か，答えよ。

①[　　　　　　　]　②[　　　　　　　]

資料1

> 1項　日本国民は，正義と秩序を基調とする国際平和を誠実に希求し，国権の発動たる戦争と，武力による威嚇又は武力の行使は，国際紛争を解決する手段としては，永久にこれを（　①　）する。
> 2項　前項の目的を達するため，陸海空軍その他の戦力は，これを保持しない。国の（　②　）は，これを認めない。

(2)　下線部⑥について，この前身である警察予備隊が発足するきっかけとなった戦争はどれか，次のア〜エの中から1つ選び，記号で答えよ。[　　　　　　　]

ア　ベトナム戦争　　イ　中東戦争　　ウ　朝鮮戦争　　エ　イラク戦争

(3)　下線部ⓒについて，**資料2**は憲法が改正されるまでを表した図である。図中の □□□ にあてはまる語句は何か，答えよ。（なお，□□□ には同じ語句が入る。）　　　［　　　　　　　］

資料2

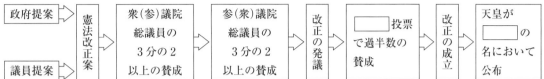

025 日本国憲法に関する次の問いに答えなさい。

(1)　日本国憲法は，基本的人権の尊重とともに国民主権を基本原則の1つにかかげている。日本国憲法はそれを，議会制民主主義という間接民主制という方法によって実現することを基本としながらも，一部において国民が直接決定する直接民主制も採用している。憲法の規定にあるもので，直接民主制の例を1つ答えよ。　　　　　　　　　　　　　　　　　　　　（大阪教育大附高平野）

［　　　　　　　　　　　　　　　　　　　　　］

(2)　次の文章は日本国憲法前文の前半部分である。（　A　）にあてはまる語を漢字2字で答えよ。

（東京・筑波大附高）

［　　　　　　　　　　　］

> 日本国憲法　前文
>
> 　日本国民は，正当に選挙された国会における代表者を通じて行動し，われらとわれらの子孫のために，諸国民との協和による成果と，わが国全土にわたって自由のもたらす恵沢を確保し，政府の行為によって再び戦争の惨禍が起こることのないやうにすることを決意し，ここに（　A　）が国民に存することを宣言し，この憲法を確定する。　　　（以下略）

(3)　日本国憲法に関連して述べた文として正しくないものを，次のア～オの中から2つ選び，その記号で答えよ。　　　　　　　　　　　　　　　　　　　　　　　　　　　（東京・筑波大附駒場高）

［　　　］［　　　］

ア　日本国憲法は，GHQが示した案をもとに，政府が作成した改正案の議会審議をへて，制定された。

イ　日本国憲法の基本原理である基本的人権の尊重は，普遍性を帯びているため，憲法改正を通して変更することは難しい。

ウ　憲法改正による新たな憲法は，天皇の名で公布されることが，日本国憲法96条に定められている。

エ　日本国憲法改正に関わる国民投票法はまだ成立していない。

オ　日本国憲法前文は，日本国憲法の基本原理に反する憲法や法令及び詔勅を排除すると定めている。

解答の方針

023 (6)武力は用いないが，戦争に近い対立状態のこと。「漢字2字で」の指示に注意する。

　　(7)この法律の制定により，自衛隊はカンボジアへ派遣された。

024 (1)憲法第9条は，日本国憲法の三大原則のうちの平和主義を定めたもの。条文はすべて暗記したい。

5 人権と共生社会

標 準 問 題 —————————————— 解答 別冊 p.8

重要 026 [基本的人権の保障]

次の文章は，3人の生徒が基本的人権について調べてまとめたレポートの一部です。あとの問いに答えなさい。

Ⅰ

> 日本国憲法は，基本的人権を「侵すことのできない永久の権利」（第11条）として国民に保障し，「この憲法が国民に保障する（ ① ）及び権利は，国民の不断の努力によって，これを保持しなければならない。」（第12条）と定めています。

Ⅱ

> 国家に対して人間らしい生活を求める権利を②社会権といいます。資本主義経済の発展にともない貧富の差が広がりました。そこで，貧困や失業などの社会問題を是正しながら，すべての人が人間らしく生活できるように保障することは，国家の役割であると考えられるようになり，社会権が人権規定にとり入れられるようになりました。

Ⅲ

> 社会権という人権が生まれたように，現代の社会においては，産業の発達や情報化の進展などにともない，③「新しい人権」が主張されるようになってきました。

(1) Ⅰの文中の（ ① ）にあてはまる最も適当な言葉を漢字2字で答えよ。　　［　　　　　］

(2) Ⅱの文中の②社会権について述べた文として最も適当なものを，次のア～エの中から1つ選び，記号で答えよ。　　［　　　　　］

ア　社会権には，労働組合を結成する団結権などの労働基本権も含まれている。

イ　社会権には，国民個人の職業観にもとづいた職業選択をする権利も含まれている。

ウ　社会権は，アメリカ独立宣言において初めて基本的人権として認められた。

エ　社会権は，大日本帝国憲法においても国民の権利の1つとして認められていた。

(3) Ⅲの文中の③「新しい人権」について述べた文として誤っているものを，次のア～エの中から1つ選び，記号で答えよ。　　［　　　　　］

ア　個人の私生活が他人から不当に干渉されないようにするため，プライバシーの権利が主張されるようになり，個人情報の保護に関する法律や条例が制定されている。

イ　主権者である国民が政治についての正しい判断をするため，国民にとって必要な情報を受け取る権利として「知る権利」が主張されるようになり，情報公開法が制定されている。

ウ　それぞれ自分の考え方にしたがって個人の生き方を決定するという，自己決定権とよばれる権利が主張され，医療分野ではインフォームド・コンセントが重視されている。

エ 公害が深刻化する中で，人間らしい生活環境を求める権利として環境権が提唱され，開発を行ったあとには必ず環境アセスメントの実施が公害対策基本法で義務づけられている。

ガイド (2) 社会権を世界で最初に規定したのは，ワイマール憲法である。

(3) 環境アセスメント（環境影響評価法）は，環境被害の発生を未然に防ぐ目的のもので，環境アセスメント法に基づく。

---

027 〉[平等権]

資料は，日本国憲法第 14 条第 1 項です。あとの問いに答えなさい。

資料

すべて国民は，（   ），人種，信条，<u>性別</u>，社会的身分又は門地により，政治的，経済的又は社会的関係において，差別されない。

(1) 資料中の（   ）にあてはまる言葉は何か。次のア〜エの中から 1 つ選び，記号で答えよ。　　　　　　　　　　　　　　　　　　　　　　　　　　　　　[　　　　]

ア 不断の努力によって

イ 公共の福祉に反しない限り

ウ 法の下に平等であって

エ 侵すことのできない永久の権利として

(2) 資料中の下線部に関して，日本では，性別にかかわりなく，能力や個性を十分に発揮できる社会の実現をめざして，1999 年に，ある基本法が定められた。この基本法を何というか，答えよ。　　　　　　　　　　　　　　　　　　　　　　　　[　　　　　　　　]

重要 028 〉[日本国憲法の規定]

次の日本国憲法の条文について，各空欄にあてはまる語句を答えなさい。

・すべて国民は，法律の定めるところにより，その能力に応じて，ひとしく①[　　　　　　]を受ける権利を有する。

・すべて国民は，②[　　　　　　]の権利を有し，義務を負ふ。

・勤労者の③[　　　　　　]する権利及び④[　　　　　　]その他の団体行動をする権利は，これを保障する。

・公務員の選挙については，成年者による⑤[　　　　　　]を保障する。

・何人も，損害の救済，公務員の罷免，法律，命令又は規則の制定，廃止又は改正その他の事項に関し，平穏に⑥[　　　　　　]する権利を有し，何人も，かかる⑥[　　　　　　]をしたためにいかなる差別待遇も受けない。

・集会，結社及び言論，出版その他一切の⑦[　　　　　　]は，これを保障する。

・すべて国民は，健康で文化的な⑧[　　　　　　]の生活を営む権利を有する。

・公務員による⑨[　　　　　　]及び残虐な刑罰は，絶対にこれを禁ずる。

029 〉[社会権]

次の文は，あき子さんが社会のきまりとのかかわりについてまとめたものの一部です。これを
読んで，あとの問いに答えなさい。

> 　私たちの身近にあるパンフレットや求人広告を通じて，環境や労働にかかわる法律や条
> 例について学習しました。その中で，法律などのきまりがつくられることによって，社会
> がどのように変化したかを知ることができました。また，法律や条例を調べると，それら
> が日本国憲法に定められている A 生存権や勤労の権利と関係があることが分かりました。
> そこで B 日本国憲法と法律などの関係を図で示しました。

(1)　下線部 A は，社会権に含まれる権利である。下線部 A 以外に社会権にはどのような権利が
　　あるか，次のア〜エの中から 1 つ選び，記号で答えよ。　　　　　　　　［　　　　　］
　　ア　参政権　　イ　請願権　　ウ　教育を受ける権利　　エ　裁判を受ける権利

(2)　次の資料は，1919 年に世界で初めて社会権を定めたある国の憲法の一部である。この憲
　　法は何とよばれたか。その名称を答えよ。　　　　　　　　　　　　　　［　　　　　］

資料

> 第 151 条
> 　経済生活の秩序は，すべての人に，人間に値する生存を保障することをめざす，正義
> の諸原則にかなうものでなければならない。

(3)　下線部 B とはどのような関係か。あき子さんが示した図
　　を参考に，「上位の法」，「下位の法」，「効力」の語句を用
　　いて簡潔に答えよ。

あき子さんが示した図

> ガイド　(3) 図の上にいくほど上位の法をあらわす。

030 〉[自由権]

次の問いに答えなさい。

　拓郎君は，信教の自由について説明するために，自由権の資料を作成している。信教の自由
は資料のア〜ウのどこに書けばよいか，1 つ選び記号で答えよ。　　　　　　［　　　　　］

資料		拓郎君が作成している資料
自由権	ア	○奴隷的拘束および苦役からの自由　など
	イ	○思想および良心の自由　など
	ウ	○居住・移転および職業選択の自由　など

最高水準問題 ———————————————————— 解答 別冊 p.9

031 日本国憲法は，平等権，自由権（精神の自由），自由権（生命・身体の自由），自由権（経済活動
の自由），社会権，参政権，請求権などの基本的人権について規定しています。次のア〜サの
各文は，これらの基本的人権を規定した日本国憲法の条文です。あとの問いに答えなさい。

ア　何人も，法律の定める手続によらなければ，その生命若しくは自由を奪われ，又はその他の刑
　　罰を科せられない。

イ　すべて国民は，（　1　）の下に平等であって，人種，信条，性別，社会的身分又は門地により，
　　政治的，経済的又は社会的関係において，差別されない。

ウ　何人も，抑留又は拘禁された後，無罪の裁判を受けたときは，法律の定めるところにより，国
　　にその補償を求めることができる。

エ　国及びその機関は，宗教教育その他いかなる宗教的活動もしてはならない。

オ　最高裁判所裁判官の任命は，その任命後初めて行はれる（　2　）総選挙の際国民の審査に付し，
　　その後10年を経過した後初めて行はれる（　2　）総選挙の際更に審査に付し，その後も同様とす
　　る。

カ　何人も，（　3　）の福祉に反しない限り，居住，移転及び職業選択の自由を有する。

キ　何人も，公務員の不法行為により，損害を受けたときは，法律の定めるところにより，国又は
　　公共団体に，その賠償を求めることができる。

ク　集会，結社及び言論，出版その他一切の（　4　）の自由は，これを保障する。

ケ　すべて国民は，健康で文化的な最低限度の生活を営む権利を有する。

コ　何人も，裁判所において裁判を受ける権利を奪われない。

サ　すべて国民は，法律の定めるところにより，その（　5　）に応じて，ひとしく教育を受ける権
　　利を有する。

(1)　ア〜サの各条文の空欄（　1　）〜（　5　）に入れるのに最も適当な語句の組合せとして正しいもの
　　を，次から1つ選び，記号で答えよ（ただし，語句は番号順には並んでいない）。

[　　　　　]

ⓐ　神，社会，政治活動，衆議院議員，経済力　　ⓑ　表現，神，能力，公共，衆議院議員

ⓒ　公共，能力，法，衆議院議員，表現　　　　　ⓓ　法，政治活動，参議院議員，能力，社会

ⓔ　経済力，法，表現，衆議院議員，公共　　　　ⓕ　政治活動，経済力，神，社会，参議院議員

(2)　ア〜サの各条文の中から，①自由権（精神の自由），②自由権（経済活動の自由），③参政権それぞ
　　れに関する規定をすべて選び，記号で答えよ。複数選んでもかまわない。

①[　　　　　]　②[　　　　　]　③[　　　　　]

032 次の文を読んで，あとの問いに答えなさい。

　1945年，日本は①[　　　　　　　]宣言を受諾して，連合国に対して無条件降伏をした。

①[　　　　　　　]宣言の内容には，日本における軍国主義の根絶や政治の民主化などが含まれて
おり，それに伴って明治憲法の改正が大きな課題となった。日本政府が設置した憲法問題調査委員会
がつくった改正案は明治憲法と大差のないものであったため，②[　　　　　　　]は新たな草案を
示し，それをもとにした政府案が帝国議会での審議・修正をへて可決されたのが日本国憲法であった。

ここに，明治憲法とは違った原則に基づく新しい憲法が，1946年11月3日に公布され，翌年5月3日から施行された。

　日本国憲法は，A国民主権，B基本的人権の保障，平和主義を三大基本原理としている。また，憲法は国の最高法規であり，天皇・国務大臣・国会議員・裁判官など公の地位にある人間は憲法を尊重し，擁護する義務を負い，憲法に反する法律などは無効とされる。そして，憲法の改正は，他の法律とは違った厳しい手続きによって行われることが定められている。日本国憲法は，憲法の改正には各議院の総議員の③[　　　　　　]以上の賛成で④[　　　　　　]がこれを発議し，⑤[　　　　　　]で過半数の賛成がなければならないとしている。

(1)　文中の空欄[　①　]～[　⑤　]に適切な語句を答えよ(②はアルファベット)。

(2)　下線部Aについて，下の日本国憲法前文(一部)を読み，あとの文中の空欄(　①　)と(　②　)に適切な語句を答えよ。　　　　　①[　　　　　　　　　]　②[　　　　　　　　　]

　　「国政は，国民の厳粛な信託によるものであって，その権威は国民に由来し，その権力は国民の代表者がこれを行使し，その福利は国民がこれを享受する。」日本国憲法前文中のこの文は，国民主権に基づく(　①　)制を採用することを宣言したものである。そして国民の代表者による政治という原則から，「国会は(　②　)の最高機関」とされることになる。

(3)　下線部Bについて，次の各問いに答えよ。

①　基本的人権の考え方は，人間は生まれながら自由で平等であるという原則から出発している。日本国憲法の保障する「自由」について，次の3つの「自由」の名称をあとのア～ウの中から1つずつ選び，それぞれ記号で答えよ。

　ⓐ　信教の自由，集会・結社・表現の自由及び通信の秘密の保障，学問の自由　　　[　　　　　]

　ⓑ　奴隷的拘束や苦役からの自由　[　　　　　]　　　ⓒ　職業を選択する自由　[　　　　　]

　ア　身体の自由　　　イ　経済活動の自由　　　ウ　精神の自由

②　人間の自由や尊厳を実現するためには，人間らしい生活が必要である。そこで従来の自由権を補うものとして，20世紀の人権として社会権が登場してくる。次の各文が説明する権利の名称をそれぞれ答えよ。

　ⓐ　「すべて国民は，健康で文化的な最低限度の生活を営む権利を有する」という形でこの権利を定め，国が社会保障制度などを向上させることを約束している。　[　　　　　　]

　ⓑ　憲法第26条では，「義務教育はこれを無償とする」と定めている。国民には教育制度と教育施設を整え，適切な教育の場を提供することを政府に求める権利がある。

[　　　　　　]

🔺難　**033**　次の問いに答えなさい。　　　　　　　　　　　　　　　　(東京・お茶の水女子大附高)

(1)　平等権についての記述として適切なものを，次のア～エの中から1つ選び，記号で答えよ。

[　　　　　　]

　ア　平等権は1919年に制定されたワイマール憲法で初めて明文化された権利であり，アメリカ独立宣言やフランス人権宣言では明文化されていなかった。

　イ　日本国憲法第24条には，職場における男女の本質的平等が定められており，「募集や採用，昇進などにおいて男女は平等に扱われなければならない」と明記されている。

　ウ　日本では1999年に男女共同参画社会基本法が制定され，男女が対等な構成員として，性別に関係なく個性や能力が発揮できる社会がめざされるようになった。

エ　日本国憲法には選挙人の資格についての規定はないが，公職選挙法には，「選挙において人種，信条，性別などで差別してはならない」と明記されている。

(2)　自由権についての記述として適切なものを，次のア〜エの中から1つ選び，記号で答えよ。　　　　　　　　　　　　[　　　　　]

ア　人は誰でも居住・移転の自由を有するが，これは経済活動の自由に分類されている自由である。

イ　人は誰でも思想および良心の自由ならびに職業選択の自由を有するが，これらはともに精神の自由に分類されている自由である。

ウ　人は誰でも共通の目的のもとに団体を結成することができる結社の自由を有するが，これは経済活動の自由に分類されている自由である。

エ　日本国憲法は「何人も，自己に不利益な供述を強要されない」として黙秘権を保障しているが，これは精神の自由に分類されている自由である。

034　次の問いに答えなさい。

(1)　日本国憲法における基本的人権に関する説明として最も適切なものを，次のア〜エの中から1つ選び，記号で答えよ。　　　　　　　　　　　　（東京学芸大附高）　[　　　　　]

ア　教育を受ける権利や裁判を受ける権利は，請求権に属する。

イ　奴隷的拘束・苦役からの自由や居住・移転の自由，職業選択の自由は，自由権のうち身体の自由に属する。

ウ　思想・良心の自由や財産権の不可侵は，自由権のうち精神の自由に属する。

エ　公務員の選定・罷免権や最高裁判所の裁判官に対する国民審査権は，参政権に属する。

(2)　参政権の内容として不適当なものを，次のア〜エの中から1つ選び，記号で答えよ。　　　　　　　　　　　　[　　　　　]

ア　国会議員や地方議員などを選挙で選ぶ。

イ　労働者が，経営者と対等な立場で労働条件などの交渉をすることができる。

ウ　国会議員や地方議員などに立候補することができる。

エ　最高裁判所の裁判官を，国民投票で審査する。

(3)　次にあげる「新しい権利」に最も関係のある事項を，それぞれ語群から選び，記号で答えよ。

（大阪・浪速高）

① 知る権利　[　　　　] 　　② プライバシーの権利　[　　　　]
③ 環境権　[　　　　] 　　④ 自己決定権　[　　　　]

語群　ア　インフォームド・コンセント　　イ　情報公開法　　ウ　ユニバーサルデザイン
　　　エ　個人情報保護法　　オ　環境アセスメント　　カ　シビリアンコントロール

解答の方針

033 (1)ア．1919年の**ワイマール憲法**で初めて明文化されたのは何権であったかを考える。

　　(2)憲法で保障された基本的人権のうち，自由権については特に最大の尊重を必要とする（第13条）とされているが，経済的自由権に関する内容については，権利どうしの衝突が生じる場合があるので，一部権利の制限がなされることもある。これについては，「**公共の福祉**」という言葉で表現される。

6 国民の政治参加

重要 **035** [国民の政治参加]

国民の政治参加について，資料を読み，あとの問いに答えなさい。

資料

> 国民が政治に参加する方法には，さまざまなものがあります。選挙で①代表者を選ぶことはもちろん， ② の形成や国民の権利を行使して③自分の意思を示すことも政治参加の1つです。多様な方法があるなかで，政治へのかかわり方を自分で選択していくことが求められています。

(1) 下線部①について，選挙によって国民から選出された代表者が集まり，話し合いによって物事を決定していく政治のしくみを何というか，次のア〜エの中から1つ選び，記号で答えよ。 [　　　]

　ア　連立政権　　イ　比例代表制　　ウ　議会制民主主義　　エ　議院内閣制

(2) ②にあてはまる，多くの人々に共通する政治や社会の問題についての意見を何というか，次のア〜エの中から1つ選び，記号で答えよ。 [　　　]

　ア　リコール　　イ　与党　　ウ　メディアリテラシー　　エ　世論

(3) 下線部③について，現在の日本において，国民が満18歳に達することで初めて行うことができることがらについて述べた文として，最も適切なものを，次のア〜エの中から1つ選び，記号で答えよ。 [　　　]

　ア　憲法改正の国民投票で一票を投じる。

　イ　労働組合を結成して使用者と交渉する。

　ウ　裁判員の一人として裁判に参加する。

　エ　都道府県議会の議員選挙に立候補する。

> **ガイド** (3)選挙権はこれまで20歳以上の男女に与えられてきたが，2016年より18歳に引き下げられた。これによって，18歳以上の男女は国会議員と地方議会議員の選挙に参加できるようになった。ただし，被選挙権は，これまでと変更はない。

036 [日本の国政選挙]

次の問いに答えなさい。

　次ページの資料は，雅也君が調べた国政選挙の会場図である。この選挙に行った人は，3回投票を行っている。この選挙で行われた投票の組み合わせとして正しいものを，次のア〜エの中から1つ選び，記号で答えよ。 [　　　]

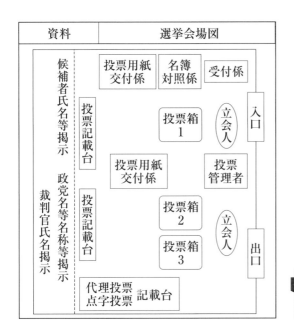

資料	選挙会場図

ア　小選挙区選挙─比例代表選挙─憲法改
　　正の国民投票

イ　中選挙区選挙─比例代表選挙─憲法改
　　正の国民投票

ウ　小選挙区選挙─比例代表選挙─最高裁
　　判所裁判官の国民審査

エ　中選挙区選挙─比例代表選挙─最高裁
　　判所裁判官の国民審査

ガイド 候補者名，政党名，裁判官名を掲示している点から考える。

037〉[選挙制度と参政権]

次の問いに答えなさい。

(1) 日本の現在の選挙制度の内容として正しいものを，次のア～エの中から2つ選び，記号で答えよ。　　　　　　　　　　　　　　　　　　　　[　　　　] [　　　　]

　　ア　投票は1人1票である。　　　　イ　選挙権は20歳以上に与えられる。

　　ウ　納税額により選挙権が与えられる。　エ　投票用紙に投票者の氏名欄を設けない。

(2) 次は，ある人物の政治に関する活動の一部を示している。この人物の職名にあてはまる最も適切なものを，下のア～エの中から1つ選び，記号で答えよ。　　　　　[　　　　]

28歳	初めて選挙に立候補し，当選する。
32歳	任期満了にともなう選挙で当選し，2期目に入る。
34歳	住みよい社会をつくるため，条例の制定に取り組んでいる。

　　ア　衆議院議員　　イ　参議院議員　　ウ　県議会議員　　エ　県知事

(3) 次は，生徒が参政権についてまとめたものである。　ⓐ　と　ⓑ　にあてはまる語の正しい組み合わせを，下のア～エの中から1つ選び，記号で答えよ。　　　[　　　　]

　　　参政権の中心は，国民の代表者を決める選挙権や被選挙権です。その他に認められている権利としては，　ⓐ　の際の国民投票や，　ⓑ　の国民審査などがあります。

　　ア　ⓐ　憲法改正　ⓑ　内閣総理大臣　　イ　ⓐ　憲法改正　ⓑ　最高裁判所裁判官

　　ウ　ⓐ　条約承認　ⓑ　内閣総理大臣　　エ　ⓐ　条約承認　ⓑ　最高裁判所裁判官

ガイド (2)立候補した年齢と「条例の制定」という言葉がヒントになる。

038 次の文章を読んで，あとの問いに答えなさい。 （京都・立命館高）

　民主政治とは，国民の意思に基づいて行われる政治のことである。民主政治の実現のためには，国民が意思を表明し政治に参加するしくみが必要となる。なかでも選挙は特に重要な政治参加の方法である。かつては，ⓐ財産などによって選挙権を制限する選挙が行われていた。これに対して，今日行われているように，一定の年齢に達したすべての国民に選挙権を認める選挙をⓑ普通選挙という。それと合わせて，無記名で行う　①　選挙や，各人が1票をもつ　②　選挙が今日の選挙の重要な原則となっている。

　選挙区・選挙運動・投票など，選挙の方法については，　③　法で定められている。各選挙区から1人を選ぶⓒ小選挙区制，2人以上を選ぶ大選挙区制，基本的に政党に投票し，各政党の得票率に応じて議席を配分する比例代表制などがある。日本の衆議院議員選挙は，長い間，各選挙区から3〜5人を選ぶ制度で行われてきたが，1994年の　③　法改正で，小選挙区と比例代表によってそれぞれ一定の数の議員を選ぶⓓ小選挙区比例代表並立制に移行した。

(1)　①　〜　③　にあてはまる語句をそれぞれ答えよ。

　　　　①[　　　　　　　　] ②[　　　　　　　　] ③[　　　　　　　　]

(2)　下線部ⓐについて，1890年に第1回衆議院議員選挙が行われた時の選挙権有資格者の条件として正しいものを，次のア〜エの中から1つ選び，記号で答えよ。 [　　　　　　]

　　ア　25歳以上のすべての男子

　　イ　直接国税3円以上を納める，25歳以上の男子

　　ウ　直接国税10円以上を納める，25歳以上の男子

　　エ　直接国税15円以上を納める，25歳以上の男子

(3)　下線部ⓑについて，日本で男女による普通選挙法が公布されたのはいつか，西暦で答えよ。

　　　　　　　　　　　　　　　　　　　　　　　　　　　　　　[　　　　　　]

(4)　下線部ⓒについて，小選挙区制の問題点を1つあげよ。

　[
　　　　　　　　　　　　　　　　　　　　　　　　　　　　　　　　　　　　]

(5)　下線部ⓓについて，小選挙区比例代表並立制を説明した文として誤っているものを，次のア〜エの中から1つ選び，記号で答えよ。 [　　　　　　]

　　ア　有権者は，小選挙区では候補者名を，比例代表では政党名あるいは候補者名を記入して投票する。

　　イ　政党の候補者は選挙区と比例代表に重複立候補が可能で，選挙区で落選しても比例代表で復活当選することがある。

　　ウ　小選挙区から289議席，比例代表から176議席を選出する。

　　エ　参議院議員選挙では，小選挙区比例代表並立制は採用されていない。

(6)　選挙の際に各政党が示す，実行すべき政策・財源・時期・数値目標などが明記された政権公約のことを何というか，カタカナで答えよ。 [　　　　　　]

039 次の問いに答えなさい。

(1) 小選挙区比例代表並立制について述べた文として正しいものを，次のア～オの中から1つ選び，
記号で答えよ。 [　　　　]

ア 小選挙区制は1選挙区から1～2名を選出するものである。

イ 比例代表制の導入は衆議院議員選挙のみである。

ウ 衆議院議員の任期は4年であるが，2009年夏の総選挙のように任期満了の形での選挙は珍しい。

エ 比例代表制では一般に死票は出ない。

オ 有権者は，小選挙区と比例代表にそれぞれ1票ずつ，計2票を投票する。

(2) 比例代表選挙はドント方式が採用されている。A党660票　B党420票　C党180票　という各
政党の得票数に応じて議席配分すると，C党から当選者が出るのは全体の当選者数が最低何人の場
合か。 (京都・同志社高)

[　　　　]

(3) ある地域で比例代表選挙が行われ，下のような結果になった。定員が10人の場合，各政党の当
選者数はそれぞれ何人か，答えよ。

政党名	A党	B党	C党	D党	E党
得票数	120,000	100,000	85,000	79,000	35,000
÷1	120,000	100,000	85,000	79,000	35,000
÷2	60,000	50,000	42,500	39,500	17,500
÷3	40,000	33,333	28,333	26,333	11,666
÷4	30,000	25,000	21,250	19,750	8,750

A党[　　　　]
B党[　　　　]
C党[　　　　]
D党[　　　　]
E党[　　　　]

(4) 政治家が政治資金を企業に依存する度合いが強いと，政治家と企業との癒着による汚職事件が発
生しやすくなる。このような問題に対処するため，1994年，申請のあった政党に国が活動資金を交
付する制度ができた。この制度を定めた法律を答えよ。 (大阪・帝塚山学院高)

[　　　　]

040 次は生徒が政治と国民とのかかわりについて調べた内容の一部です。 [　X　] には同じ語が
入ります。あてはまる語を書きなさい。 (秋田)

[　　　　]

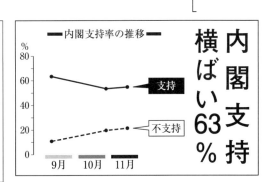

ある日の新聞に右のような調査結
果がのっていました。このような，
政治や社会に対して国民がもってい
る意見を [　X　] といいます。テ
レビ局や新聞社などは，わたしたち
国民の意見を知るために [　X　]
調査を実施しています。

内閣支持　横ばい63%

——内閣支持率の推移——

支持
不支持

9月　10月　11月

解答の方針

039 (3)ドント方式による。整数1・2・3…で順番に割っていった商の大きい順に，定員まで当選者を決め，
政党別に集計していく。

041 次の文中の（　①　）〜（　⑦　）に入る適切な語句を，下の語群から記号で選び，あとの問いにも答えなさい。

（大阪・浪速高）

Ⅰ　日本の政治は，国民が選挙によって選んだ代表者によって構成される議会を中心に行われています。これを（　①　）民主制といいます。したがって，代表者を選ぶ選挙は，国民が　A　を行使する最も重要な機会であるため，ⓐ選挙制度は公正で民主的なものでなければなりません。今日の選挙は，一定の年齢に達したすべての国民に選挙権を認める（　②　）選挙，1人が1票を持つ（　③　）選挙，無記名投票による秘密選挙などを原則としています。

Ⅱ　選挙以外に国民が政治に参加する方法には，国や地方公共団体に対して要望する（　④　）権にもとづく方法や，広く国民や国会に訴える大衆運動などがあります。また，民主政治は，　B　による政治だともいわれています。現代では，テレビ・新聞などのマスメディアが多くの国民の意見や要求のまとまりである　B　を形成するうえで大きな影響力を持っています。

Ⅲ　政治についての考え方や政策を同じくする人々がつくる団体が（　⑤　）です。国民のさまざまな意見や利益を政治に反映し，国民と議会を結ぶパイプの役割を持っています。選挙の際には，社会が直面する政治課題に対し，その解決方法や考え方を　C　として国民に示し，選挙で多数の候補者を立て，議会で多数の議席を獲得することで自分たちの政策の実現をめざします。（　⑤　）のうち，内閣を組織して政権を担当するものを（　⑥　）といい，政権に加わらずにこれを批判・監視する立場のものを（　⑦　）といいます。1993年の衆議院総選挙では，いずれの（　⑤　）も過半数の議席を獲得できず，その結果，ⓑ複数の（　⑤　）が内閣を組織する政権が生まれました。

①[　　　]　②[　　　]　③[　　　]　④[　　　]
⑤[　　　]　⑥[　　　]　⑦[　　　]

語群　ア　直接　　イ　公開　　ウ　普通　　エ　間接　　オ　政党　　カ　企業　　キ　請願
　　　　ク　民党　　ケ　自由　　コ　野党　　サ　与党　　シ　公党　　ス　平等　　セ　生存
　　　　ソ　制限

(1)　文中の　A　〜　C　にあてはまる語句を答えよ。
　　　A[　　　]　B[　　　]　C[　　　]

(2)　下線部ⓐに関連して，右の浪速さん一家について考えよ。
　①　選挙権を持っているのは何人か。　　　[　　　]
　②　地方議会議員に立候補できる人は何人か。　[　　　]
　③　参議院議員に立候補できる人は何人か。　[　　　]

(3)　下線部ⓐに関連して，選挙区・選挙運動・投票など，選挙の方法について定めている日本の法律を答えよ。
　　　[　　　]

(4)　下線部ⓑのような政権を何というか。　[　　　]

浪速さん一家の家族構成
浪速太郎…60歳
道子…58歳
恵子…31歳
正彦…26歳
真弓…17歳

解答の方針

041 (1) B.「多くの国民の意見や要求のまとまり」がヒントになる。C. その前の「選挙の際には」をヒントに答える。

7 国会と内閣

042 [国会の地位]

次の資料は，国会についてまとめた文章の一部です。これを読んで，あとの問いに答えなさい。

資料

> 民主政治は，一般に，国民の代表者である議員によって構成される議会を中心に行われます。これを ☐ A ☐ といい，日本国憲法は，国民の代表機関である国会を，国権の最高機関であり，国の唯一の ☐ B ☐ 機関としています。

(1) ☐ A ☐ に入る最も適当な語句を，次のア～エの中から1つ選び，記号で答えよ。

[　　　　]

　ア　三審制　　イ　二院制　　ウ　議院内閣制　　エ　議会制民主主義

(2) ☐ B ☐ に入る最も適当な語句を漢字2字で答えよ。　　　[　　　　　　]

重要 **043** [国会の役割]

次は，夏子が東京のおばにもらった「参議院見学ガイド」をもとに，国会について調べ，発表したことの一部です。あとの問いに答えなさい。

> この写真は，参議院の議場のようすです。正面中央に①天皇の席があり，その前に議長席と演壇があります。その左右には，②内閣を構成する内閣総理大臣とその他の国務大臣の席があります。
>
> 日本の国会は，③衆議院と参議院の2つがあります。国会に提出された議案は，まず ☐ ④ ☐ で審議されてから本会議で議決されます。

(1) 下線部①について，天皇は，内閣の助言と承認により，憲法の定める国事行為を行う。天皇の国事行為を1つ答えよ。　　　[　　　　　　　　　]

(2) 下線部②について，内閣と国会とのかかわりに関する説明として正しいものを，次のア～エの中から1つ選び，記号で答えよ。　　　[　　　　]

　ア　内閣の承認があれば，国会は条約を締結することができる。

　イ　すべての国務大臣は，国会議員でなければならない。

　ウ　内閣が必要と認めたときは，臨時会を召集できる。

　エ　内閣不信任案が可決されると，内閣は総辞職しなければならない。

(3) 下線部③について，衆議院と参議院に関する説明として誤っているものを，次のア〜エの中から1つ選び，記号で答えよ。　　　　　　　　　　　　　　[　　　　　]

　ア　衆議院と参議院が異なった内閣総理大臣を指名し，両院協議会でも意見が一致しない場合，衆議院の議決が国会の議決となる。

　イ　衆議院の可決した予算を参議院が受け取ったのち，30日以内に議決しない場合，衆議院の議決が国会の議決となる。

　ウ　憲法の改正は，衆議院と参議院のそれぞれにおいて総議員の3分の2以上の賛成のうえ，国民投票により決せられる。

　エ　参議院が衆議院と異なった議決をした法律案は，衆議院で出席議員の過半数で再び可決したときには，法律となる。

(4) ⌷ ④ ⌷では，専門家などの意見を聞くために公聴会が開かれることがある。⌷ ④ ⌷に当てはまる語を答えよ。　　　　　　　　　　　　　　　　[　　　　　]

ガイド　(1)国事行為とは，天皇の形式的・儀礼的な行為のこと(憲法第7条)。
　　　　(2)イ．国務大臣の過半数は国会議員であることが必要(憲法第68条)。エ．内閣不信任決議が可決されると，衆議院の解散か内閣総辞職のどちらかになる(憲法第69条)。

重要 〈044〉 **[国会と内閣]**

右の資料を見て，あとの問いに答えなさい。

(1) 資料中の特別国会は，衆議院議員総選挙後，何日以内に召集されるか，次のア〜エの中から1つ選び，記号で答えよ。　[　　　　　]

資料

　ア　10日以内　　　イ　30日以内
　ウ　40日以内　　　エ　60日以内

(2) 特別国会で内閣は総辞職し，内閣総理大臣の指名を行う。衆議院と参議院の議決が異なり，両院協議会でも一致しなかった場合，どのようになるか，20字以内で答えよ。

[　　　　　　　　　　　　　　　　　　　　]

(3) 内閣は，内閣総理大臣とその他の国務大臣によって組織されている。内閣について述べた文として適切でないものを，次のア〜エの中から1つ選び，記号で答えよ。　[　　　　　]

　ア　国務大臣は，3分の2以上が国会議員でなければならない。

　イ　内閣の仕事で，最も重要なのは行政の各部門を指揮監督することである。

　ウ　内閣は，条約を締結することができる。

　エ　内閣は，予算を作成することができる。

ガイド　(2)内閣総理大臣の指名については，衆議院の優越が適用される。

045 [国会と内閣の関係]

右の図は、国会と内閣の関係を、花子さんがま
とめたものです。これを見て、あとの問いに答
えなさい。

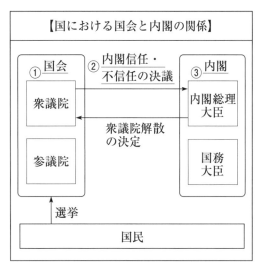

(1) 下線部①における予算の議決について述べた次の文の〔　　〕A〜Cのそれぞれに当ては
まることばを，ア，イから答えよ。　A〔　　　　〕　B〔　　　　〕　C〔　　　　〕

> 予算の先議権はA〔ア　衆議院　　イ　参議院〕にある。衆議院と参議院で異なった議
> 決をした場合は，B〔ア　公聴会　　イ　両院協議会〕が開かれることになっている。そ
> こにおいても，衆議院と参議院の意見が一致しないときは，C〔ア　衆議院　　イ　参
> 議院〕の議決が国会の議決となる。

(2) 下線部②に関して述べた次の文の　　　　　に当てはまることばを，漢字3字で答えよ。

〔　　　　　　　　　　　　　〕

> 日本国憲法では，内閣は，衆議院で内閣不信任の決議案が可決されたとき，10日以
> 内に衆議院が解散されない限り，　　　　　をしなければならない。

(3) 下線部③に関して述べた文として正しいものを，次のア〜エの中から1つ選び，記号で答
えよ。　　　　　　　　　　　　　　　　　　　　　　　　　　　　　　　〔　　　　〕

　ア　内閣総理大臣は，国会の議決により指名される。

　イ　国務大臣は，国政調査権により国会を調査することができる。

　ウ　内閣を組織し，政権を担当する政党は，野党とよばれる。

　エ　内閣は，立法，行政，司法の三権のうち，司法権を担当している。

(4) 下線部①においては，一般に議決に際して多数決の原理がとられており，決定したことに
ついては少数の意見の人も多数の意見に従うことになる。多数決の原理を民主的な議決方法
として機能させるためには，結論を出す前に多数の意見の人はどのようなことに配慮する必
要があるか，「少数」ということばを使い，簡単に答えよ。

〔　　　　　　　　　　　　　　　　　　　　　　　　　　　　　　　　　　　　〕

ガイド (4)基本的人権の尊重により，多数派が少数派を抑圧したり，権利を奪うことはできない。

046 〉[議院内閣制]

権力の行き過ぎを防ぐしくみについて，しんごさんの書いたメモを読んで，あとの問いに答え
なさい。

［しんごさんのメモ］

　　国の権力は，立法，行政，司法の三権に分けられ，立法は｜　ⓐ　｜，行政は｜　ⓑ　｜，
司法は｜　ⓒ　｜，という独立した機関によって担当されており，この三権は，さまざまな
かたちでたがいに関係しあっている。例えば，立法権と行政権は，議院内閣制によって結
ばれており，立法権と司法権との関係では，司法権は｜　ⓓ　｜で立法権の統制を受けるな
ど，権力の行き過ぎを防いでバランスのとれた政治が行われている。

---

(1)　｜　ⓐ　｜，｜　ⓑ　｜，｜　ⓒ　｜のそれぞれにあてはまる機関の正しい組み合わせを，次の
　　ア～エの中から１つ選び，記号で答えよ。　　　　　　　　　　　　　　[　　　　　]
　　ア　ⓐ＝内閣　　　ⓑ＝国会　　　ⓒ＝裁判所
　　イ　ⓐ＝国会　　　ⓑ＝裁判所　　ⓒ＝内閣
　　ウ　ⓐ＝内閣　　　ⓑ＝裁判所　　ⓒ＝国会
　　エ　ⓐ＝国会　　　ⓑ＝内閣　　　ⓒ＝裁判所

(2)　｜　ⓓ　｜にあてはまることばを，次のア～ウの中から１つ選び，記号で答えよ。
　　　　　　　　　　　　　　　　　　　　　　　　　　　　　　　　　　　[　　　　　]

　　ア　国民審査　　イ　弾劾裁判　　ウ　違憲立法の審査

(3)　下線部はどのようなしくみか，「信任」，「責任」の２つのことばを用いて，簡潔に答えよ。
　　[　　　　　　　　　　　　　　　　　　　　　　　　　　　　　　　　　　　　　　]

ガイド　(3)日本やイギリスでとられている議院内閣制は，責任内閣制ともいわれる。

---

047 〉[行政改革]

次の文章を読んで，あとの問いに答えなさい。

　　日本では，最近になってますます行政の仕事が増えています。行政機関の権限が大きく
なり，そのための費用も増えています。そこで行政を見直し改善すること，つまり
｜　①　｜がさけばれるようになりました。「スリムな国家」をめざし，許認可権を見直す
などの｜　②　｜がはかられています。公務員の数を減らし，効率的な組織とするために国
の直営の組織から切り離して，｜　③　｜へと改められるものもありました。

---

(1)　｜　①　｜にあてはまる語句を，次のア～エの中から１つ選び，記号で答えよ。[　　　　　]
　　ア　行政の改革　　イ　立法の改革　　ウ　司法権の独立　　エ　行政権の肥大化

(2)　｜　②　｜に入る語句を漢字４字で答えよ。　　　　　　　　　　　[　　　　　]

(3)　｜　③　｜は，国民生活などに必要な仕事のうち，国が民間にまかせきれないものを扱う組
　　織のことです。これを何というか，「法人」という語を使い，漢字６字で答えよ。

　　　　　　　　　　　　　　　　　　　　　　　　　　　　　　　　　　　[　　　　　]

最 高 水 準 問 題 ——————————————————————— 解答 別冊 p.14

048 次の文章を読んで，あとの問いに答えなさい。 （福岡大附大濠高）

　日本では，内閣が国会の信任に基づいて成立する〈　A　〉を採用し，憲法では次のように規定している。第1に，内閣総理大臣は国会議員の中から（　①　）の議決で指名される。第2に，国務大臣は（　②　）が任命するが，その（　③　）が国会議員でなければならない。第3に，内閣は国会に対して連帯して責任を負う。第4に，衆議院が内閣不信任案の議決をしたときは，内閣は④衆議院を解散するか，あるいは総辞職をしなければならない。このように〈　A　〉は，国民を代表する国会が行政を民主的にコントロールするための制度である。

　また，⑤国会の制定した法律を具体的に執行する行政権は内閣にある。内閣の権限は行政全般に及ぶが，行政分野によっては，政治的中立の確保や専門知識の導入を目的とした⑥行政委員会が設けられ，内閣からある程度独立した権限をもっている。

(1) 文中の〈　A　〉に適する語句を漢字で答えよ。　　　　　　　　　　　　［　　　　　　　　］

(2) 文中の（　①　）〜（　③　）に適する語句を，次のア〜コの中から1つずつ選び，記号で答えよ。

①［　　　　　］　②［　　　　　］　③［　　　　　］

　　ア　参議院　　イ　衆議院　　ウ　両院協議会　　エ　過半数　　オ　内閣総理大臣

　　カ　3分の2以上　　キ　国会　　ク　内閣　　ケ　天皇　　コ　4分の3以上

(3) 文中の下線部④に関して，次の条文の（　ⓐ　）と（　ⓑ　）に当てはまる正しい組み合わせを，表のア〜エの中から1つ選び，記号で答えよ。　　　　　　　　　　　　［　　　　　　　］

　　「衆議院が解散されたときは，解散の日から（　ⓐ　）日以内に，衆議院議員の総選挙を行い，その選挙の日から（　ⓑ　）日以内に，国会を召集しなければならない。」

解答の記号	ア	イ	ウ	エ
ⓐ	40	30	40	30
ⓑ	30	40	60	60

(4) 文中の下線部⑤に関して，法律で定められたことを実施するために内閣が決めるきまりを何というか，漢字2字で答えよ。　　　　　　　　　　　　　　　［　　　　　　　　］

(5) 文中の下線部⑥について，国の行政委員会を，次のア〜エの中から1つ選び，記号で答えよ。

　　　　　　　　　　　　　　　　　　　　　　　　　　　　　　　　　　　　［　　　　　　　　］

　　ア　教育委員会　　イ　公正取引委員会
　　ウ　人事委員会　　エ　選挙管理委員会

解答の方針

048 (4)内閣が定める命令のこと。
　　(5)行政委員会とは，国や地方公共団体から独立し，政治的中立性を保ちながら活動している機関。

049 次の問いに答えなさい。　　　　　　　　　　　　　　　　　　（東京・筑波大附高）

(1) 国会について述べた文として適切なものを，次のア～オの中から1つ選び，記号で答えよ。

[　　　　　]

ア　国会は，通常国会，臨時国会，特別国会，調整国会の4種類に分けられる。

イ　衆議院や参議院を開くには，それぞれ総議員の3分の1以上の出席が求められている。

ウ　民主主義の原則に基づき，国会はすべての会議の公開が義務づけられている。

エ　衆議院議員総選挙後にはじめて開かれ，首班指名が行われる国会は臨時国会である。

オ　衆議院の解散中に内閣の求めに応じて開かれる国会は調整国会である。

(2) 内閣総理大臣や国務大臣について述べた文として適切でないものを，次のア～エの中から1つ選び，記号で答えよ。

[　　　　　]

ア　内閣総理大臣は，国会で信任，選出されているので，立法，司法，行政の国政すべてに対して責任を負っている。

イ　内閣総理大臣は，内閣を代表して議案を国会に提出し，また一般国務について報告する。

ウ　国務大臣は，内閣総理大臣に任命されて内閣を構成し，その過半数は国会議員でなければならない。

エ　国務大臣は，議案について発言するため，議席の有無にかかわらず，議院に出席することができる。

050 次の問いに答えなさい。　　　　　　　　　　　　　　　　（広島・近畿大附東広島高）

(1) 国会の種類について述べた文のうち，正しいものを次のア～エの中から1つ選び，記号で答えよ。

[　　　　　]

ア　通常国会は，内閣が必要と認めたとき召集できる。

イ　臨時国会は，衆議院の解散中，緊急の必要があるときに召集される。

ウ　特別国会は，衆議院の解散後の総選挙の日から30日以内に召集される。

エ　参議院の緊急集会は，毎年1回，1月中に召集される。

(2) 国会について，衆議院の優越の内容として誤っているものを，次のア～エの中から1つ選び，記号で答えよ。

[　　　　　]

ア　予算の議決　　　　　イ　弾劾裁判所の設置

ウ　法律案の議決　　　　エ　内閣総理大臣の指名

(3) 平成29年10月22日に行われた衆議院議員総選挙について，正しいものを次のア～エの中から1つ選び，記号で答えよ。

[　　　　　]

	定員数	被選挙権	選挙制度
ア	465名	25歳以上	小選挙区比例代表並立制
イ	242名	25歳以上	選挙区選出議員選挙と比例代表選出議員選挙
ウ	242名	30歳以上	小選挙区比例代表並立制
エ	465名	30歳以上	選挙区選出議員選挙と比例代表選出議員選挙

(4) 内閣が国会の信任のもとに成立し，国会に対して連帯して責任を負うしくみを何というか。漢字で答えよ。

[　　　　　]

(5) 内閣が総辞職するのはどのような場合か。誤っているものを，次のア〜エの中から1つ選び，記号で答えよ。　　　　　　　　　　　　　　　[　　　　]

ア　衆議院議員総選挙の後に初めて国会が召集されたとき。

イ　内閣総理大臣が欠けたとき。

ウ　衆議院で不信任の決議案を可決したとき，または信任の決議案を否決したとき。

エ　国民審査で，国民の過半数が否認したとき。

(6) 内閣の仕事を，次のア〜カの中からすべて選び，記号で答えよ。　　　[　　　　]

ア　内閣総理大臣の指名　　イ　予算案の作成

ウ　違憲立法審査権の行使　　エ　法律案の議決

オ　天皇の国事行為に対する助言と承認　　カ　政令の制定

051 次の文章を読んで，あとの設問に答えなさい。　　　　　　（大阪・浪速高校）

　日本の政治は，法律を定める①国会，法律で定められたことを実施する内閣，そして法に基づいて争いを解決する裁判所が中心になって行われています。国会は，主権者である国民が直接選んだ国会議員によって構成されるため，国権の最高機関であり，唯一の（　＊　）機関であると日本国憲法第41条で規定されています。国会には②衆議院と参議院があり，③二院制が採られています。参議院が置かれているのは，国民のさまざまな意見をより広く反映させることができ，慎重な審議により衆議院の行き過ぎを抑えることができるからです。

(1) 下線部①について，以下の設問に答えなさい。

A　毎年1月に開催され，会期が150日の国会を何というか。　　　[　　　　]

B　国会の働きを次のア〜エの中から1つ選び，記号で答えよ。　　[　　　　]

ア　条約の締結　　イ　弾劾裁判所の設置　　ウ　予算案の提出　　エ　政令の制定

(2) 下線部②について述べた以下の文章群（ア・イ）のうち，どちらか一方が誤っていれば，その記号を答えよ。両方とも正しい場合は「ウ」，両方とも誤っている場合は「エ」と答えよ。[　　　　]

ア　衆議院の定数は475人であり，被選挙権は30歳以上である。

イ　参議院の定数は248人であり，任期は6年で3年ごとに半数を改選する。

(3) 下線部③に関連して，予算の議決について述べた以下の文中のX〜Zに当てはまる適当な語句を，それぞれの選択肢「ア」・「イ」の中から1つ選び，記号で答えよ。

　予算の先議権はX（ア　衆議院　イ　参議院）にあり，衆議院と参議院で異なる議決をした場合は，Y（ア　証人喚問　イ　両院協議会）を開催する。そこでも意見が一致しない場合はZ（ア　衆議院　イ　参議院）の議決が国会の議決となる。

X[　　　]　Y[　　　]　Z[　　　]

(4) 文中の（＊）に入る適当な語句を答えよ。　　　　　　　[　　　　]

052 ちひろさんたちは，公民的分野の調べ学習で，班ごとにテーマを決めて取り組んだ。次の班の
テーマを見て，あとの問いに答えなさい。 （高知県 改）

班のテーマ

A班	三権分立のしくみ

次の**資料**は，A班がまとめた資料の一部であり，日本の三権分立のしくみについて表したものである。

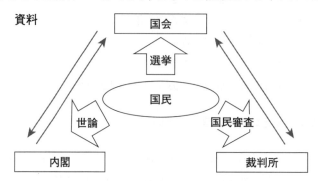

(1) **資料**中に「選挙」とあるが，国会議員を選ぶ現在の選挙制度について述べた文として誤っている
ものを，次のア～エの中から1つ選び，記号で答えよ。 [   ]

　ア　参議院議員は，3年ごとに定数の半数が改選される。

　イ　衆議院議員の被選挙権は，満18歳以上の日本国民に認められている。

　ウ　参議院議員選挙の比例代表制では，全国を1つの単位として選挙が行われる。

　エ　衆議院議員選挙の小選挙区制では，各選挙区から原則として1人の議員が選出される。

(2) **資料**中に「内閣」とあるが，内閣の役割について述べた文として正しいものを，次のア～エの中
から1つ選び，記号で答えよ。 [   ]

　ア　最高裁判所の長官を指名する。

　イ　法律を制定する。

　ウ　弾劾裁判所を設置する。

　エ　条例を制定する。

難(3) **資料**のように権力を分立させるしくみは，世界の国々で取り入れられている。このように，国の
権力を分立させるねらいを，「権力」と「国民の権利」の2つの語を使って，簡潔に書け。

[   ]

解答の方針

052 (3)国会と内閣，裁判所はそれぞれ独立した権力を持っている。三権分立によって，三権がお互いを抑制
　　し合い，均衡を保っているが，その他に，日本国憲法で主権だと定められている国民が，どのような
　　役割を果たしているのかを考える。

053 次の問いに答えなさい。 （東京・開成高改）

(1) 衆議院議員の総選挙に関して，比例区での各政党への議席配分はドント方式が採用されている。

A党，B党，C党，D党，E党，F党，G党，H党の得票数が次のとおりだとしたときの各政党の

獲得議席数を答えよ。ただし，この選挙区の定数は8議席とする。

A党 [   ]　　B党 [   ]　　C党 [   ]　　D党 [   ]

E党 [   ]　　F党 [   ]　　G党 [   ]　　H党 [   ]

A党	1,348,318 票	B党	805,895 票	C党	354,886 票	D党	241,345 票
E党	113,562 票	F党	433,122 票	G党	20,276 票	H党	7,399 票

(2) 日本国憲法に規定されている内閣総理大臣の権限として誤っているものを，次のア〜エの中から

1つ選び，記号で答えよ。 [   ]

ア　国務大臣の任免　　イ　国務大臣の訴追に対する同意

ウ　国務の総理　　　　エ　行政各部の指揮監督

054 次の文章を読んで，あとの問いに答えなさい。 （山梨学院大附高）

2007年は@日本国憲法の歴史にとって忘れられない年になりそうである。5月に国民投票法が成立
したことがその理由の第1である。憲法は，その改正について，各議院の総議員の　A　以上の賛
成で国会が発議し，国民に提案してその承認をへなければならないと定めている。国民投票法は，改
正案に賛成か反対かを選び投票すること，有効投票の過半数で承認することなどを決定し，改定のた
めの具体的な手続きを定めた。つまり，「国民に提案してその承認をへる」ことが明確になったわけで，
憲法の改正がいつでも出来ることになったのである。

次の理由は7月に行われた⑥参議院議員選挙の結果である。憲法は，国会は国権の最高機関であって，
国の唯一の　B　であると定め，衆議院及び参議院でこれを構成するとしている。ところが，政党
の勢力関係が両院とも同じという状況が長く続き，参議院の必要性について疑問が投げかけられるま
でになっていた。選挙の結果は，こうした状況を一変させた。©野党の議席数が与党のそれを上回る
かつてない状況が生まれたのである。両院は対等で，議案は両院の議決が一致して初めて成立する。
したがって，選挙結果は衆議院と参議院で議決が異なり，法案が成立しないという事態を予想させる
のである。こうして，両院制や@衆議院の優越性という憲法の規定が注目されることになった。

(1) 文中の　A　・　B　に適語（語句・数字）を答えよ。

A [   ]　　B [   ]

(2) 文中の下線部@について誤っているものを，次のア〜エの中から1つ選び，記号で答えよ。

[   ]

ア　兵役の義務のないことは，日本国憲法の特徴である。

イ　憲法は国の最高法規であり，これに反する法律や命令などは無効であると規定している。

ウ　日本国憲法の三原則の1つに，基本的人権の尊重がある。

エ　日本国憲法は，1947年5月3日に公布された。

解答の方針

053 (1) 各政党の得票数を1，2，3…の整数で割り，数値の大きい順に定数8までが当選となる。

(3)　文中の下線部ⓑについて誤っているものを，次のア～エの中から1つ選び，記号で答えよ。

[　　　　]

ア　議員の任期は6年で，3年ごとに半数が改選される。

イ　立候補できるのは25歳以上の日本国民である。

ウ　選挙区選挙は，各都道府県がその単位となっている。

エ　比例代表選挙は全都道府県を1つの選挙区としている。

(4)　文中の下線部ⓒを簡潔に説明せよ。　　　　　[　　　　　　　　　　]

(5)　文中の下線部ⓓについて誤っているものを，次のア～エの中から1つ選び，記号で答えよ。

[　　　　]

ア　予算は先に衆議院に提出される。

イ　衆議院で可決し，参議院でこれと異なった議決をした法律案は，衆議院で出席議員の3分の2以上の多数で再び可決した時は，法律となる。

ウ　衆議院が可決した予算を参議院が受け取った後，国会休会中の期間を除いて10日以内に議決しない時は，衆議院の議決を国会の議決とする。

エ　衆議院が内閣総理大臣の指名の議決をしたのち，国会休会中の期間を除いて10日以内に指名の議決をしない時は，衆議院の議決を国会の議決とする。

055　右下の表は，国会における内閣総理大臣を指名する投票において，A～Dで示した4人の議員が衆議院と参議院でそれぞれ獲得した票数を表しています。この表と文をもとに，あとの問いに答えなさい。

（広島・近畿大附福山高）

　この投票結果をうけて，内閣総理大臣を指名するため（　①　）が開かれました。しかし，（　①　）が開かれても内閣総理大臣の指名について結論が出ませんでした。そのため，日本国憲法に基づいて，（　②　）が内閣総理大臣に指名されることになりました。

議員	衆議院	参議院
A	150票	147票
B	14票	10票
C	70票	33票
D	241票	52票

(1)　文中の空欄（　①　）にあてはまる語句を，次のア～エの中から1つ選び，記号で答えよ。　　　　　[　　　　]

ア　臨時会　　イ　両院協議会　　ウ　緊急集会　　エ　特別会

(2)　文中の（　②　）に入る議員はだれか。表中のA～Dの中から1つ選び，記号で答えよ。

[　　　　]

解答の方針

055 (2)内閣総理大臣の指名は，他のすべての案件に先だって行われるが，衆議院と参議院の意見が異なる場合は，衆議院の議決が優越する（憲法第67条）。

8 裁判所と三権分立

標 準 問 題 ──────────────────── 解答 別冊 p.16

重要 056 [司法権の独立]

次の文章を読んで，あとの問いに答えなさい。

> 裁判所は@国会や内閣などほかの機関から独立しており，裁判官は自分の良心と憲法・法律によってのみ裁判を行う。裁判所にはⓑ最高裁判所と下級裁判所があり，ⓒ裁判では，慎重に審議を行うためⓓ三審制がとり入れられている。
>
> 近年，裁判に時間や費用がかかり，国民にわかりにくいなどという問題点に対し，ⓔ司法制度改革が進められている。

(1) @国会や内閣の関係について，次の文の X ～ Z に入る適切な語句を答えよ。

X [   ] Y [   ] Z [   ]

> 日本では，内閣は国会の信任に基づいて成立し，国会に対して責任を負うという X 制をとっている。たとえば，衆議院で Y 決議が可決されると，内閣は衆議院を Z するか総辞職しなければならない。

(2) ⓑ最高裁判所は，「憲法の番人」とよばれている。その理由を答えよ。

[   ]

(3) ⓒ裁判について，右の図はある法廷の様子である。このような法廷で行われる裁判の例として最も適切なものを，次のア～エの中から1つ選び，記号を答えよ。　[   ]

図　法廷の様子

裁判官
書記官

検察官	証言台	被告人	弁護人

傍　聴　人

ア　空港の建設工事の中止を求める裁判

イ　欠陥商品によるケガの治療を求める裁判

ウ　親族間の遺産相続の配分を求める裁判

エ　振り込め詐欺事件の有罪・無罪をめぐる裁判

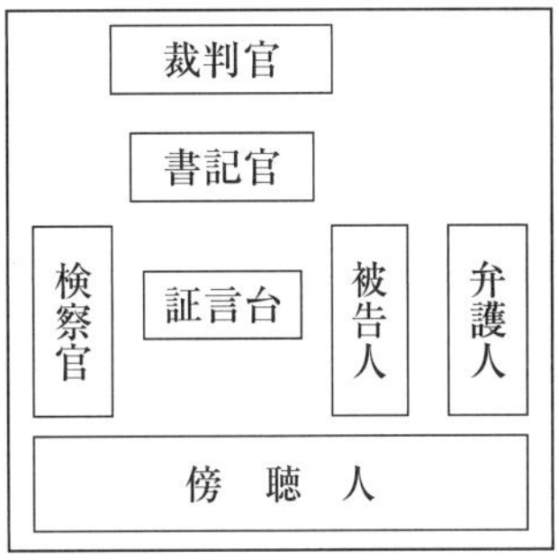

(4) ⓓ三審制について，次の文中の ① ， ② に入る適切な語句を答えよ。　① [   ] ② [   ]

> 第一審の判決に不服があれば， ① することができ，第二審の判決に不服の場合は，さらに上級の裁判所に ② することができる。

(5) ⓔ司法制度改革の一環として，2009年5月から実施された国民が裁判官とともに裁判の審理や評決に加わる制度を何というか，答えよ。　[   ]

ガイド (2)裁判所には**違憲審査権**(違憲立法審査権)がある。このことから考える。

(5)国民が裁判に参加することで，国民の視点や感覚が裁判に反映されることが期待されている。

◆重要 [057] **[裁判所の種類と三審制]**

次の問いに答えなさい。

(1) 日本の裁判所について，下級裁判所でないものを，次のア〜カの中から2つ選び，記号で
答えよ。　　　　　　　　　　　　　　　　　　　　　[　　　　　] [　　　　　]

ア　家庭裁判所　　イ　行政裁判所　　ウ　高等裁判所　　エ　特別裁判所

オ　簡易裁判所　　カ　地方裁判所

(2)　次のうち，少年犯罪の三審制を説明したものはどれか，次のア〜エの中から1つ選び，記
号で答えよ。　　　　　　　　　　　　　　　　　　　　　　　　[　　　　　]

ア　簡易裁判所—家庭裁判所—高等裁判所　　イ　地方裁判所—高等裁判所—最高裁判所

ウ　家庭裁判所—高等裁判所—最高裁判所　　エ　家庭裁判所—地方裁判所—高等裁判所

[058] **[司法制度①]**

次の図はある裁判の流れをまとめたものである。この図を見て問いに答えなさい。

(1)　この裁判は，民事事件か刑事事件のど
ちらかを答えよ。

[　　　　　　　　　　]

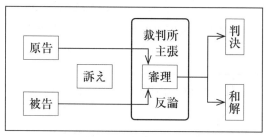

(2)　裁判が公正・中立に行われるためには，
「司法権の独立」が守られる必要がある。
「司法権の独立」とはどのようなことか，
「裁判所」という言葉を使って書け。

[

]

ガイド (1)「和解」という解決策がとれるのは，民事事件か刑事事件のどちらかを考える。

[059] **[司法制度②]**

次の問いに答えなさい。

(1)　裁判官の説明として適切なものを，次のア〜エの中から1つ選び，記号で答えよ。

[　　　　　]

ア　裁判官は，憲法と法律のほか，内閣の意見に従って裁判を行う。

イ　捜査令状や逮捕令状は，裁判官が発行する。

ウ　地方裁判所の裁判官は，国会が任命する。

エ　高等裁判所の裁判官は，国民審査によって罷免されることがある。

(2)　被告人について，次の文中の [　　　] に当てはまる適切な語句を答えよ。

[　　　　　　　　　　]

　実際の刑事事件で，被疑者を被告人として裁判所に訴える役割をする公務員を [　　　　]
という。

060 〉[刑事裁判]

次の文章は，地元の地方裁判所で刑事事件の裁判を傍聴した帰り道におけるXさんとYさんの会話の一部と，帰宅後のXさんの感想です。あとの問いに答えなさい。

X：①刑事裁判を傍聴することができるなんて，とても驚いたよ。

Y：何いっているんだい。裁判は原則として公開の法廷で行われるということは授業で習ったばかりじゃないか。

X：そうだね。実際に裁判官，検察官，②被告人を前にして，裁判の重要性というものを少し考えたよ。

Y：おっと，大事な人を忘れているよ。　③　人を依頼することができるのも被告人の権利として憲法に定められたことなんだよ。

X：それもたしかに授業で習ったね。

Y：基本的人権のところだったね。

　裁判に興味を持って帰宅したXさんは，早速，裁判所のホームページを開いてみた。裁判員制度を紹介したページで，右のような絵を見つけた。

X：そうか，そういえば検察官と　③　人は，向かいあって意見を主張している場面もあったな。今日の裁判の傍聴はすごくいい勉強になったよ。

刑事事件の法廷

（裁判所ホームページより）

(1)　①刑事裁判について述べた次の文章の（　A　），（　B　）のそれぞれにあてはまることばの組み合わせとして最も適当なものを，あとのア〜エの中から1つ選び，記号で答えよ。
[　　　　]

　刑事裁判は，身体や自由に直接かかわる裁判であるため，人権に対する配慮が特に必要とされる。警察官が，現行犯以外には（　A　）の発する令状がなければ逮捕できなかったり，被告人が（　B　）を受けるまでは無罪と推定され，公正で迅速な裁判を受ける権利を保障されていたりするのはその例といえる。

ア　A　裁判官　B　有罪の判決　　イ　A　検察官　B　有罪の判決
ウ　A　裁判官　B　身柄の拘束　　エ　A　検察官　B　身柄の拘束

(2)　文章中の②被告人がこの地方裁判所での刑事事件の判決に不服の場合，控訴する裁判所として最も適当なものを，次のア〜エの中から1つ選び，記号で答えよ。　　[　　　　]
ア　最高裁判所　　イ　簡易裁判所　　ウ　高等裁判所　　エ　家庭裁判所

(3)　　③　にあてはまる最も適当なことばを，漢字2字で答えよ。なお文章中の2か所の　③　には，同じことばがあてはまる。　　[　　　　]

最高水準問題 ━━━━━━━━━━━━━━━━━━━━━━━━━━ 解答 別冊 p.17

061 次のⅠ～Ⅵの文章を読んで，あとの問いに答えなさい。　　　　　　　　　（京都・立命館高）

Ⅰ　司法が立法や行政から独立した地位にあることを，司法権の独立という。日本国憲法第76条第
　3項では「すべて裁判官は，その［　A　］に従い独立してその職務を行い，この憲法および法律に
　のみ拘束される」と規定されており，そのためその身分が保障されていて⒜特別な理由のないかぎ
　り，やめさせられることはない。

Ⅱ　日本の裁判所には，最終裁判を扱う最高裁判所，全国主要都市8か所にある［　B　］裁判所，全
　国50か所にある地方裁判所，少年事件を扱う家庭裁判所と軽い訴訟や罰金刑を扱う簡易裁判所が
　ある。また，慎重，公平な裁判のために⒝三審制が採用されている。

Ⅲ　憲法は国の最高法規であるから，⒞裁判所は法律や行政の仕事が，憲法に違反しているかどうか
　を判断する権限をもっている。裁判所は具体的な事件の裁判をもとに審査し，合憲か違憲かは最高
　裁判所で確定する。

Ⅳ　民事裁判は，個人や会社などの間で権利をおかされた人がその相手を裁判所に訴えると始まる。
　訴えた人を原告，訴えられた人を［　C　］という。裁判官は両者の言い分を聞き，証拠を調べた上
　で，どちらが正しいかを決め，判決を下す。裁判が長引けば費用も時間もかかるので，裁判官が原
　告と［　C　］を⒟ゆずりあわせて解決する制度がある。

Ⅴ　刑事事件は，犯罪の事実があったかどうかを判断し，その事実があった場合には，課すべき刑罰
　を決定する。原告となるのは被害者ではなく，［　D　］である。［　C　］人は⒠法律の知識が少な
　いので，弁護士を弁護人として依頼する。裁判官は両者の主張を聞き，証拠にもとづいて判決を下す。

Ⅵ　欧米には一般の市民が審理を行う陪審員制度や参審制度がある。日本でも国民の司法への参加な
　どを目的として［　E　］制度が2009年から始まった。

(1)　［　A　］～［　E　］にあてはまる語句をそれぞれ答えよ。

　　A［　　　　　　　　　］　B［　　　　　　　　　］　C［　　　　　　　　　　　］
　　D［　　　　　　　　　］　E［　　　　　　　　　］

(2)　下線部⒜について，裁判官がやめさせられる場合として正しいものを，次のア～エの中から1つ
　選び，記号で答えよ。　　　　　　　　　　　　　　　　　　　　　　　　　　　　　［　　　　　］

　　ア　法務大臣による指名で罷免された場合　　　イ　内閣総理大臣による指名で罷免された場合
　　ウ　内閣の閣議決定で罷免された場合　　　　　エ　弾劾裁判所で罷免された場合

(3)　下線部⒝について，第一審の裁判に不服のある場合に上級の裁判所に再審査を求めることを何と
　言うか，次のア～エの中から1つ選び，記号で答えよ。　　　　　　　　　　　　　　［　　　　　］

　　ア　控訴　　イ　抗告　　ウ　起訴　　エ　上告

(4)　下線部⒞について，裁判所のもつこのような権限を答えよ。　　　　　［　　　　　　　　　　　］

(5)　下線部⒟について，どのような方法があるか，その1つを答えよ。　　［　　　　　　　　　　　］

(6)　下線部⒠について，経済的な理由などで弁護人をつけられない場合，日本国憲法第37条第3項
　によりどのようなことが保障されているか，答えよ。

　　［
　　　］

062 次の憲法の条文を読んで，あとの問いに答えなさい。

（熊本・九州学院高）

ⓐ日本国憲法　第76条

1　すべて司法権は，ⓑ最高裁判所及び法律の定めるところにより設置するⓒ下級裁判所に属する。

2　特別裁判所は，これを設置することができない。行政機関は，（　A　）として裁判を行ふことができない。

3　すべて裁判官は，その（　B　）に従ひ（　C　）してその職権を行ひ，この憲法及び（　D　）にのみ拘束される。

---

(1)　文中の（　A　）～（　D　）に入る適当な語句を，それぞれ漢字2字で答えよ。

A [　　　　　]　B [　　　　　]　C [　　　　　]　D [　　　　　]

🔺(2)　下線部ⓐに関して，日本国憲法の施行より前に制定された法律を，次のア～エの中から1つ選び，記号で答えよ。　　　　　　　　　　　　　　　　　　　　　　[　　　　　]

ア　アイヌ文化振興法　　イ　個人情報保護法　　ウ　労働組合法　　エ　男女雇用機会均等法

(3)　下線部ⓑに関して，次の各問いに答えよ。

①　最高裁判所の長官について正しいものを，次のア～エの中から1つ選び，記号で答えよ。

[　　　　　]

ア　法務大臣の指名に基づいて，内閣が任命する。

イ　国会の指名に基づいて，内閣総理大臣が任命する。

ウ　国民投票に基づいて，天皇が任命する。

エ　内閣の指名に基づいて，天皇が任命する。

②　最高裁判所は，法律などが合憲か違憲かについての最終決定権を持っており，「憲法の□□」と呼ばれている。□□に入る語句を漢字2字で答えよ。　　　[　　　　　]

③　最高裁判所の裁判官は，有権者の意思により裁判官を辞めさせられることがある。この制度を何というか，漢字4字で答えよ。　　　　　　　　[　　　　　]

(4)　下線部ⓒの下級裁判所に関して，次の各問いに答えよ。

①　下級裁判所の裁判官が辞めさせられる場合の組み合わせとして最も適当なものを，次のア～カの中から1つ選び，記号で答えよ。　　　　　　　　[　　　　　]

ア　国会での弾劾裁判，内閣総理大臣による罷免

イ　国会での弾劾裁判，国民の解職要求

ウ　内閣総理大臣による罷免，身心の故障

エ　内閣総理大臣による罷免，国民の解職要求

オ　身心の故障，国民の解職要求

カ　身心の故障，国会での弾劾裁判

②　全国に8か所設置され，多くは控訴審を担当する裁判所の名称を答えよ。

[　　　　　]

解答の方針

061　(6)すべての刑事被告人が平等に裁判を受けるための制度である。

③ 第一審の裁判所の判決に不服がある場合は，第二審の裁判所に控訴し，さらに上告することができる。この制度を何というか，漢字で答えよ。 [　　　　　　　　　]

(5) 2009年5月21日に始まり，裁判に一般の国民が参加する制度を何というか，答えよ。

[　　　　　　　　　]

063 Ⅰ・Ⅱのことがらについて，それぞれあとの問いに答えなさい。 （東京・筑波大附高）

Ⅰ 中学生のヨシオくんは，新聞で訴訟や裁判制度について調べている。

世界人権宣言　第10条
　すべて人は，自己の権利及び義務並びに自己に対する①刑事責任が決定されるにあたっては，独立の公平な裁判所による公正な②公開の審理を受けることについて完全に平等の権利を有する。
---

(1) 新聞には次のア〜オに関係する記事が掲載されていた。ヨシオくんは，その内容を民事事件と刑事事件に分けると，下線部①に関わるものが2つあると考えた。次のア〜オの中から2つ選び，記号で答えよ。 [　　　　] [　　　　]

ア　親権をめぐる争い　イ　窃盗（せっとう）　ウ　借金の未返済　エ　殺人　オ　遺産の相続争い

(2) ヨシオくんは，下線部②に関連する条文を日本国憲法に見つけた。（　①　）（　②　）内に入らないものを，あとのア〜エの中から2つ選び，記号で答えよ。 [　　　　] [　　　　]

日本国憲法　第82条
　裁判所が，裁判官の全員一致で，公の秩序又は善良の風俗を害する虞（おそれ）があると決した場合には，対審は，公開しないでこれを行ふことができる。但し，（　①　）犯罪，（　②　）犯罪又はこの憲法第3章で保障する国民の権利が問題となつてゐる事件の対審は，常にこれを公開しなければならない。

ア　政治　　イ　宗教　　ウ　出版に関する　　エ　プライバシーに関する

Ⅱ ヨシオくんは最高裁判所のしくみを調べ，メモをした。

　最高裁判所の裁判官の人数は日本国憲法に書かれていない。その人数は，法律によれば最高裁判所長官を含め合計（　①　）人。長官以外の最高裁判所裁判官は（　②　）が任命。
　長官は（　②　）の指名により（　③　）が任命する。（　③　）の国事行為は，日本国憲法によれば，（　②　）の（　④　）と（　⑤　）によっている。
　すべての最高裁判所の裁判官は，任命された後に，「初めて行はれる衆議院議員総選挙の際国民の（　⑥　）に付」される（日本国憲法第79条）。
---

(3) 上の文の（　①　）〜（　⑥　）のいずれにも入らないものを，次のア〜ケの中から3つ選び，記号で答えよ。 [　　　　] [　　　　] [　　　　]

ア　天皇　　イ　内閣　　ウ　法務大臣　　エ　審査　　オ　承認

カ　指示　　キ　助言　　ク　11　　　　ケ　15

064 次のカードは，国の政治について，特徴を表すテーマを1つ設けて説明したものです。このカードをみて，あとの問いに答えなさい。 (富山県改)

> 国
>
> 〈権力の抑制と均衡〉
>
> 　国の権力を立法，行政，司法の三権に分け，権力が1つに集中することを防ぎ，(a)三権が互いに抑制と均衡を保つようにしている。また，国民は主権者として，それぞれの権力に対して(b)国民のために機能しているかを監視している。

　資料は(a)三権が互いに抑制と均衡を保つ，(b)国民のために機能しているかを監視の内容を図示したものである。

資料

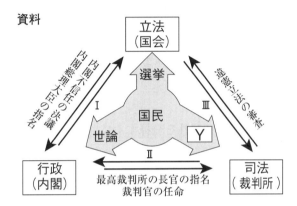

(1) 資料中のⅠ～Ⅲの内容として適切なものを，次のア～ウの中からそれぞれ1つずつ選び，記号で答えよ。

Ⅰ [　　　　　] Ⅱ [　　　　　] Ⅲ [　　　　　]

ア 命令，規則，処分の違憲・違法審査

イ 弾劾裁判所の設置

ウ 衆議院の解散

(2) (b)国民のために機能しているかを監視について，資料の Y には，国民が最高裁判所裁判官に対して，任命が適切かどうかを直接判断することを表す語句が入る。 Y に入る適切な語句を答えよ。 [　　　　　　　]

065 罪刑法定主義の説明として正しいものを，次のア～ウの中から1つ選びなさい。(千葉・成田高)

[　　　　　]

ア 裁判では証拠がなければ罰せられない。

イ 判決に不服である場合，上級の裁判所に裁判のやり直しを求めることができる。

ウ 法律で犯罪と決められていない行為は罰せられない。

解答の方針

064 (2)国民が最高裁判所の裁判官に対して持つ権利である。

9 住民の生活と地方自治

標 準 問 題 ──────────────────────── (解答) 別冊 p.18

066 ▷ [地方自治]

加奈さんは,「地方自治」をテーマに調べたことをまとめ,発表しました。次の文章と資料Ⅰ,資料Ⅱは,そのときに使用したものの一部です。あとの問いに答えなさい。

> 国の政治と地方公共団体の政治を比べてみると,大きく異なることがわかりました。まず,リーダーである@首相と首長では,選出方法や権限が異なります。次に,地方の政治では,ⓑ住民が条例の制定を請求することができます。これは,地方自治法に定められている直接請求権の1つです。また,最近では,地方の独自性が重視され,地方公共団体は自らの判断と責任に基づき,住民のための「まちづくり」を進めていくことが期待されています。私の住んでいる市も©すべての市民が安全で快適に暮らせるような「まちづくり」を進めています。
>
> しかし,現在,ⓓ地方公共団体が独自性を発揮するには,いくつかの課題があるようです。今後は,そのことについても,さらに詳しく調べていきたいと思います。

(1) 下線部@について,次の①,②の問いに答えよ。

① 首相と首長の選出方法について,違いがわかるように簡潔に答えよ。

[　　　　　　　　　　　　　　　　　　　　　　　　　　　　　　　　　]

② 首長だけに認められている権限を,次のア～エの中から1つ選び,記号で答えよ。

[　　　　]

ア 議会の解散　　イ 議決の再議　　ウ 条約の締結　　エ 政令の制定

(2) 下線部ⓑについて,次の文は加奈さんが住んでいる市で,住民が条例の制定を請求する際の手続きである。 A , B に当てはまる語を,それぞれ答えよ。

A [　　　　　　　　　]　B [　　　　　　　　　]

> 私の住んでいる市の有権者数は15万人なので, A 人以上の有権者の署名を集め, B に請求します。

(3) 下線部©について,次の①,②の問いに答えよ。

① 資料Ⅰの写真には,どのような工夫がみられるか,具体的に1つ取り上げ,簡潔に答えよ。

資料Ⅰ　ある建物の出入口付近

[　　　　　　　　　　　　　　　　　　　　　　　　　　　　　]

② ①の工夫の背景にある考え方を何というか，答えよ。　　　［　　　　　　　　　］

(4) 下線部ⓓに関して，加奈さんは**資料Ⅱ**を参考にして，課題の１つを次のようにまとめた。
　　　[　C　]に当てはまる文を答えよ。

　　　［　　　　　　　　　　　　　　　　　　　　　　　　　　　　　　　　　　　　］

> 　　今後，地方公共団体が独自の政策をより多く行っていくためには，[　C　]ことが必
> 要です。

資料Ⅱ　　地方公共団体の財源の内訳（全国）

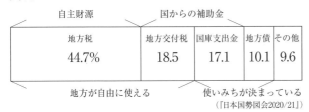

（『日本国勢図会2020/21』）

重要 ┃ 067 ┃ **[直接請求権]**

地方自治を充実させるため，自治体の住民には直接請求権が認められています。下の表の
（　A　）〜（　D　）のそれぞれに当てはまる語句の組み合わせとして正しいものを，あとのア
〜エの中から１つ選び，記号で答えなさい。　　　　　　　　　　　　　　　　［　　　　　　　］

請求の種類	請求に必要な署名数	請求先	請求後の取り扱い
（　A　）の制定・改廃請求	有権者の（　B　）	首　長	議会で審議し決定
首長・議員の解職請求	有権者の（　C　）	選挙管理委員会	住民投票にかけ，（　D　）の賛成
議会の解散請求	有権者の（　C　）	選挙管理委員会	があれば請求が成立
監査請求	有権者の（　B　）	監査委員	監査を実施し，結果を公表する

　　ア　A　法律　　　B　３分の１　　　C　２分の１　　　D　過半数
　　イ　A　法律　　　B　５分の１　　　C　２分の１　　　D　４分の１
　　ウ　A　条例　　　B　10分の１　　　C　３分の１　　　D　３分の１
　　エ　A　条例　　　B　50分の１　　　C　３分の１　　　D　過半数

> **ガイド**　地方自治の本旨のうちで，特に住民自治の原理を保障するための制度として，直接請求権がある。署
> 名が集まり，提出したとしても，監査請求以外は請求後の手続きが必要とされることにも注意してお
> きたい。

┃ 068 ┃ **[地方公共団体のはたらき]**

地方公共団体のはたらきに関連して，あとの問いに答えなさい。

(1) 地方公共団体は，議会で独自のきまりを制定し，地域の環境整備や福祉の向上などに取り
　　組んでいる。このように地方議会が制定し，その地方公共団体だけに適用されるきまりを何
　　というか，答えよ。　　　　　　　　　　　　　　　　　　　　　　　　　　［　　　　　　　］

(2)　**資料**は，山形県と東京都の歳入の内訳を表している。**資料**の　X　，　Y　，　Z　にあてはまる語の組み合わせとして正しいものを，あとのア～エの中から1つ選び，記号で答えよ。　　　　　　　　　　　　　　　　　　　　　　　[　　　　　]

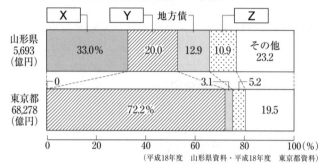

資料　山形県と東京都の歳入の内訳

（平成18年度　山形県資料・平成18年度　東京都資料）

ア　X　地方税　　　　　　Y　国庫支出金　　　　　　Z　地方交付税交付金

イ　X　地方交付税交付金　　Y　地方税　　　　　　　　Z　国庫支出金

ウ　X　国庫支出金　　　　　Y　地方交付税交付金　　　Z　地方税

エ　X　国庫支出金　　　　　Y　地方税　　　　　　　　Z　地方交付税交付金

069〉[地方税]

次の問いに答えなさい。

　次の文は，**資料**の内容を説明したものである。誤っているものを，下線部ア～エの中から1つ選び，記号で答えよ。　　　　　　　　　　　　　　　　　　[　　　　　]

> 　県税は，県民の納める税金による歳入であり，その額は，ア1,000億円を超えている。地方交付税交付金は，国が地方公共団体に，ィ財源の不足する部分を補うために配分する資金であり，国庫支出金は，国が地方公共団体に，ゥ特定の仕事のために補助する資金である。地方交付税交付金と国庫支出金の合計額は，ェ3,000億円を超えている。

資料　平成30年度大分県一般会計当初予算の歳入

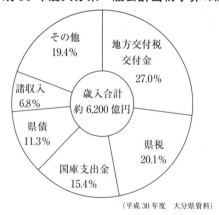

（平成30年度　大分県資料）

最 高 水 準 問 題 ────────────────────────────── 解答 別冊 p.19

070 次の問いに答えなさい。

(1) 住民投票に関して誤っているものを，次のア～エの中から1つ選び，記号で答えよ。

[　　　　]

ア　市町村合併に関する住民投票において，市町村によっては日本に定住する外国人に住民投票の投票資格を与えている。

イ　市町村合併以外に関する住民投票としては，原子力発電所，産業廃棄物処理場，米軍基地などに関して住民が同意するかどうかを問うものが多い。

ウ　特定の地方公共団体のみに適用される特別法の制定のためには，その地方公共団体で住民投票を行い，過半数の賛成を得なければならない。

エ　条例に基づく住民投票の結果には法的拘束力があり，地方公共団体の議会や首長は従わなければならない。

(2) 右の@・ⓑは地方財政の主な歳入を示したものである。@・ⓑそれぞれの内容を説明した次の①～④との組合せとして正しいものを，表中のア～クから1つ選び，記号で答えよ。　　　（東京学芸大附高）[　　　　]

| @ | 地方交付税 |
| ⓑ | 国庫支出金 |

① 建設・土木工事や災害復旧事業などの財源を得るために，地方公共団体が国の許可を得て民間から借り入れる借金のこと。

② 教育や土木事業など，国が地方公共団体と仕事を分担したり，国会議員の選挙のように国が費用の全額を出して地方公共団体に仕事を任せたりする場合などに，国が使い道を特定して地方公共団体に交付するもの。

③ その地域に住む人々や企業が支払う都道府県税と市町村税からなり，地方公共団体が自主的に集め，自由に使うことのできる収入のこと。

④ 各地方公共団体にある地方税収入の格差をなくすために，国税から一定の割合で各地方公共団体に交付するもの。

	ア	イ	ウ	エ	オ	カ	キ	ク
@	①	③	②	④	③	②	④	①
ⓑ	②	④	③	①	①	④	②	③

(3) 地方自治の直接請求の制度の要点をまとめた表中の（　a　）・（　b　）にあてはまる数字・語をそれぞれ書け。　（奈良・東大寺学園高）　a [　　　　]　b [　　　　]

請求の種類	必要な署名数	請求先	請求後行われること
条例の制定・改廃	有権者総数の（　a　）分の1以上	首長	20日以内に議会を招集して採決
議会の解散	有権者総数の3分の1以上	選挙管理委員会	解散について有権者の投票を実施し，過半数の賛成があれば解散
首長・議員の解職			
事務の（　b　）	有権者総数の（　a　）分の1以上	（　b　）委員	（　b　）を実施して結果を公表

解答の方針

070 (1)永住外国人に住民投票権を認めている市町村があり，なかには16歳以上などの未成年にも住民投票権を認めているところもある。

071 ヨシオくんは地方自治に関する記事を読んでいます。次の問いに答えなさい。(東京・筑波大附高)

(1) 次の記事の(①)～(⑥)のいずれにも入らないものを，あとのア～クの中から2つ選び，記号で答えよ。　　　　　　　　　　　　　　　　　　　　　[　　　] [　　　]

　　2007年3月9日，「(①)公共団体の(②)の健全化に関する法律案」が(③)で決定され，50年ぶりに(①)自治体の(②)再建法が見直されることになった。背景には，(④)崩壊後の景気対策による債務の増大や，不況下の(⑤)等による自治体(②)の悪化，(①)債制度による協議制の導入等に見られる(①)分権の進展などがある。また，不適切な会計処理により負債を巨額化させた北海道(⑥)市の(②)破綻は，再建法制における指標の見直し，適正な財務監査の必要性を強く印象付けた。
　　　　　　　　　　　　　　　　　　　　　　　　　　　　(北海道新聞より。一部を改めた。)

　　ア　バブル経済　　イ　財政　　　ウ　地方　　エ　閣議
　　オ　議会　　　　　カ　税収減　　キ　札幌　　ク　夕張

(2) 地方自治では公正な行政がおこなわれるよう，地方自治体の首長からある程度独立した行政委員会が設置されている。この委員会にあたるものを，次のア～オの中から2つ選び，記号で答えよ。
　　　　　　　　　　　　　　　　　　　　　　　　　　　　[　　　] [　　　]

　　ア　議会運営委員会　　　イ　文教委員会　　　ウ　選挙管理委員会
　　エ　公安委員会　　　　　オ　予算委員会

072 次の問いに答えなさい。

(1) 日本国憲法で，地方の政治は住民が自らの意思と責任で決める地方自治が掲げられている。これについて述べた文として誤っているものを，次のア～エの中から1つ選び，記号で答えよ。
　　　　　　　　　　　　　　　　　　　　　　　　(大阪・上宮高)　[　　　]

　　ア　住民が地域を自ら治める地方自治は，「民主主義を学ぶ学校」といわれている。
　　イ　地方公共団体が使えるお金を増やして，地域の課題に応じた政策を行いやすくするために，税収の一部を国から地方に移すなどの三位一体の改革が実施された。
　　ウ　地方自治を実現するために，首長と地方議会の議員は選挙によって選ばれ，両者が抑制と均衡をはかりながら政治が行われている。
　　エ　原子力発電所の建設や，アメリカ軍基地の移転などの重要な問題については，その地域の住民の意思が尊重され，住民投票の結果が最終的に優先される。

難 (2) 地方分権に関連して述べた文として誤っているものを，次のア～エの中から1つ選び，記号で答えよ。　　　　　　　　　　　　(東京・筑波大附駒場高改)　[　　　]

　　ア　高齢化に伴う限界集落の出現を防止するために，平成の大合併による市町村統合がはかられた。
　　イ　地方財政の逼迫(ひっぱく)と国からの地方交付金の抑制は，地域医療の中核となる病院経営を厳しくするなど，住民サービスの低下をもたらす可能性へとつながる。
　　ウ　住民参加型の地方分権を推進していく上で，住民への情報公開や住民からの苦情処理を円滑に行うことが不可欠となっている。
　　エ　地方分権をはかっていく上で，内需の拡大に従う地方経済の再生とそのための人材の確保は，重要な課題となっている。

解答の方針

072 (2)地方分権とは，国の権限を見直し，各地域の課題をできるだけ地域住民の判断にゆだねていくこと。

1 社会科の授業で，班ごとにテーマを決めて発表を行うことにした。次の資料は，班ごとに作成した資料の一部である。この資料を見て，あとの問いに答えなさい。　　　　　　(新潟県) (10点)

> A班：民主主義の考え方
> 　多くの人々の参加により物事を決めようとする考え方を民主主義といいます。民主主義の政治を行うためには，人々が自由に意見を出し合って議論できることが必要です。

問　A班の資料の下線部について，次のⅠ〜Ⅳは，物事を決めるときの考え方のうち，「効率」と「公正」のいずれかを述べた文である。このうち，「公正」について述べた2つの文の組み合わせとして，正しいものを，あとのア〜カの中から1つ選び，記号で答えよ。

Ⅰ　無駄を少なくして最大の利益をあげるようにすること。

Ⅱ　すべての参加者が意見表明できるしくみを整えること。

Ⅲ　正当な理由なく不利益を被っている人をなくすように取り組むこと。

Ⅳ　より少ない資源を使って，社会全体でより大きな成果を得ること。

ア　ⅠとⅡ　　イ　ⅠとⅢ　　ウ　ⅠとⅣ

エ　ⅡとⅢ　　オ　ⅡとⅣ　　カ　ⅢとⅣ

2 次の文章を読んで，あとの問いに答えなさい。

(福岡・久留米大附設高) ⑴・⑵各10点，⑶・⑷各5点，計40点

　人権とは，人が生まれながらにして持っている人間としての権利である。人間は，個人として尊重され，自由に生き，安らかな生活を送ることができなければならない。それを権利として保障したのが人権である。

　近代の人権宣言で保障されたのは，表現の自由などの①自由権であった。19世紀には，財産権の保障にもとづき資本主義経済が発展した。それとともに貧富の差が広がり，20世紀に入ると人々の社会生活を保障しようとする②社会権が取り入れられる様になった。1919年のドイツのワイマール憲法は③人間に値する生活を保障した最初の憲法として有名である。

　人権において平等権は欠くことのできないものである。差別は平等権に反するものなので，一日も早くなくさなければならない。その差別の一つに女性差別がある。女性差別をなくすために，1985年に男女雇用機会均等法が，1999年には（　A　）がそれぞれ制定され，女性が男性と対等に参加し活動できる社会をつくることが求められている。

　人権が保障されているからといって何をしてもいいわけではなく，社会での共同生活のために制約を受けることがある。このような人権の限界を日本国憲法では「（　B　）」と呼んでいる。

⑴　文章中の空欄（　A　）・（　B　）に入る適語を答えよ。

⑵　文中の下線部①について，次の文の空欄に入る適語を答えよ。

> 「日本国憲法が定める自由権とは，精神の自由，身体の自由，（　　　　　　）
> の自由がある」

⑶　文中の下線部②について，社会権の中には労働基本権（労働三権）が保障されている。労働三権の
　　中で，労働者が労働組合をつくる権利を何というか答えよ。

⑷　文中の下線部③について，下線部を保障する権利を何というか答えよ。

⑴	A		B		⑵	
⑶			⑷			

3　次の文章を読んで，あとの問いに答えなさい。　　　　　　（京都・洛南高）(各 5 点，計 25 点)

> 　130 年前の 1889 年に，①大日本帝国憲法が発布された。大日本帝国憲法は，
> 君主権の強いプロイセン憲法を模範としてつくられ，②君主である天皇が制定
> し，国民にあたえるという形式がとられた。大日本帝国憲法では，自由権など
> を臣民の権利として保障していたが，現在の憲法に比べると，国民の③基本的
> 人権は大幅に制限されていた。

⑴　下線①について，次の表は，大日本帝国憲法の条文と日本国憲法の条文とを比較したものである。
　　次の各憲法の条文中の（　a　）～（　c　）にあてはまる語句を答えよ。

	大日本帝国憲法	日本国憲法
天皇	第 1 条　大日本帝国ハ万世一系ノ天皇之(これ)ヲ統治ス	第 1 条　天皇は，日本国の象徴であり日本国民統合の象徴であつて，この地位は，（　a　）の存する日本国民の総意に基く。
国会	第 5 条　天皇ハ帝国議会ノ（　b　）ヲ以テ立法権ヲ行フ	第 41 条　国会は，国権の最高機関であつて，国の唯一の立法機関である。
内閣	第 55 条　①国務各大臣ハ天皇ヲ輔弼(ほひつ)シ其(そ)ノ責ニ任ス	第 65 条　（　c　）権は，内閣に属する。

(2) 下線②について，君主により制定された憲法を一般に何とよぶか。

(3) 下線③について，日本国憲法で保障されている基本的人権について述べた文章として正しいものを，次のア～エの中から1つ選び，記号で答えよ。

ア　身体（人身）の自由は，正当な理由なく身体的な拘束を受けないという自由である。そのため，どのような場合であっても，裁判官が出す令状がなければ個人を逮捕できないとされている。

イ　経済活動の自由は，職業選択の自由や財産権の保障をその中身としている。そのため国が，個人の私有財産である土地を，公共のために用いることは許されないとされている。

ウ　生存権は，健康で文化的な最低限度の生活を営む権利を国民に示したものである。最高裁判所は，その権利は国の努力目標を示したもので，その内容を裁判所が具体的に定めるものではないとする立場をとっている。

エ　参政権は，国民が直接または間接に政治に参加する権利である。日本に永住する外国人に対しても同様に，衆議院議員選挙・参議院議員選挙の選挙権が認められている。

(1)	a		b		c	
(2)			(3)			

---

4 次の文章を読んで，あとの問いに答えなさい。　　（大阪・清風南海高改）（各5点，計25点）

　日本国憲法の基本原理の1つは国民主権です。日本では主権者である国民の代表が a 国会で話し合う議会制が採用されています。議会では b 政党が重要な役割を果たします。一方で，天皇は主権者ではなく，日本国と日本国民統合の象徴であるとされ，憲法に定められている c 国事行為のみを行うとされています。

　2つ目は基本的人権の尊重です。具体的には d 平等権，自由権，社会権，参政権などがあります。e 国は一人一人をかけがいのない個人として尊重し，人々の生活の安定を図らなければなりません。

　3つ目は，平和主義です。憲法第9条で戦争の放棄，戦力の不保持，交戦権の否認を定めています。日本は唯一の被爆国であることから，非核三原則を掲げ，核兵器の廃絶と軍縮による世界平和を進めることが期待されています。

(1) 下線部 a に関して述べた文として，適当でないものを次のア～エの中から1つ選び，記号で答えよ。

ア　予算の審議と議決を行うが，予算は必ず先に衆議院に提出しなければならない。

イ　参議院が，衆議院の可決した法律案を30日以内に議決しないときは，衆議院の議決が国会の議決となる。

ウ　ふさわしくない行為を行った裁判官を辞めさせるかどうかを判断する弾劾裁判所を設けることができる。

エ　両議院は国政調査権を持ち，証人を議院に呼んで質問したり，政府に記録の提出を要求したりすることができる。

(2) 下線部 b に関して，政党や政治家が企業や支持団体から受け取る献金を制限している法律名を答えよ。

⑶　下線部 c に関して，憲法に定められた国事行為として，適当でないものを次のア～エの中から 1
　　つ選び，記号で答えよ。

　　ア　衆議院を解散すること

　　イ　国会を召集すること

　　ウ　法律や法令を公布すること

　　エ　条約を締結すること

⑷　下線部 d について，日本国憲法ではさまざまな権利が保障されている。日本国憲法で保障された
　　権利が争点になった事件について述べた次の文章を読み，空欄（　A　）（　B　）に入る語句の組み
　　合わせとして正しいものを，あとのア～カの中から 1 つ選び，記号で答えよ。

　　　両親や祖父母を殺害した者に対し，一般の殺人罪よりも重い刑を科すことになっていた刑
　　法における尊属殺人罪の重罰規定は，（　A　）に反するということから，最高裁判所におい
　　て無効であるという判決が下された。

　　　また，デモ行進をする際に，警察に事前許可を得ることを定めた公安条例は（　B　）に反
　　するかどうかが争われた裁判で，最高裁判所はデモ行進に対し許可を事前に与えることで適
　　切な措置をとることはやむを得ないという判決を下したことがある。

	A	B
ア	法の下の平等	表現の自由
イ	法の下の平等	奴隷的拘束・苦役からの自由
ウ	表現の自由	法の下の平等
エ	表現の自由	奴隷的拘束・苦役からの自由
オ	奴隷的拘束・苦役からの自由	表現の自由
カ	奴隷的拘束・苦役からの自由	法の下の平等

⑸　下線部 e に関して，日本国憲法で定められている被疑者・被告人の権利として適当でないものを，
　　次のア～エの中から 1 つ選び，記号で答えよ。

　　ア　自己に不利益な唯一の証拠が本人の自白である場合には，有罪とされたり刑罰を科せられるこ
　　　　とはない。

　　イ　行為がなされたときに適法であったことについて，法律が変わった後にさかのぼって処罰され
　　　　ることはない。

　　ウ　逮捕を行う際は，現行犯を含むいかなる場合も，裁判官の発する令状を必要とする。

　　エ　刑事被告人は，いかなる場合であっても資格を有する弁護人を依頼することができる。

(1)		(2)			
(3)		(4)		(5)	

⏱ 時間50分　得点
🎯 目標70点　／100

1 次の文章を読んで，あとの問いに答えなさい。

(東京・筑波大附高)((1)各3点，(2)・(4)・(5)各5点，(3)9点，計33点)

日本国憲法では「国会は　**A**　の最高機関であって，国の唯一の立法機関である」とされている。国会は，主権者である①国民が直接選んだ国会議員によって構成される。それ故，私たちの生活に関する重要な問題が話し合われているので，私たちは主権者として，国会でどのような議論がされているか，また国民の選んだ国会議員がどのような活動をしているか，マス・メディアによる報道などを通じて注目していく必要がある。行政権は内閣に与えられており，内閣総理大臣と内閣総理大臣が任命する国務大臣との合議体で構成されている。②内閣は国会の信任に基いて成立し，国会に対して連帯して責任を負う。このような制度を　**B**　といい，衆議院は内閣不信任の決議を行うことができ，内閣不信任案が可決されると，内閣は10日以内に衆議院の解散をするか，　**C**　しなければならない。

(1)　**A**　〜　**C**　に入る語句を漢字で答えよ。

(2)　下線部①に関連して，衆議院議員の選挙では，小選挙区選挙と比例代表選挙で議員を選出する。このことについて述べた文として正しいものを，次のア〜エの中から1つ選び，記号で答えよ。

　ア　小選挙区選挙では，各都道府県を単位とする47の選挙区で議員を選出する。

　イ　小選挙区選挙では，1選挙区あたりの有権者数に応じて，3〜5名の議員が選出される。

　ウ　比例代表選挙では，有権者は支持する政党の名前を書いて投票する。

　エ　比例代表選挙では，総得票に応じて政党に議席が割り当てられ，個人票の多い順に当選する。

(3)　波線部について，私たちは，日常的にはマス・メディアの報道から国会議員の活動の情報を得ることが多い。その際に，メディアリテラシーが必要とされるのはなぜか，説明せよ。

(4)　下線部②の内閣の権限として当てはまるものを，次のア〜カの中からすべて選び記号で答えよ。

　ア　予算の作成　　イ　法律の公布　　ウ　国政調査権　　エ　下級裁判所裁判官の任命

　オ　条約の締結　　カ　政令の制定

(5)　日本の政治制度と対比されるものとして大統領制がある。アメリカの大統領制について述べた文として正しいものを，次のア〜オの中から1つ選び，記号で答えよ。

　ア　大統領は，連邦議会に議席を持つ。

　イ　大統領は，連邦議会が可決した法案を拒否する権限を持つ。

　ウ　大統領は，連邦議会に対して解散権を持つ。

　エ　大統領が自分の考えを連邦議会に伝えるための制度はない。

　オ　大統領には各省庁長官の任命権はない。

(1)	A		B		C		(2)	
(3)								
(4)			(5)					

2 社会科の公民分野の授業で，グループに分かれ自由研究を行った。一郎君，健太君，真司君の班は，調べたことをA〜Cの5枚のカードにまとめクラスで発表した。これについて，あとの問いに答えなさい。

(奈良・西大和学園高改)(各6点, 計42点)

A 日本の国会は①衆議院と参議院の2つの議院で構成される二院制をとっている。

	（衆議院）	（参議院）
任期	4年(解散あり)	6年(解散なし)※3年ごとに半数改選
選挙人の年齢	満18歳以上	満18歳以上
被選挙人の年齢	満25歳以上	満30歳以上
選挙制度 ［選出人数は2022年7月以降の数］	小選挙区選出：（　②　）人 比例代表選出：（　③　）人	選挙区選出：148人 比例代表選出：100人

B ④行政の最高機関である内閣は，⑤内閣総理大臣と国務大臣から構成される。

主な仕事	・法律を執行し，国務を実行する。 ・　⑥ ・予算を作成し，国会へ提出する。 ・行政の指揮・監督を行う。 ・臨時国会の召集を決定する。	・政令を制定する。 ・恩赦を決定する。 ・天皇の国事行為に対する助言と承認を行う。

C 日本国憲法では⑦地方自治を「地方自治の本旨にに基づいて，法律でこれを定める」と明記している。

［地方自治のしくみ］
・地方議会…都道府県議会と市(区)町村長：任期はともに4年
・首長…都道府県知事と市(区)町村長：任期はともに4年
・副知事・副市(区)町村長…首長の補助機関
・行政委員会…教育委員会や選挙管理委員会，監査委員など

---

(1)　Aの下線部①について，両院の権能に関する日本国憲法の規定として正しいものを，次のア〜エの中から1つ選び，記号で答えよ。

ア　衆議院は，自ら可決した予算案を参議院が否決した場合，出席議員の3分の2以上の多数で再可決し，国会の議決とすることができる。

イ　衆議院は，内閣総理大臣の指名について，参議院が異なる議決をした場合，特別委員会を開催しなければならないとしている。

ウ　参議院は，衆議院が裁判官の罷免の訴追をした場合，その裁判官の弾劾裁判を行い，出席議員の3分の2以上の多数で罷免することができる。

エ　参議院は，衆議院が解散された場合，国に緊急の必要があるとき，内閣の求めにより緊急集会を開催し，国会の権能を代行することができる。

(2) Aの(②)・(③)にあてはまる数字の組み合わせとして正しいものを，次のア～エの中から1つ選び，記号で答えよ。

ア ②—289 ③—176 　イ ②—300 ③—200

ウ ②—295 ③—180 　エ ②—285 ③—185

(3) Bの下線部④に関連して，省とその外局との組み合わせとして誤っているものを，次のア～エから1つ選び，記号で答えよ。

ア 財務省—国税庁 　イ 経済産業省—資源エネルギー庁

ウ 総務省—特許庁 　エ 国土交通省—気象庁

(4) Bの下線部⑤について述べたものとして正しいものを，次のア～エの中から1つ選び，記号で答えよ。

ア 国会における法律案の提出件数は，内閣よりも国会議員の方が多く，その成立率も，内閣より国会議員によるものの方が多い。

イ 衆議院で内閣に対する不信任の決議案が可決された場合，10日以内に衆議院が解散されないかぎり，内閣は総辞職しなければならない。

ウ 内閣総理大臣が内閣の方針に反する行動をとった国務大臣を罷免するには，閣議の過半数の同意を得なければならない。

エ 内閣総理大臣は，国務大臣を選任するにあたって，国会の議決を得た後に，初めて正式に閣僚として任命できる。

(5) Bの ⑥ には，次の文があてはまる。文中の【 ⅰ 】・【 ⅱ 】にあてはまる語句をそれぞれ漢字2文字で答えよ。

> 【 ⅰ 】関係を処理し，【 ⅱ 】を結ぶ。

(6) Cの下線部⑦について述べたものとして正しいものを，次のア～エの中から1つ選び，記号で答えよ。

ア 地方自治体の条例の制定・改廃について，住民が首長に対して直接請求する場合には，原則として有権者の3分の1以上の署名が必要である。

イ 地方議会は首長に対する不信任決議を持つが，首長は議会を解散することはできない。

ウ 地方自治体の財源のうち，国庫支出金は使用用途が定められていない一般財源に含まれる。

エ 国による規制が緩和されるなどの特例的な措置が適用される，構造改革特区の認定を受けた地方自治体があり，地域社会の活性化を図っている。

(1)		(2)		(3)		(4)	
(5)	ⅰ		ⅱ			(6)	

3 次の文を読んで，あとの問いに答えなさい。　　　　(福岡・久留米大附設高)(各5点，計15点)

　さまざまな法律上の争いを裁判する国家の作用を司法という。裁判には，①犯罪を犯した者を，法律に従って罰する刑事裁判，人々の間に起こった争いを，法の規定にそって解決する民事裁判，国民が，国や地方公共団体などの処分が違法であると訴えたとき，その訴えについて判断する行政裁判の3つの種類がある。公正な裁判が行われるためには，司法権の独立が守られていなければならない。そのため，裁判官は，憲法と法律にのみ拘束され，裁判官としての(　A　)に従って裁判を行うと憲法に定められている。ただし，裁判官は，心身の故障で仕事を続けられないと(　B　)によって決定され，身分を失う場合もある。また，②弾劾裁判によって罷免の宣告を受けた裁判官や，(　C　)によって不信任とされた最高裁判所の裁判官は，罷免される。

(1)　文中のA～Cに当てはまる語句の正しい組合わせを，次のア～カの中から1つ選び記号で答えよ。

回答の記号	ア	イ	ウ	エ	オ	カ
A	良心	良心	良心	思想	思想	思想
B	裁判	閣議	裁判	閣議	閣議	裁判
C	国民審査	国民審査	国民投票	国民投票	国民審査	国民投票

(2)　文中の下線部①に関して，「犯罪行為がどのような刑罰に処せられるかは，あらかじめ法律で規定されていなければならない」とする，刑事裁判における原則を何というか，解答欄に合わせて漢字で答えよ。

(3)　文中の下線部②に関して，弾劾裁判所の設置権は，三権分立における抑制と均衡をはかるために国会が裁判所に対して持つ権限である。これに対して，裁判所が国会と内閣に対して持つ権限は何か，漢字で答えよ。

(1)		(2)	主義	(3)	

4 住民投票について述べた文として正しいものをア～オから1つ選び，記号で答えなさい。

(10点)

ア　地方公共団体の主要な職員の解職を請求する場合，有権者の50分の1以上の署名を首長に提出する。

イ　地方公共団体の議員・長の解職を請求する場合，有権者の3分の1以上の署名を選挙管理委員会に提出する。

ウ　地方公共団体の事務の監査を請求する場合，有権者の3分の1以上の署名を監査委員に提出する。

エ　条令の制定・改廃を請求する場合，有権者の3分の1以上の署名を首長に提出する。

オ　地方議会の解散を請求する場合，有権者の50分の1以上の署名を議長に提出する。

10 家計と消費生活

標 準 問 題 ——————————————————— 解答 別冊 p.22

重要 073 [家計と消費]

右の図を見て，次の文中の空欄に当てはまる語を答えなさい。

　消費支出の総額に占める(1)[　　　　　]の割合であるエンゲル係数は，2019年においては，1970年に比べて減少している。

　また，2019年における消費支出の総額に占める割合が，1970年に比べて最も増加したのは(2)[　　　　　]費であり，これは，自動車や携帯電話の普及などが影響していると考えられる。

> **ガイド** 消費支出とは，家計における支出のうち，日常生活を営むために必要な，「生活費」のための支出のこと。

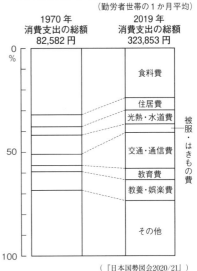

1世帯当たりの消費支出の内訳
(勤労者世帯の1か月平均)

1970年 消費支出の総額 82,582円　　2019年 消費支出の総額 323,853円

食料費／住居費／光熱・水道費／交通・通信費／教育費／教養・娯楽費／その他／被服・はきもの費

(『日本国勢図会2020/21』)

074 [家計と消費]

太郎さんは消費社会の主権者と消費者との関係について調べ，消費者の権利とそれを守る取り組みに関する資料A，Bを作成しました。これらを見て，あとの問いに答えなさい。

資料A　アメリカ大統領ケネディが示した消費者の4つの権利(1962年)

○ 安全である権利	○ 知る権利	○ 選ぶ権利	○ 意見を反映させる権利

資料B　鉛筆削りのラベル

> ⚠ **警 告**
> けがの恐れあり
> ■鉛筆の差込口に指を入れない
> ■くず受箱をはずして手を入れない

(1) 市場経済の中で企業間の競争が弱まると，**資料A**のような消費者の権利が損なわれるおそれがある。少数の企業が市場を支配し，競争が弱まった状態を何というか，答えよ。

[　　　　　　　　　]

(2) **資料B**は，製品の欠陥による事故から消費者を守るため制定された法律に対応して表示されたものである。この法律として正しいものを，次のア〜エの中から1つ選び，記号で答えよ。

[　　　　　]

ア　消費者契約法　　イ　製造物責任法
ウ　情報公開法　　エ　循環型社会形成推進基本法

(3) 消費者が消費社会の主権者であるためには，行政が消費者を保護するだけではなく，わたしたち消費者にどのような行動が求められるか，**資料A，B**を参考にして，具体的に述べよ。

[   ]

---

075 〉[消費者の保護①]

次の問いに答えなさい。

(1) 2000 年に制定された消費者契約法について，正しく説明しているのはどれか，次のア〜エの中から 1 つ選び，記号で答えよ。 [   ]

ア 労働者の権利を保障し，労働時間や休日など労働条件の最低基準を定めている。

イ 事業者と消費者の契約について，不当な売買契約や悪質な業者から消費者を保護している。

ウ 商品の欠陥により消費者が被害を受けた場合，製造者である企業に賠償を義務づけている。

エ 自由な経済活動を促すため，企業の不当な独占や不公正な取引方法を禁止している。

(2) 私たちの身のまわりには，商品の購入を促すためのテレビ CM やチラシなど，広告があふれている。消費者にとって広告は，商品を知る手がかりとなる一方，注意しなければならないこともある。消費者は広告のどんな点に注意したらよいか，1 つ書け。

[   ]

> **ガイド** (2)消費者をだますような宣伝や広告がないかどうか。

---

076 〉[消費者の保護②]

次の会話文を読んで，下線部についての問いに答えなさい。

> 先生：経済と私たちの社会生活が密接にかかわっていることを学習しましたね。
> 洋子さん：A消費者の保護のために，法律の整備も進んでいることを学習しました。
> 先生：そうですね。日本では，法律に基づいて消費者の保護が進められています。

(1) 消費者が訪問販売などで商品を購入した場合，一定期間内であれば書類によって契約の解除ができる，消費者の保護を目的とした制度がある。この契約解除制度は，何とよばれているか，その名称を書け。 [   ]

(2) 次ページの表 1 と表 2 は，日本の経済産業省に寄せられた消費者からの相談件数について表したものであり，表 1 は 2004 年度から 2008 年度における年齢層別の相談件数の推移を，表 2 は 2008 年度の相談件数のうち団体等の相談件数を除いた男女別年齢層別の相談件数を，それぞれ表したものである。表から読み取れることを述べた文として適当なものを，あとのア〜エの中から 1 つ選び，記号で答えよ。 [   ]

（単位：件）

表1

年度＼年齢層	10歳代	20歳代	30歳代	40歳代	50歳代	60歳代	70歳代以上	合計
2004	357	2,405	3,364	2,877	1,893	937	440	12,273
2005	165	1,329	2,586	2,346	1,905	1,250	609	10,190
2006	82	1,253	2,692	2,128	2,089	1,322	701	10,267
2007	47	1,198	2,618	2,555	1,975	1,259	629	10,281
2008	23	730	2,038	2,043	1,697	1,277	661	8,469

（単位：件）

表2

項目＼年齢層	10歳代	20歳代	30歳代	40歳代	50歳代	60歳代	70歳代以上	合計
男	12	414	1,162	1,122	873	734	390	4,707
女	11	315	874	919	818	541	270	3,748
合計	23	729	2,036	2,041	1,691	1,275	660	8,455

（表1，表2ともに経済産業省資料による）

ア　2008年度における相談件数を男女別で比較すると，どの年齢層においても，男より女のほうが多い。

イ　2004年度と2008年度を比較すると，相談件数の合計は，2008年度のほうが多い。

ウ　2004年度と2008年度を比較すると，相談件数の合計に占める60歳以上の相談件数の割合は，2008年度のほうが小さい。

エ　2004年度から2008年度にかけて，10歳代と20歳代の相談件数は，いずれも減り続けている。

077 ［消費者と企業］

次の問いに答えなさい。

(1)　クレジットカードを利用して商品を購入するときの注意点は何か，簡潔に書け。

[ ]

資料　製品の表示

種類別	プロセスチーズ
原材料名	ナチュラルチーズ，ホワイトパウダー，乳化剤，PH調整剤
賞味期限	枠外右側に記載
保存方法	10℃以下で保存
製造者	○○株式会社 ○県○市○町1-2

(2)　消費者に対する責任として，製品に資料のような表示をすることで，企業はどのような責任を果たしているか，簡潔に書け。

[ ]

(3)　最近では，現金を持ち歩かなくてもインターネット，携帯電話やICカードで交通費や買い物などの代金をあらかじめ預けておいた金額の範囲内で支払うことができる。このカードや携帯電話のもつ機能を何というか。

[ ]

最 高 水 準 問 題 ————————————————————————— 解答 別冊 p.23

078 次の問いに答えなさい。

難 (1) 下の図は衣服(履物を含む,以下同じ),食料,住居,交通・通信,教養娯楽,その他のいずれか<ruby>履物<rt>はきもの</rt></ruby><ruby>娯楽<rt>ごらく</rt></ruby>の項目について1世帯当たり1か月間の消費支出の内訳と総額を示したものである。その他の項目を除き,①から③までの分析をもとに,図中の**A**と**B**の項目を正しく組み合わせたものを,あとのア〜カの中から1つ選び,その記号を書け。　　　　　　　　　　　　　　(国立高専) [　　　　]

> ① 二人以上世帯の内訳の推移をみると,新しい年ほど消費支出に占める割合が増えている項目は交通・通信と教養娯楽である。
>
> ② 二人以上世帯の内訳の推移をみると,1970年から2019年にかけて消費支出に占める割合が半分以下に減った項目は衣服である。
>
> ③ 2019年の二人以上世帯と単身世帯について,項目別の消費支出の金額を計算すると,単身世帯の方が額の大きい項目は住居のみである。

図　二人以上世帯

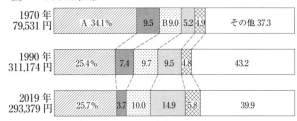

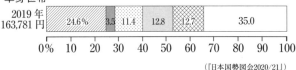

(『日本国勢図会2020/21』)

ア	A―衣服	B―住居
イ	A―衣服	B―交通・通信
ウ	A―衣服	B―教養娯楽
エ	A―食料	B―住居
オ	A―食料	B―教養娯楽
カ	A―住居	B―交通・通信

(2) 経済成長により多くの財・サービスが生産されるようになるが,次の**A〜C**を消費財,生産財,サービスの3つに分類した場合,その組合せが正しいものを,あとのア〜カの中から1つ選べ。　(愛知・東海高) [　　　　]

A　貨物を扱う運送会社が使用するトラック

B　受験生が通う予備校での授業

C　家族が休日にドライブで使用する自家用車

ア	A	消費財	B	生産財	C	サービス
イ	A	消費財	B	サービス	C	生産財
ウ	A	生産財	B	消費財	C	サービス
エ	A	生産財	B	サービス	C	消費財
オ	A	サービス	B	消費財	C	生産財
カ	A	サービス	B	生産財	C	消費財

079 次の文章を読んで，あとの問いに答えなさい。　　　　　　　　　　（広島・崇徳高）

　私たちは生活の中で，食料品を購入したり，ⓐバスや電車に乗ったりして消費を中心とした経済活動をおこなっている。私たちの家庭が営むこのような消費を中心とした経済を家計という。家計は主に生産を中心とした経済活動をおこなう企業や，主に公共財や公共サービスを提供する[　　　　　]とともに経済の3主体を構成している。

　無数の商品が大量に消費される現代社会では，消費者である家計は本来ⓑ経済の主権者であり，自分の意志や判断により商品を購入するはずであるが，実際には流行や企業の宣伝に流される傾向がある。また，さまざまなⓒ欠陥商品やⓓ悪徳商法も後を絶たず，消費者の受ける被害は多様化している。

(1)　文章中の[　　　　　]に適する語句を答えよ。　　　　　　　　　　[　　　　　　　]

(2)　文章中の下線部ⓐのように，形はないが人間の必要や欲求を満たす経済活動のことを何というか答えよ。　　　　　　　　　　　　　　　　　　　　　　　　　　　[　　　　　　　]

(3)　文章中の下線部ⓑについて，消費者は経済の主権者であるとして「安全である権利」「知る権利」「選ぶ権利」「意見を反映させる権利」の4つを消費者の権利として明確にしたアメリカの大統領はだれか答えよ。　　　　　　　　　　　　　　　　　　　　　[　　　　　　　]

(4)　文章中の下線部ⓒに関連してPL法（製造物責任法）が制定されているが，正しいものを次のア～エの中から1つ選び，記号で答えよ。　　　　　　　　　　　[　　　　　　　]

　ア　被害者は，損害賠償を求めるとき，製品に欠陥があったことを立証する必要はない。

　イ　被害者は，商品の欠陥によってこうむった被害に対して損害賠償を求めるとき，その製品をつくった企業に過失があったことを立証する必要がある。

　ウ　PL法は商品の欠陥に関する責任を，製造業者だけでなく卸売業者や小売業者にも負わせている。

　エ　商品の安全性についての指揮・監督責任は国にあるので，被害者は製造業者ではなく国に損害賠償を請求しなければならない。

🔺 (5)　文章中の下線部ⓓに関連してクーリング・オフの制度があるが，この制度について，正しいものを次のア～エの中から1つ選び，記号で答えよ。　　　　　　　[　　　　　　　]

　ア　この制度では，店舗に出向いて購入した商品が気に入らなければ，その代金の返還を全額請求できる。

　イ　この制度で契約を解除するには，違約金を支払う場合を除いて，相手方の同意が必要である。

　ウ　20歳以上の者が結んだ契約は，この制度の対象外である。

　エ　クーリング・オフ制度により，訪問販売で契約しても，消費者は一定の期間内であれば無条件で契約を解除することができる。

解答の方針

078 ⑵消費財とは，日常生活で消費される商品。生産財とは，ほかのものを生産するために使われる商品。サービスとは人の生活に役立つ用役。

079 ⑸クーリング・オフとは，文字どおり「頭を冷やすこと」。このことから考えるとよい。

080 次の問いに答えなさい。

(1) 次の資料のように，製品の欠陥によって消費者が被害をこうむった場合，たとえ企業に過失がなくても製造者である企業に被害の救済を義務づけた法律を何というか，漢字で答えよ。

(石川・北陸高改) [　　　　　　　　]

資料

新しい自転車を買った　　とつぜんハンドルが　　商品に欠陥があった　　賠償される
　　　　　　　　　　　　はずれてけがをした　　ことだけを証明する

(2) 悪質商法に関して，次のア〜エの中から正しいものを 1 つ選び，記号で答えよ。

(福岡大附大濠高) [　　　　　　　　]

ア　アポイントメント・セールスは，新会員紹介における特典などをさそいにしてネズミ算方式に出資者を募る販売方式である。

イ　キャッチ・セールスは，アンケート調査などをよそおって路上で勧誘して商品の売買契約を結ばせる販売方法である。

ウ　マルチ（まがい）商法は，通信販売業者が勝手に商品を送りつけて消費者が返品をしないと，購入するとみなして代金を請求する販売方法である。

エ　ネガティブ・オプションは，「あなたが当選した」などを口実にして消費者を呼び出して売りつける販売方法である。

(3) 企業の情報が氾濫し企業優位な状況から，消費者を守るためのさまざまな制度がある。次の①〜③の文が示す法律や制度の名称の組合せとして正しいものを，あとのア〜カの中から 1 つ選び，記号で答えよ。

(愛知・滝高改) [　　　　　　　　]

---

① 商品を購入したのち一定期間であれば，返品をすることもできる。

② この法律によって，消費者からの苦情や相談を受け付ける消費者センターが全国各地に設けられた。

③ 事故車を事故車でないと偽って説明するなど，消費者に不利なことを故意に隠した場合などに契約を解除することができる。

ア　① 消費者契約法　　② クーリング・オフ制度　　③ PL 法

イ　① 消費者契約法　　② 消費者基本法　　③ クーリング・オフ制度

ウ　① PL 法　　② 消費者契約法　　③ クーリング・オフ制度

エ　① PL 法　　② クーリング・オフ制度　　③ 消費者契約法

オ　① クーリング・オフ制度　　② 消費者基本法　　③ 消費者契約法

カ　① クーリング・オフ制度　　② 消費者契約法　　③ PL 法

11 商品の流通と価格

081 [商品の流通]

次の図は野菜が消費者に届くまでを表したものです。 A ， B に入る語句の組合せとして正しいものを，あとのア〜エの中から1つ選び，記号で答えなさい。 [　　　　　]

野菜が消費者に届くまで

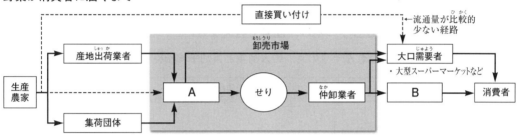

ア A 卸売業者	B 運送業者	イ A 卸売業者	B 小売業者
ウ A 運送業者	B 小売業者	エ A 運送業者	B 運送業者

重要 082 [需要と供給]

価格に関して，次の問いに答えなさい。

(1) 次の表は，自由競争が行われている市場における，商品Aの価格の変動による需要量と供給量の変化を示したものである。この表を用いて，あとの文中の2つの〈　　　　　〉にあてはまる言葉を，ア・イから1つ，ウ・エから1つ，それぞれ選び，記号で答えよ。

[　　　] [　　　]

商品Aの価格(円)	その価格での需要量(個)	その価格での供給量(個)
100	350	50
150	200	200
200	100	300
250	50	350

　需要と供給との関係から考えて，売り手が商品Aを100円で売ろうとした場合，100円のときの需要量と供給量との差から，商品Aは300個〈ア　品不足である　イ　売れ残る〉ことがわかる。また，商品Aを200円で売ろうとした場合，200個売れ残るため，この商品Aの価格は〈ウ　上昇　エ　下落〉すると考えられる。

(2) 日本では，少数の企業によって市場が支配されているときに生じる弊害を防ぐために，1947年に独占禁止法が制定された。少数の企業によって市場が支配されているとき，消費者はどのような不利益を受けることになると考えられるか。「価格による競争」という言葉を用いて，次のページの空欄を埋めよ。

①[　　　　　　　　　　　　　　] ②[　　　　　　　　　　　　　　]

| 企業は[　　　①　　　], 消費者は[　　　②　　　]と考えられる。 |

> **ガイド** (1)需要量とは商品を買い手が買おうとする量のこと，売り手が売ろうとする量を供給量という。
> (2)企業間の自由で公正な競争を促すことが独占禁止法の目的である。

083 ▷ [入荷量と価格]

次の図は，年間をとおして入荷量と価格の推移には関係があることを示したものです。ｂの時期の月別平均価格の推移を表している折れ線グラフを，ａの時期の入荷量と価格の関係を踏まえて，ア～エのグラフの中から１つ選び，記号で答えなさい。　　　　　　[　　　　　]

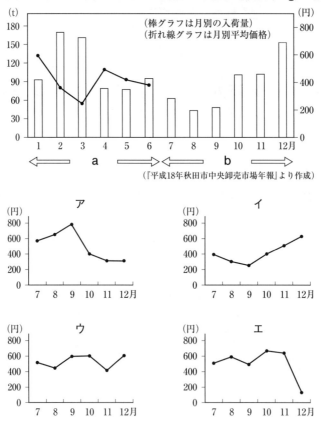

図　ほうれんそうの月別の入荷量と月別平均価格（1kg）の推移

（『平成18年秋田市中央卸売市場年報』より作成）

重要 084 ▷ [商品の価格]

次の商品の価格についてまとめた資料の一部を読んで，あとの問いに答えなさい。

| ①市場における価格は，需要と供給の関係によって変化する。自由競争をうながすための法律として②独占禁止法がある。また，価格の中には，③電気やガスなどの料金のように国会や政府が決定や認可する価格もある。 |

(1) 下線部①について，ⓐ，ⓑの問いに答え
　　よ。

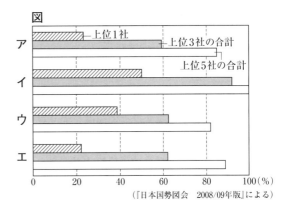

図

(『日本国勢図会 2008/09年版』による)

　　ⓐ 右の図は，ア〜エの４つの商品につい
　　　て，出荷量などにおける上位１社，上位
　　　３社の合計，上位５社の合計それぞれの，
　　　商品の市場全体に占める割合（％）を示し
　　　たものである。最も寡占の状態が進んで
　　　いるものを，ア〜エの中から１つ選び，
　　　記号で答えよ。　　　　　　[　　　　　]

　　ⓑ 市場が寡占や独占の状態のときには，商品の価格が下がりにくくなることがある。その
　　　理由を書け。
　　　[　　　　　　　　　　　　　　　　　　　　　　　　　　　　　　　　　　　　　　]

(2) 下線部②の運用にあたっている機関は何か。次のア〜エの中から１つ選び，記号で答えよ。
　　　　　　　　　　　　　　　　　　　　　　　　　　　　　　　　　　　　[　　　　　]

　　ア　公正取引委員会　　　イ　国家公安委員会
　　ウ　人事院　　　　　　　エ　会計検査院

(3) 電気やガスなどの公共料金が，国会や政府によって決定や認可される理由を，「生活」の
　　語句を用いて書け。
　　　[　　　　　　　　　　　　　　　　　　　　　　　　　　　　　　　　　　　　　　]

085 [商業のしくみ]

次の問いに答えなさい。

資料

4 901037 657808

(1) 夏子は，コンビニエンスストアでお菓子を買った。資料は，商品に
　　表示されていたバーコードである。バーコードを使ったPOSシステ
　　ムとは，どんなシステムか，書け。
　　[　　　　　　　　　　　　　　　　　　　　　　　　　　　　　　]

(2) コンビニエンスストアやスーパーマーケットのように，商品を消費者に販売する店を何と
　　いうか，書け。　　　　　　　　　　　　　　　　　　　　　　　　　[　　　　　　]

(3) 商品が生産者から消費者へ届くま
　　での流れを何というか，書け。また，
　　ある商品について，次の図のAのよ
　　うに１つの卸売業者を経由する流れ
　　から，Bのようにいくつもの卸売業

図

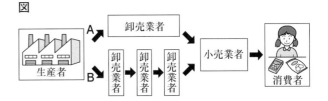

　者を経由して消費者に届く流れに変わると，消費者はどんな影響を受けると考えられるか，
　書け。

　　　　　　　　　　　　　　　　　　　　　　　　　　　　流れ[　　　　　　]

影響[　　　　　　　　　　　　　　　　　　　　　　　　　　　　　　　　　　　　]

最高水準問題 ────────────────────────────── 解答 別冊 p.25

086 価格の決まり方について説明した次の文章を読んで，あとの問いに答えなさい。

(福岡・西南女学院高)

　さまざまなものやサービスが自由に売買される場を（　**A**　）という。ここでは①売り手(供給者)と買い手(需要者)が集まり，その商品を売り買いして価格を決めている。

　しかし，売り手が少数に限定され，他の売り手が参加できない場合には，少数の売り手によって価格が決められ消費者は高い価格を支払わされることがある。このような価格を（　**B**　）価格といい，②少数の生産者が協定を結んで製品の価格を一定に決めることは，日本では1947年，（　**C**　）法によって禁止された。一方，電気・ガス・水道料金などは，国民生活の安定のため，需要・供給の影響を受けにくいよう政府や地方公共団体が価格を定めている。このような価格を（　**D**　）料金という。

(1)　文中（　**A**　）～（　**D**　）に適する語句をそれぞれ答えよ。

A [　　　　　　　　　　]
B [　　　　　　　　　　]
C [　　　　　　　　　　]
D [　　　　　　　　　　]

(2)　下線部①について，右のグラフは，ある品物の価格と需要・供給の関係を示している。価格が200円の時は，需要・供給とも1000個取り引きされ，つりあいがとれている。ここで価格を100円にした場合，需要量と供給量の差は，どうなるか答えよ。

[　　　　　　　　　　　　　　　　　　　　　　　　　　]

(3)　下線部②を何というか。　　　　　　　　　　　　　[　　　　　　　　　]

087 次のA～Cの文章を読んで，あとの問いに答えなさい。

(東京・明星高)

　A　市場経済では，商品の価格や生産量は市場での 　あ 　と 　い 　の関係で変化する。この関係から，価格の決まり方や生産量との関係について考えてみよう。

　　商品には価格がつけられているが，消費者はこの価格をみて，買おうとする量を決める。一方，生産者も価格をみて，売ろうとする量を決める。これら双方の価格と数量の関係を簡単に表したものが下のグラフである。このグラフの2本の線が交わる点が表す価格を 　う 　価格という。

　　例えば，あるハンバーガーの市場における 　あ 　曲線と 　い 　曲線がPを価格，Qを数量とした場合，右下のような式で表すことができる。

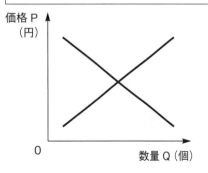

| 　あ 　曲線： | Q=500−P |
| 　い 　曲線： | 2Q=3P |

※ここでは 　あ 　曲線， 　い 　曲線はともに直線で表されるものとする。

(1) 文中の あ　い　う にあてはまる適切な語句を答えよ。

あ [　　　　　　　　] い [　　　　　　　　] う [　　　　　　　　]

難 (2) 式の条件において，市場で販売されるハンバーガーの価格を答えよ。

[　　　　　　　　]

難 (3) ハンバーガーの価格が100円で設定された時，商品は何個余るか，または何個足りないか，答えよ。

[　　　　　　　　]

> B　次に，もし原材料の1つである小麦の価格が上がった時の状況を考えてみよう。原材料である小麦の価格が上がると，同じ価格で売った場合，利益が減少するため生産者は売ろうとする量を（　①　）させる。そうなると い 曲線は（　②　）に動くため う 価格は（　③　）。

(4) 文中の（　①　）～（　③　）にあてはまる適切な語句をア・イから選び，それぞれ記号で答えよ。

（　①　）　ア　増加　　イ　減少　　　　（　②　）　ア　右　イ　左

（　③　）　ア　上がる　イ　下がる

① [　　　　] ② [　　　　] ③ [　　　　]

> C　しかし，実際には商品の価格が あ と い の関係だけで決定しているわけではない。
> 　　例えば，日本の自動車やビールなどにみられるような え 市場がそれにあたる。 え 市場では，(a)価格は市場占有率の高い有力企業によって決定され，他の企業がそれに追随するような形をとっている。さらに市場の占有化が進むと最終的に(b)独占の形態がおこるが，日本では お 法が制定され，公正取引委員会によって正常な経済活動が行われているかが監視されている。

(5) 文中の え ・ お にあてはまる適切な語句を答えよ。

え [　　　　　　　　] お [　　　　　　　　]

(6) 下線部(a)について，この状態の時にみられる現象として最も適切なものを，次のア～エの中から1つ選び，記号で答えよ。 [　　　　　　　]

ア　商品の価格は下がりやすい　　　　　イ　企業の生産量が減少しやすい

ウ　消費者にとって有利な売買がおこりやすい　　エ　広告や宣伝などでの競争が起こりやすい

(7) 下線部(b)について，下の模式図で表される独占の形態を何というか，答えよ。

[　　　　　　　]

解答の方針

086 (1) D．国民の生活に必要不可欠なものについては，企業により不当に価格が高くつり上げられてしまうと国民が生活に困ってしまうことがあるので，これらの価格を変更する場合には，国や地方公共団体の認可が必要になる。

088 次の文章を読んで，あとの問いに答えなさい。 （広島・崇徳高）

　日本のような資本主義経済の国では，価格は市場における需要と供給の関係で決まる。もし，需要の方が供給より多ければ，価格は上がる。逆に需要より供給の方が多い場合には，価格は下がる。このようにして決まる価格を（　　　）という。

　商品の価格のもとになるのは生産費で，これは原材料費・燃料費・賃金など，生産にかかった費用のことである。これに生産者の利潤を加えたのが生産者価格で，卸売商はこの価格で商品を購入する。卸売商はさらに利潤と経費を加えた卸売価格で小売商に販売し，小売商の利潤と経費を加えた小売価格が，私たちの購入する価格である。

　市場において，①少数の企業が特定の商品の供給を独占している場合に，②販売価格や販売地域などで協定を結んだりするおそれがある。

　さまざまな商品の価格をまとめて平均化したものを物価という。商品の量に対して，③世の中に出回っている通貨の量が多すぎると，通貨の価値が下がり物価が上がる。反対に，商品の量に対して通貨が少ないと④物価は下がる。

⑴　文中の（　　　）にあてはまらない語句を，次のア～エの中から1つ選び，記号で答えよ。

[　　　　　]

　ア　均衡価格　　イ　市場価格　　ウ　自由価格　　エ　二重価格

⑵　下線部①について，このような状態に適する語句を，次のア～エの中から1つ選び，記号で答えよ。

[　　　　　]

　ア　公企業　　イ　財閥　　ウ　寡占　　エ　トラスト

⑶　下線部②について，このような協定をカタカナで答えよ。　　　　[　　　　　]

⑷　下線部③について，これを調整するところを，次のア～エの中から1つ選び，記号で答えよ。

[　　　　　]

　ア　大企業　　イ　日本銀行　　ウ　経済産業省　　エ　WTO

⑸　下線部④について，このような状態をカタカナで答えよ。　　　　[　　　　　]

089 次の問いに答えなさい。

⑴　とおるくんは，店先で次のようなステッカーが貼ってあるのに気付いた。5,000円の商品券が，市内の商店で5,500円分使え，500円は市の商業連合会と市が負担するというものである。このような商品

券の意味について，誤っているものを，次ページのア～エの中から1つ選び，記号で答えよ。

（大阪・関西大一高）

※「吹田スマイル地域商品券」は「吹田市プレミアム付商品券」に名称を変更しました。
　2020年2月で，販売は終了しました。

[　　　　　]

解答の方針

088 ⑵独占の形にはカルテル，トラスト，コンツェルンなどがある。
　　⑷通貨を発行し，その流通量を調整するのは中央銀行の仕事である。WTOは世界貿易機関のこと。

ア　地域限定の商品券のため，地元の商店の活性化につながる。

イ　消費者にとって，500円分のプレミア分が魅力で，消費拡大につながる。

ウ　定額給付金と違い，地域限定のため不況の対策にはならない。

エ　消費者にとって，現金と異なり地域限定のため，使える商店が制約される。

(2)　コンビニエンスストアでは，インターネットで注文したものが受け取れるというしくみがあるが，このしくみが用いられていることについての利点を，次のア・イの立場を選択し，簡潔に書け。ただし，選択した記号も書くこと。　　　　　　　　　　　　　　　　　　　　　　　（群馬県）

[　　　　] [　　　　　　　　　　　　　　　　　　　　　　　　　　　　　　　　　　　　]

ア　インターネットで商品を購入する消費者　　イ　インターネットで商品を販売する会社

090 次の文章は市場経済について述べたものです。1〜3にあてはまる適当な語句を漢字で答えなさい。ただし，漢字はすべて2字です。　　　　　　　　　　　　　　　　（茨城高）

(1)[　　　　　　　　　] (2)[　　　　　　　　　　] (3)[　　　　　　　　　]

　私たちのお金の使い方は，（　(1)　）によって大きな影響を受けます。たとえば，私たち消費者は，（　(1)　）が高くなると，より多くのお金を支払わなければならないので，買う量，すなわち（　(2)　）量を減らそうとします。これに対し，その商品を生産する企業は，（　(1)　）が高くなればその分，利益が増えるので，つくる量，すなわち（　(3)　）量を増やそうとします。（　(2)　）量が（　(3)　）量を上回っている場合には（　(1)　）は上昇し，逆の場合には（　(1)　）が下落します。

難 091 天候に恵まれキャベツが豊作の時，農家ではその一部を市場に出荷せず廃棄することがある。これはなぜなのか，次の言葉をすべて用いて説明しなさい。（使用順，使用回数は問わない）

需要量　　　供給量　　　均衡価格

（東京・お茶の水女子大附高）

[　　　]

092 次の図は市場経済のしくみを表しています。これを見て，あとの問いに答えなさい。

（広島大附高）

(1)　商品の価格がⓐ〜ⓒに設定されて売りに出されたとき，売れ残るのはどの場合か，ⓐ〜ⓒの記号で答えよ。

[　　　　　]

(2)　(1)で売れ残った価格での，売れ残りの量を示すものとして正しいものを，次のア〜エの中から1つ選び，記号で答えよ。

[　　　　　]

ア　㋐＋㋑　　イ　㋐－㋑

ウ　㋑－㋐　　エ　（㋐＋㋑）÷2

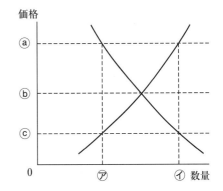

解答の方針

090〜092　需要と供給の関係を問う問題の場合は，価格や数量において，変動するのが需要する側（消費者）であるのか，供給する側（生産者）であるのかを判断することが重要である。

12 現代の企業と生産

（解答）別冊 p.27

標 準 問 題

093 [企業の種類]

企業の種類を示した次の図のA・Bにあてはまるものを，あとのア〜エの中から１つ選び，記号で答えなさい。 [　　　　]

- ア　A　公企業　　B　私企業　　イ　A　公企業　　B　株式企業
- ウ　A　私企業　　B　公企業　　エ　A　私企業　　B　国営企業

094 [資本主義経済]

次の文を読んで，空欄にあてはまる語句を，あとの語群から１つずつ選び，記号で答えなさい。

　日本の経済のしくみを（　A　）経済という。企業が自分の資金や集めた資金などを（　B　）として，（　C　）を得ることを目的に生産活動を行っている。企業は（　C　）を最大限にするために，研究や開発などを行い，そのための（　D　）を行っています。

A[　　　　]　B[　　　　]　C[　　　　]　D[　　　　]

語群　ア　設備投資　　イ　社会主義　　ウ　会社主義　　エ　資本主義　　オ　利潤（りじゅん）

　　　カ　輸出　　　キ　資本　　　ク　市場　　　ケ　株式会社　　コ　国家

095 [株式会社]

図は，株式会社のしくみを表している。このことに関する(1)〜(3)の問いに答えなさい。

図

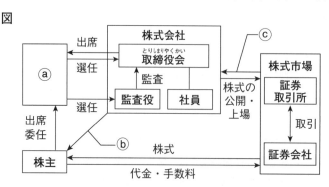

(1) 図の@では，株主や取締役が出席し，経営の基本方針の決定や役員の選任などが行われる。@に当てはまる名称を書け。　　　　　　　　　　　　[　　　　　　　]

(2) 図の⑥と⑥に当てはまるものを，次のア～エの中から1つずつ選び，記号で答えよ。
　　　　　　　　　　　　　　　　　⑥[　　　] ⑥[　　　]

　ア　賃金　　イ　資金　　ウ　配当(配当金)　　エ　利子(利息)

(3) 株式会社や株式市場について述べた文として正しいものを，次のア～エの中から1つ選び，記号で答えよ。　　　　　　　　　　　[　　　]

　ア　株主は，株式会社が倒産しても，会社の借金をすべて返す義務を負うことはない。

　イ　株式会社は，利潤の獲得を目的とする企業であり，社会的責任を担うことはない。

　ウ　株価は需要と供給の関係で決まり，株式の売買で利益を得ることはできない。

　エ　株主になることができるのは個人のみで，企業などの法人が株主になることはできない。

> **ガイド** (2)⑥株主が，株式会社の利潤の一部を受け取るものである。

096 [企業と経済]

次の問いに答えなさい。

(1) 資料はある企業について調べたものである。資料中の[　　]に適する語句を漢字で答えよ。ただし，[　　]には同じ語句が入る。　　　[　　　　　　]

資料

> ・利潤を目的とした企業である。
> ・企業を設立したり，経営したりするときの資金は[　　]を発行して得ている。
> ・[　　]を購入した人は企業の基本方針を決める会議に参加したり，利潤の一部を配当金として受け取ったりする。
> ・[　　]は市場で売買されるが，その価格は変動している。

(2) 市場経済に関する記述として最も適当なものを，次のア～エの中から1つ選び，記号で答えよ。　　　　　　　　　　　[　　　]

　ア　農産物は，需要量に比べて供給量が多いと市場価格が高くなる。

　イ　電気料金のような公共料金も市場で決まるため，国民生活に大きな影響を与える。

　ウ　市場経済においては，価格の変化に応じて消費者の需要も変化する。

　エ　市場経済における競争を防止するために独占禁止法がつくられた。

097 [企業と生産・消費]

次のメモは，中学生のあきおさんが，夏休みの課題として出された「価格のしくみと私たちの消費生活のあり方」のレポートを作成するためにまとめたものです。メモをもとにして，あとの問いに答えなさい。

メモ1	教科書からわかったこと。 ・市場での価格は，需要量と供給量の関係で変化する。	メモ2	デジタルカメラを買おうと思ったら，種類が多くて迷った。何を重視して選ぶか。①値段？　デザイン？　機能？
メモ3	それぞれの会社は，さまざまな工夫をして②他社より安いものをつくったり，品質のよいものをつくったりする努力をしている。	メモ4	X社の同じ機種のデジタルカメラでも店によって値段が違っていた。 ・A店　15,700円 ・B店　17,800円
メモ5	Y社のデジタルカメラ（メモ4にあるX社のデジタルカメラとほぼ同じ機能のもの） ・A店での値段　16,900円 ・別に次の表示があった。 〈当社従来同機種と比べて消費電力23％カット〉 〈付属品に塩化ビニル樹脂を使用していません〉		

注：塩化ビニル樹脂を燃焼させると，有害なダイオキシンが発生することがある。

(1) メモ1について，次のA，Bに答えよ。

A　一般に，需要量が供給量を上回ると，市場での価格はどうなるか，書け。

[　　　　　　　　　]

B　価格には，国民生活の安定のため，需要・供給の影響を受けにくいように，政府などで決定・認可されているものがある。この価格を何というか，書け。

[　　　　　　　　　]

(2) メモ2について，マスメディアを通して下線部①の情報などを伝え，消費者の購買意欲に影響を与える企業の活動を何というか，1つ書け。　　[　　　　　　　　　]

(3) メモ3の下線部②は，企業がほかの企業と競争することにより行われている。しかし，1つの企業が市場を支配していると，価格競争がなくなり，不当に高い価格がつけられることがある。このようにしてつけられた価格を何というか，書け。　　[　　　　　　　　]

(4) メモ4のように，同じ商品でも小売店によって価格が違うことがある。メモ4のA店は，生産者から小売店までの流通経路を工夫することにより，デジタルカメラの価格を他の小売店より安く設定できた。その工夫を具体的に書け。

[　　　　　　　　　　　　　　　　　　　　　　　　　　　　　　]

(5) あきおさんは考えた末，メモ5にあるY社のデジタルカメラをA店で購入し，次のような一文で，レポートをしめくくった。あきおさんは □□□□□ にどのようなことを書いたと考えられるか，メモ4，5をもとに，Y社が重視していることにもふれ，次の2つの語句を使って書け。（価格　社会的責任）

[　　　　　　　　　　　　　　　　　　　　　　　　　　　　　　]

私は，商品を購入するにあたり，[　　　　　　　　　　]が大切であると思った。

最高水準問題 ————————————————————————————————— 解答 別冊 p.28

098 次の文章を読んで，あとの問いに答えなさい。 （福岡・明治学園高）

　資本主義経済は，その発祥の国①[　　　　　　　　]においては，16世紀頃に生成し，18世紀後半に始まった②[　　　　　　　　]によって確立した。

　この経済体制は次のような特徴をもっている。工場や機械などの③[　　　　　　　　]は私有されており，財とサービスは④[　　　　　　　　]として生産され，売買される。個人や企業は自由な経済活動によって高い利潤を追求するが，⑤[　　　　　　　　]での価格のはたらき，すなわち⑥[　　　　　　　　]のいう「見えざる手」によって資源は効率的に配分される。

　資本主義経済は，19世紀を通じてヨーロッパやアメリカなど多くの国に普及し，産業は飛躍的に発展した。だが他方で，多くの問題も発生した。これらの諸問題を契機として，資本主義経済はその一定の段階で⑦[　　　　　　　　]経済に移行すると予見したのは，『資本論』の著者の⑧[　　　　　　　　]である。この経済体制は，1917年におこった⑨[　　　　　　　　]によって現実のものとなったが，その基本的な特徴は私有財産制を廃止して③[　　　　　　　　]を社会的所有とすること，さらに⑤[　　　　　　　　]経済にかえて⑩[　　　　　　　　]経済によって経済運営が行われることである。

(1)　文中の空欄①〜⑩に入る適切な語句を次の語群から選んで答えよ。

　語群　イラン革命　　ロシア革命　　商品　　在庫　　市場　　計画　　生産手段
　　　　ドイツ　　イギリス　　アダム・スミス　　マルクス　　産業革命　　人口爆発
　　　　社会主義　　計画　　自由　　独占

(2)　下線部について，どのような問題が発生したか，その1つを簡潔に答えよ。

[　　]

099 次の文中の①〜⑤にあてはまる語句を答えなさい。 （大阪・浪速高）

　私たち家庭の経済活動を（　①　）といいます。私たちは，生産された商品を企業からじかに購入するのではなく，商店・コンビニ・デパートなどの小売店で購入します。この商品が人手を経て消費者に渡るまでの道すじを（　②　）といいます。私たちの社会では，（　①　）と企業の間で，生産・（　②　）・消費という経済活動がたえまなくくり返されています。

　消費を行う主体が（　①　）であるのに対し，商品の生産や（　②　）を行う主体は企業です。企業には，私企業と公企業があります。公企業とは，水道事業や交通事業(市営バス・地下鉄)などのように，（　③　）が，公共の利益のために経営する企業のことです。資本主義経済では，公企業よりも，（　④　）の獲得をめざしてつくられる私企業が中心となっています。私企業の多くは，資本を少額の（　⑤　）に分けて発行し，多くの人から多額の資本を集めることができるしくみの（　⑤　）会社を組織しています。

解答の方針

098　資本主義はイギリスから始まり，世界中に広がった。1922年にソ連が成立し，社会主義経済が登場したが，その後，経済のゆきづまりから社会主義経済は崩壊した。

①[　　　　　　　] ②[　　　　　　　　　] ③[　　　　　　　　　]
④[　　　　　　　] ⑤[　　　　　　　　　]

100 次の問いに答えなさい。

(1) 次の図は企業の一形態である株式会社の仕組み，および株式と資金の動きについて示したものである。図のa～dに関する説明として正しいものを，あとのア～エの中から1つ選び，記号で答えよ。

(国立高専) [　　　　　　]

図

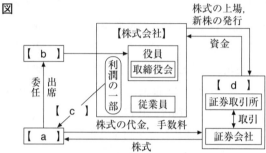

ア　aは株主で，倒産した会社の負債(借金)の全額を返済する義務を負う。

イ　bは株主総会で，会社の経営方針や役員の選出などを行う。

ウ　cは配当で，日本銀行が定めた利子率に応じてその金額が決められる。

エ　dは株式市場で，供給より需要が多い株式はその株価が下落する。

(2) 株式会社の説明として適切でないものを，次のア～エの中から1つ選び，記号で答えよ。

(愛知・中京大附中京高) [　　　　　　]

ア　株式会社は株式を発行して得られた資金を元に設立される。

イ　株式を購入した人は株主総会に出席して議決に参加する。

ウ　株式会社は利潤の一部を配当として株主に分配する。

エ　ある株式会社の配当が増加すると，その株式会社の株価は下がることが多い。

101 次の問いに答えなさい。

(1) 企業の中心をなすのは会社企業である。2005年に公布され，2006年から施行された会社法により，新たに設立することができなくなった会社として最も適切なものを，次のア～エの中から1つ選び，記号で答えよ。

(鹿児島・ラ・サール高) [　　　　　　]

ア　有限会社　　　イ　合名会社　　　ウ　合同会社　　　エ　合資会社

(2) 日本の企業は製品を輸出するだけでなく，海外に工場や支店を設けて国際的な活動をするようになっている。日本企業のこのような海外進出に関する文として正しいものを，次のア～カの中からすべて選び，記号で答えよ。

(東京・筑波大附高) [　　　　　　]

ア 海外進出をする日本企業は大企業であり，中小企業は海外進出をしていない。

イ 日本企業が海外進出をする理由の1つに，海外の安い労働力の存在がある。

ウ 日本企業は，原油など資源の産出国以外の国には進出していない。

エ 日本企業の海外進出により，進出先の「産業の空洞化」が問題化している。

オ 日本企業が海外進出をする理由の1つとして，日本の法人税のあり方がある。

カ 海外での売上高の方が日本国内より大きい日本企業はまだ存在しない。

102 次の問いに答えなさい。

(1) 会社が株式を発行する利点と，株式を購入した株主の権利を，**資料**を参考にして，それぞれ簡潔に答えよ。 (群馬県)

資料 株式会社のしくみ

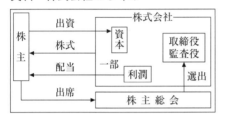

(2) 次のア～エの文のいずれか1つは誤っている。それはどれか。ア～エの中から1つ選び，記号で答えよ。 (長崎・青雲高) [　　　]

ア 株式会社の株は1人で何株も買うことができ，他人に売ることも自由である。株主はその会社が倒産したら，自分の出した資本の範囲内で損をする。

イ 日本の会社の種類を見ると，1億円以上の資本金額を有する会社の99％以上は株式会社である。

ウ 金融市場では，利子率が上がると貸そうとする人が増え，借りようとする人は減る。利子率が下がると逆になる。この利子率の動きで資金が流れる。

エ 企業は，株式の発行による他人資本と，銀行からの借入金などの自己資本によって資本を構成する。日本の企業は，年々自己資本の比率が高まり，50％を超えるようになった。

(3) 現在の企業は寄贈や寄付活動などのメセナ活動を行うとともに，法律を守ること，「法人」として倫理的に行動すること（企業倫理）の，合わせて3つが重視されている。これらを総称して何というか答えよ。 (福岡・久留米大付設高) [　　　]

解答の方針

102 (3)企業は利潤追求と同じくらいに，社会に対する責任を重視するようになった。

13 金融と働く人の生活向上

103 [日本銀行と一般銀行]

資料は，日本銀行と一般の銀行のはたらきについて，模式的に表したものです。あとの問いに答えなさい。

(1) 資料中の（ A ）には同じ語句があてはまる。その語句は何か，次のア～エの中から1つ選び，記号で答えよ。[　　　　　]

ア 政府　　イ 労働組合

ウ 政党　　エ 地方自治体

資料

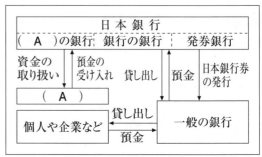

(2) 一般の銀行は，企業や個人などとの関係において，利潤を得るためにどのようなことを行うか，「預金」，「貸し出し」，「利子の比率」の3語を用いて，簡潔に答えよ。

[　　　　　　　　　　　　　　　　　　　　　　　　　　　　　　　　　　　　]

> ガイド (2)銀行は，家計や企業などからお金を預金として預かり，これを元にしてお金を必要とする企業や個人に貸し付ける。このことから銀行が利潤を得る方法を考える。

104 [日本銀行の役割]

次の問いに答えなさい。

(1) 次の文は，景気や物価に対する日本銀行の役割について述べたものである。文中の X ・ Y に当てはまる語句の組合せとして，最も適当なものを，あとのア～エの中から1つ選び，記号で答えよ。　　　　　　　　　　　　　[　　　　　]

> 不況の時には，商品が売れずに企業の生産活動が縮小し， X の状態になるおそれがある。そこで，日本銀行は，金利を引き下げるなどの Y 政策を実施して，景気や物価を安定させる。

ア X デフレーション　　Y 金融　　イ X デフレーション　　Y 財政

ウ X インフレーション　Y 金融　　エ X インフレーション　Y 財政

(2) 日本銀行のみに認められているはたらきを，次のア～エの中から1つ選び，記号で答えよ。

[　　　　　]

ア 資金を貸し出すこと。

イ 自国通貨と外国通貨とを交換すること。

ウ 紙幣を発行すること。

エ 預金を受け入れること。

105 [貿 易]

右の表に関連して，次の問いに答えなさい。

(1) 下線部について，異なる通貨を交換するときの交換比率を何というか，書け。

[　　　　　　　　　　]

テーマ	海外から買う商品の価格の変動
学習内容	アメリカから買う商品の価格の変動には，<u>日本の通貨である円とアメリカの通貨であるドルとの交換比率</u>の変動が関係している。
疑問	円とドルの交換比率の変動によって，私たちの生活はどのような影響を受けるのだろうか。
調べたこと	資料　円とドルの交換比率(2008年) <table><tr><td>月</td><td>交換比率</td></tr><tr><td>3月</td><td>1ドル=100円</td></tr><tr><td>6月</td><td>1ドル=106円</td></tr><tr><td>9月</td><td>1ドル=104円</td></tr><tr><td>12月</td><td>1ドル=91円</td></tr></table>（『日本国勢図会 2009/10年版』から作成） 注：交換比率は，月末の数値である。

(2) 次の文は，資料をもとに，交換比率の変動によって，ドルに対する円の価値がどのようになるかをまとめたものである。 a ， b にあてはまる言葉の組み合わせとして正しいものを，あとのア〜エの中から1つ選び，記号で答えよ。

[　　　　　　　]

　　3月と6月の交換比率を比べると，ドルに対する円の価値は，3月の時点よりも6月の時点のほうが a ことになる。このように，ドルに対する円の価値が a ことを， b という。

ア　a　下がる　　b　円安　　　イ　a　上がる　　b　ドル高
ウ　a　下がる　　b　ドル安　　エ　a　上がる　　b　円高

(3) 交換比率が9月から12月のように変動すると，私たちの生活にはさまざまな影響がある。このうち，消費者に対する有利な影響にはどのようなことがあると考えられるか，1つ書け。

[　　　　　　　　　　　　　　　　　　　　　　　　　　　　　　　　　　　　]

106 [労働に関する法律]

あき子さんは，図書館に行き，新聞に記載されている求人広告を見つけました。これを見て，あとの問いに答えなさい。

資料　1980年と2020年の求人広告の一部

1980年	2020年
社員募集 ●職種　男子販売員　5名 　　　　女子事務員　5名 ●給与　当社規定による ●勤務時間　8時〜17時 　　　　（休憩を含む） 　　　　　　○○株式会社	社員募集 ●職種　販売員　5名 　　　　事務員　5名 ●給与　当社規定による ●勤務時間　8時〜17時 　　　　（休憩を含む） 　　　　　　○○株式会社

(1) **資料**から，1980年と2020年の求人広告を比べると，求人についてどのような改善が読み取れるか，その内容を簡潔に答えよ。また，この改善は1985年に制定され，その後改正された法律によるものである。この法律を何というか，その名称を答えよ。

内容[   ]

名称[   ]

(2) **資料**中の勤務時間などの労働条件の最低基準を定めた法律を何というか，その名称を答えよ。 [   ]

> **ガイド** (1) 1997年の改正で，男女の均等待遇をめざして内容が強化された。
>
> (2) 労働組合法，労働基準法，労働関係調整法をあわせて労働三法という。このうち，労働時間や休日などの最低基準について定めているものが答えとなる。

107 〉[労働三法]

次の文章を読んで，あとの問いに答えなさい。

> 　企業を経営する使用者との関係では弱い立場にある労働者の人権を守るため，日本では労働三法が定められている。このうち□□□□□法においては，労働時間や休日，賃金などの労働条件の最低基準が定められている。また，労働組合法においては，労働者の(a)労働組合を結成する権利や賃金，労働時間などの労働条件について(b)使用者と交渉する権利などについて具体的に定められている。これらに加えて，1980年代には男女雇用機会均等法が定められるなど，(c)働く女性のための環境の整備にも取り組まれている。

(1) 文章中の□□□□□に入る適切な語句を答えよ。 [   ]

(2) (a)労働組合を結成する権利，(b)使用者と交渉する権利は労働基本権（労働三権）のいずれにあたるか，それぞれ答えよ。

(a)[   ] (b)[   ]

(3) (c)働く女性について，次の**資料**を見て，あとの問いに答えよ。

資料　年齢別女性の働いている割合

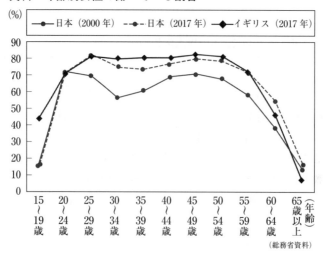

（総務省資料）

① 2000年と2017年の日本の働く女性について，年齢別に見てどのように変化しているか答えよ。

[　　　　　　　　　　　　　　　　　　　　　　　　　　　　　　]

② 2017年の日本とイギリスの年齢別女性の働いている割合について，どのような違いがみられるか答えよ。

[　　　　　　　　　　　　　　　　　　　　　　　　　　　　　　]

108 〉[女性の社会進出]

次の資料を読んで，あとの問いに答えなさい。

> 資料　　 ① 　　の形成は，家族を構成する男女が，相互の協力と社会の支援の下に，②子の養育，家族の介護その他家庭生活における活動について家族の一員としての役割を円滑に果たし，かつ，当該活動以外の活動を行うことができるようにすることを旨（むね）として，行われなければならない。

(1) 上の資料は，男女の区別なく，個性と能力を十分に発揮できる社会の実現をめざして，1999年に制定された法律の一部である。この法律は　　 ① 　　基本法とよばれるが，　　 ① 　　にあてはまる語句を答えよ。　　　　　　　　　　　　　　　　[　　　　　　　　]

(2) 資料の下線部②の「子の養育」の支援として，企業や国・地方公共団体などが取り組んでいる例を，1つ答えよ。

[　　　　　　　　　　　　　　　　　　　　　　　　　　　　　　]

109 〉[労働環境の変化]

次の文章を読んで，あとの問いに答えなさい。

> 　高度経済成長期の生活水準の高まりを背景に，1960年代後半から70年代にかけて，自分の生活を中程度だと思う人々が多くなり「一億総中流」ということばが流行した。しかし近年，企業は長引く不況に対応するため，正規社員のリストラや正規社員に比べて賃金の安い非正規社員やパートの採用を増加させた。このため，正規社員と非正規社員との賃金格差は「働く貧困層」を生み出した。かつて「一億総中流」といわれた日本社会は，近年では「（　　　　）」ということばで表現されるようになった。

(1) 文章中の（　　　　）にあてはまる語句を漢字4字で答えよ。　　　[　　　　　　　]

(2) 文章中の下線部について，「働く貧困層」のことを一般には何というか。カタカナで答えよ。

[　　　　　　　　　　　　　　　　　　　　　　　　　　　　　　]

> **ガイド** (1)経済格差が問題になっていることから考える。
> 　　　　(2)「働く貧困層」を英語でいうとどうなるか。

最 高 水 準 問 題 ──────────────────────────────── 解答 別冊 p.31

110 次の ① ～ ⑤ に入る語句を，あとのア～コから１つずつ選び，記号で答えなさい。

（千葉・成田高）

　日本銀行は，通貨の量を調節することで，景気を調整する。これを ① 政策という。1994 年 9 月までは市中銀行の金利は ② と連動していたので，日本銀行は ② を操作することで ① 政策を行うことができました。しかし，同年 10 月に市中銀行の金利が自由化されたため， ② を操作することで民間銀行の金利を上げ下げすることはできなくなりました。当時，日本の景気は悪化しつづけていたため，従来であれば ② を ③ て市中銀行の金利を ③ るべきだったのですが，日本銀行は 1995 年 9 月から 2001 年 2 月まで ② を ③ ず，0.5％のままでした。現在日本銀行では， ④ のときに市中銀行の持つ有価証券を買い， ⑤ のときに売る公開市場操作などを行い，景気の調節にあたっています。

　　　①[　　　　] ②[　　　　] ③[　　　　] ④[　　　　] ⑤[　　　　]

　ア　税率　　　イ　物価　　　ウ　公定歩合　　エ　財政　　オ　金融
　カ　好景気　　キ　不景気　　ク　上げ　　　　ケ　下げ　　コ　株価

111 日本銀行に関する次の問いに答えなさい。　　　　　　　　　　　　（熊本・真和高）

(1)　日本銀行のはたらきについて間違っているものを，次のア～エの中から１つ選び，記号で答えよ。

　　　　　　　　　　　　　　　　　　　　　　　　　　　　　　　[　　　　]

　ア　日本銀行は，金融機関からの預金を受け入れる。
　イ　日本銀行は，一万円札などの紙幣や五百円玉などの硬貨を発行している。
　ウ　日本銀行は，一般の人や企業とは取引を行わない。
　エ　日本銀行は，税金などの政府の収入を預かる。

(2)　日本銀行の金融政策の方法として正しいものを，次のア～エの中から１つ選び，記号で答えよ。

　　　　　　　　　　　　　　　　　　　　　　　　　　　　　　　[　　　　]

　ア　景気が悪い時には，公定歩合を引き上げることで，景気を刺激する。
　イ　景気がよい時には，一般の銀行から国債を買うことで景気の行き過ぎを抑える。
　ウ　景気がよい時には，一般の銀行から日本銀行に預ける預金準備率を引き上げることで，景気の行き過ぎを抑える。
　エ　景気が悪い時には，企業に直接資金を貸し出して景気を刺激する。

112 日本国憲法は，労働者の権利についてさまざまな条文で保障しています。次の条文はその一部です。これを見て，あとの問いに答えなさい。　　　　　　　（千葉・成田高）

　第 27 条
　　1　すべて国民は，（　A　）の権利を有し，義務を負ふ。
　　2　賃金，就業時間，休息その他の勤労条件に関する基準は，㋐法律でこれを定める。
　第 28 条
　　勤労者の団結する権利及び㋑団体交渉その他の団体行動をする権利は，これを保障する。

(1) 文中の（　A　）に入る語句として正しいものを，次のア～オの中から1つ選び，記号で答えよ。

[　　　　　]

ア　雇用　　イ　起業　　ウ　勤労　　エ　公共の福祉　　オ　利潤追求

(2) 下線部(ア)について，この法律として正しいものを，次のア～オの中から1つ選び，記号で答えよ。

[　　　　　]

ア　労働組合法　　イ　労働関係調整法　　ウ　労働基準法

エ　育児休業法　　オ　男女雇用機会均等法

(3) 次は(2)の法律の一部である。文中の（　B　）・（　C　）に入る数字として正しいものを，あとの
ア～コの中からそれぞれ1つずつ選び，記号で答えよ。

B [　　　　　]　C [　　　　　]

第32条

　　1　使用者は，労働者に，休憩時間を除き1週間について（　B　）時間を超えて，労働さ
せてはならない。

　　2　使用者は，1週間の各日については，労働者に，休憩時間を除き1日について
（　C　）時間を超えて，労働させてはならない。

ア　40　　イ　45　　ウ　48　　エ　54　　オ　56

カ　63　　キ　7　　ク　8　　ケ　9　　コ　10

(4) 下線部(イ)について，当事者間で解決できない場合に，使用者と労働者に対して調停案を出したり，
話し合いを斡旋(あっせん)したり，裁定したりする行政機関として正しいものを，次のア～オの中から1つ選び，
記号で答えよ。

[　　　　　]

ア　労働委員会　　イ　厚生労働委員会　　ウ　公正取引委員会

エ　公安委員会　　オ　法務委員会

113 ▶ 次の文章を読んで，あとの問いに答えなさい。　　　　　　　　（鹿児島・ラ・サール高）

　戦前の日本では，労働運動は，「国体ヲ変革シ又ハ私有財産制度ヲ否認スルコトヲ目的」とする結
社の組織などを禁止するものとして，(a)1925年に制定された（　A　）などの法律によってきびしく弾
圧されていた。戦後，日本国憲法および憲法の制定と前後して定められた法律などにより，労働問題
の解決が図られるようになった。

　日本国憲法第28条は，(b)労働三権を保障している。日本国憲法の公布・施行に先立って，1945年
に公布され，1949年に全面改正された労働組合法は，労働者が使用者との交渉において対等の立場に
立つことを促進して，労働者の地位の向上を図ることを目的とし，(c)労働組合の定義，(d)不当労働行
為の禁止などについて定めている。1946年には，労働関係の公正な調整を図り，労働争議を予防また
は解決して，産業の平和を維持し，経済の興隆に寄与することを目的として（　B　）が公布された。
（　B　）は，労働委員会が労働争議の調整手段として行う，あっせんなどを定めている。

解答の方針

111 (2) 金融政策は，通貨量を調整して経済の安定をはかるもの。それぞれの場合で通貨量がどうなるかを考
える。**公定歩合**は，2006年8月からは「**基準割引率および基準貸付利率**」と名称が変更された。

日本国憲法第27条は，第1項で「すべて国民は，勤労の権利を有し，義務を負ふ」とし，第2項で「賃金，就業時間，休息その他の勤労条件に関する基準は，法律でこれを定める」と規定している。第2項に基づいて，労働条件の基準を定める労働保護立法の中心となっている法律が，1947年に公布されたⓔ労働基準法である。労働組合法・（ B ）・労働基準法は，日本の労働法の中核をなすという意味で，労働三法と呼ばれている。

労働条件改善のための国際協力を行う機関としては，1919年に署名されたベルサイユ条約に基づき，同年設立された（ C ）がある。現在，国際連合の専門機関である（ C ）は，労働問題だけでなく，1952年に採択された「社会保障の最低基準に関する条約」をはじめ，社会保障に関する条約の作成なども推進している。

(1) 本文中の（ A ）～（ C ）を埋めるのに最も適切な語を，漢字で答えよ。ただし，略称で答えてはいけない。

A［　　　　　］ B［　　　　　］ C［　　　　　］

難 (2) 下線部ⓐ「1925年」は，男性の普通選挙を実現する法改正があった年である。日本国憲法では「公務員の選挙については，成年者による普通選挙を保障する」と定め，普通選挙制度のもとで選挙権を行使する権利は，憲法上認められる基本的人権となった。日本国憲法が規定する選挙及び選挙によって選出される議員や公務員に関する説明として，明らかに誤っているものを，次のア～エの中から1つ選び，記号で答えよ。［　　　］

ア 憲法は，衆議院議員および参議院議員の定数について，みずから定めることをせず，「法律でこれを定める」と規定し，具体的な人数は公職選挙法が定めている。

イ 憲法は，選挙における投票の秘密を侵してはならないと定めている。

ウ 憲法は，衆議院議員および参議院議員の任期について，みずから定めることをせず，「法律でこれを定める」と規定し，具体的な年数は公職選挙法が定めている。

エ 憲法は，地方公共団体の長について，「その地方公共団体の住民が，直接これを選挙する」と定めている。

(3) 下線部ⓑ「労働三権」については，憲法に基づき，法律が具体的に規定している。日本の労働三権に関する説明として，明らかに誤っているものを，次のア～エの中から1つ選び，記号で答えよ。

［　　　］

ア 労働者が労働条件を維持・改善するために労働組合を結成し，または労働組合に加入する権利を団結権という。

イ 民間労働者・公務員を問わず，団結権・団体交渉権・争議権(団体行動権)の全部またはいずれかが法律によって制限されている労働者はいない。

ウ 労働組合が行ったストライキが正当なものであった場合，使用者は労働組合に対して，ストライキによってこうむった損害の賠償を請求することはできない。

エ 労働組合が，その代表者を通じて，労働条件について使用者と交渉を行う権利を団体交渉権という。

難 (4) 下線部ⓒ「労働組合」の組合員数が雇用者数に占める割合を労働組合組織率という。2018年現在における日本の労働組合組織率に最も近いものを，次のア～カの中から1つ選び，記号で答えよ。

［　　　］

ア 7%　イ 17%　ウ 27%　エ 37%　オ 47%　カ 57%

(5) 下線部⑥「不当労働行為の禁止」に関する説明として，明らかに誤っているものを，次のア～エの中から1つ選び，記号で答えよ。　　　　　　　　　　　　　　　　　[　　　　　]

ア　労働者が労働組合に加入したことを理由に，使用者がその労働者を解雇することは不当労働行為である。

イ　使用者が，労働組合の代表者と団体交渉をすることを拒んだ場合にあっても，団体交渉拒否に正当な理由があると認められる場合は，不当労働行為には当たらない。

ウ　使用者が労働組合の運営のための経費の支払いについて経理上の援助を与えることは，原則として不当労働行為に当たる。

エ　使用者が労働者を雇い入れる際に，労働組合に加入しないことを雇用条件とすることは不当労働行為に当たらない。

(6) 下線部⑥「労働基準法」について，次のア～エはこの法律の条文を挙げたものである。これらのうちから，内容に明らかな誤りを含むものを1つ選び，記号で答えよ。　　　　　[　　　　　]

ア　使用者は，その雇い入れの日から起算して6箇月間勤務し全労働日の8割以上出勤した労働者に対して，継続し，または分割した10労働日の有給休暇を与えなければならない。

イ　使用者は，労働者を解雇しようとする場合においては，少なくとも60日前にその予告をしなければならない。

ウ　使用者は，労働者が女性であることを理由として，賃金について，男性と差別的取扱いをしてはならない。

エ　使用者は，児童が満15歳に達した日以後の最初の3月31日が終了するまで，これを使用してはならない。

---

114 次の文章は，毎日新聞朝刊経済面の「アンと部長の なるほどネ 経済」という連載シリーズに掲載された，『子どもへの金融教育』と題する会話記事の一部です。これを読んで後の問いに答えなさい。
（高知・土佐高）

アン：お金や物の価値を教える延長上に，実践編や応用編として金利や(a)株について教えるのは賛成です。「おいしい話はない」「危うきに近寄らず」と戒めるだけでなく，"おいしそうな話"が近づいてきた場合に，どんなリスクがあるか具体的に知っていた方がいいと思うからです。

部長：英国の場合も，（　1　）の増加が背景にあり，さらに「金融大国」としての力を保持したい国家戦略があるようだ。日本では，金にまつわる話を「汚い」と言ったり，投資を「下世話」「あぶない」と敬遠したり，あるいは経済や(b)金融を「わからない」と知らん顔する傾向が強い。だけど，お金は生活するための不可欠な道具であり，投資や(c)貯蓄によって，お金が世の中をめぐって多くの人の生活が成り立っている。そういう状況が経済そのものなんだけどね。

アン：お金について知ろうとすれば，収入をどう得るか，どう増やすか，(d)働く意味や経済の仕組みなどにも思い至るはずです。ただ，疑問なのは証券会社など金融機関の(e)企業が熱心なことです。そこになにか商売っ気を感じるのですが。

解答の方針

113 (5)不当労働行為とは，使用者がしてはならない行為で，労働組合法第7条に定められている。労働組合の活動を妨げる行為として禁止されている。

(6)イ解雇予告は，予告された労働者が新たな職を探すための最低限の期間である。この間は，収入が保障されることになる。

(1) 文中の空欄（ 1 ）に入る語句は，複数の貸し手から借金して弁済できない状態におちいった人を指す言葉だが，この内容に当てはまる語句を次のア～オの中から1つ選び，記号で答えよ。　　　　　　　　　　　　　　　　　　　　　　　　　　　　[　　　　　]

　　ア　自己破産宣告　　イ　破産管財人　　ウ　多重債務者
　　エ　消費者金融　　　オ　ネットカフェ難民

(2) 文中の下線部(a)について，この株とは「株式」のことを指しているが，顧客の依頼にもとづいて「株式」を売買することを業務としている法人のことを，この会話の中では何と呼んでいるか。会話文の中から抜き出して答えよ。　　　　　　　　　　　　　　　　[　　　　　]

(3) 文中の下線部(b)について，一般に金融機関の代表は銀行だが，日本では「銀行の銀行」とも呼ばれて，一般の銀行に対してお金を貸し出す業務を行う機関はどこか。漢字4字で，正確に答えよ。　　　　　　　　　　　　　　　　　　　　　　　　[　　　　　]

(4) 文中の下線部(c)について，家計において貯蓄として分類されない項目を，次のア～オの中から1つ選び，記号で答えよ。　　　　　　　　　　　　　　　　　[　　　　　]

　　ア　クレジットカード　　イ　銀行預金　　ウ　国債　　エ　郵便貯金　　オ　生命保険

(5) 文中の下線部(d)について，私たちが働く意味を考えてみた時，自分の個性や潜在能力を可能な限り発揮できるように働きたいという思いを表す言葉は何か。最も適する語句を，次のア～オの中から1つ選び，記号で答えよ。　　　　　　　　　　　　　　　　　[　　　　　]

　　ア　知的資源　　イ　終身雇用　　ウ　社会参加　　エ　自己実現　　オ　裁量労働

(6) 文中の下線部(e)について，企業の中で代表的なものに株式会社がある。株式会社において，役員の選任や予算・決算の承認などを行う，最高の意思決定機関はどこか。次のア～オの中から1つ選び，記号で答えよ。　　　　　　　　　　　　　　　　　[　　　　　]

　　ア　労働組合執行部　　イ　株主総会　　ウ　監査役　　エ　取締役会　　オ　従業員代表者会議

115 次の問いに答えなさい。　　　　　　　　　　　　　　　　　（三重・高田高）

(1) 日本銀行のはたらきとして，誤っているものを，次のア～エの中から1つ選び，記号で答えよ。　　　　　　　　　　　　　　　　　　　　　　　　　　　[　　　　　]

　　ア　日本で唯一の発券銀行として，紙幣を発行している。
　　イ　銀行の銀行として，一般の銀行や大企業からの大口の預金を預かっている。
　　ウ　政府の銀行として，政府にかわってお金の支払いなどを行っている。
　　エ　国債を売買するなどして，国内の通貨量の調節をしている。

解答の方針

114 (1)複数の貸し手から借金する，ということから考える。

(2) 現在の日本の雇用の状況として，誤っているものを，次のア～エの中から1つ選び，記号で答えよ。

[　　　　]

ア　労働条件は，労働基準法などで最低基準が定められているが，就労者全体のうち収入などが不安定なパートタイム労働者や派遣労働者の割合が増えた。

イ　男女雇用機会均等法が成立した後，女性の社会進出はすすんでいるが，男性全体と女性全体を比較してみると，賃金の格差はいまだ大きい。

ウ　近年の不況の中で，労働者たちは自分たちの雇用や賃金を守るために，労働組合を結成する動きが活発化し，その結成の割合は年々上昇している。

エ　近年，年功序列や終身雇用というしくみを改め，能力や仕事に応じて評価し，賃金を決定するシステムを採用する企業が増えている。

116 次の文を読んで，あとの問いに答えなさい。 （広島・近畿大附東広島高）

> 第28条　勤労者の①団結する権利及び団体交渉その他の②団体行動をする権利は，これを保障する。

(1) 労働三法のうち，下線部①を保護するために制定された法律を何というか。漢字5字で答えよ。

[　　　　]

(2) 下線部②の1つで，労働を行わないで使用者に不利益を与えることによって要求を通そうとすることを何というか。カタカナ5字で答えよ。 [　　　　]

(3) 近年の日本の労働環境について，適当でないものを次のア～エの中から1つ選び，記号で答えよ。

[　　　　]

ア　年功序列賃金にかわって，年俸制賃金をとる企業も出てきている。

イ　女性が社会で活躍できるように，男女雇用機会均等法が改正された。

ウ　アルバイトなどで収入を得るニートが若年層で増加している。

エ　最初に就職した企業で定年を迎えるまで働く人の割合が減少傾向にある。

117 次の問いに答えなさい。 （東京・筑波大附高）

(1) 次の説明文と表の[①]～[⑧]にあてはまる数字を答えよ。

①[　　] ②[　　] ③[　　] ④[　　]
⑤[　　] ⑥[　　] ⑦[　　] ⑧[　　]

説明文

1　貿易をすることで，限られた費用で，より多くのものが生産できることを，次のように説明した。国によって技術水準や資源の保有量が異なっているため，ある製品を生産するためにかかる費用も国ごとに異なる。いま，A国・B国で，製品Xと製品Yを1個生産するのに，次ページの表1のような費用がかかるとする。

解答の方針

115 (2)雇用環境の変化にともない，正社員以外のいろいろな形態で働いている人々がいる。

表1

	製品Xを1個生産するのに必要な費用	製品Yを1個生産するのに必要な費用
A国	1フゾ	2フゾ
B国	4フゾ	1フゾ

※「フゾ」はA・B両国で使用される貨幣の単位とする。

2　まず貿易が行われていない状態を考えよう。

　　A国の国内では，製品X・製品Yの生産に合計20万フゾ，B国は合計40万フゾを支出しており，両国とも，その半分ずつを製品X・製品Yの生産にそれぞれ支出しているとする。そうすると，両国の製品X・製品Yの生産個数等は**表2**のようになる。

表2

	製品Xの生産個数(生産にかかる費用)	製品Yの生産個数(生産にかかる費用)	費用合計
A国	[①]万個(10万フゾ)	[②]万個(10万フゾ)	20万フゾ
B国	[③]万個(20万フゾ)	[④]万個(20万フゾ)	40万フゾ

　　この場合，A・B両国の生産個数を合計すると，製品Xが[⑤]万個，製品Yが[⑥]万個となる。

3　次に，**表3**のように，A国は20万フゾすべてを製品Xの生産にあて，B国は40万フゾすべてを製品Yの生産にあてた場合を考えてみよう。

表3

	製品Xの生産個数(生産にかかる費用)	製品Yの生産個数(生産にかかる費用)	費用合計
A国	[⑦]万個(20万フゾ)		20万フゾ
B国		[⑧]万個(40万フゾ)	40万フゾ

　　こうすれば，A・B両国の生産個数の合計は，製品Xが[⑦]万個，製品Yが[⑧]万個となる。これを両国で貿易によって交換すれば，両国とも，以前よりも多くの製品Xや製品Yを持つことが可能である。

　　このことからも貿易の意義がわかるだろう。

(2)　現実の貿易にあたっては，多くの場合，自国の通貨と外国の通貨との交換が必要になり，この交換比率を外国為替相場と呼ぶ。外国為替相場について，円とドルの為替相場を示した右のグラフを使って考えてみよう。あとの①〜④について，このグラフから読みとれることとして正しい場合は○を，誤っている場合は×をつけよ。

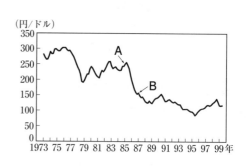

①[　] ②[　] ③[　] ④[　]

①　Aの時点とBの時点を比べると，Bの時点の方が円高ドル安である。

②　Aの時点よりBの時点の方が，アメリカにある企業は日本に対する輸出がしにくくなる。

③　Aの時点で，同じ製品が日本では200円，アメリカでは1ドルで販売されていたとしたら，アメリカで購入した方が安い。

④　Bの時点で，同じ製品が日本では200円，アメリカでは1ドルで販売されていたとしたら，アメリカで購入した方が安い。

解答の方針

117 (2)外貨に対して円の価値が上がるのが**円高**，下がるのが**円安**。Aは1ドル＝250円，Bは1ドル＝150円の時点。

14 財政と社会保障

標 準 問 題 ———————————————————— 解答 別冊 p.32

118 [財 政]

右の資料は国の歳出の変化を示したものです。これについて，あとの問いに答えなさい。

(1) 資料中の（　あ　）費は，国の借金の返済にあてているお金である。（　あ　）にあてはまる適切な語を答えよ。

[　　　　　　　　　　　　]

(2) 資料から，社会保障関係費の割合が増加していることがわかった。その理由として適切なものを，次のア～エの中から１つ選び，記号で答えよ。　　[　　　　　]

ア　日本の PKO 活動の影響で，防衛関係費が増加したから。

イ　発展途上国への援助を拡大したため，政府開発援助の額が増加したから。

ウ　高齢化の影響で，年金保険の給付が増加したから。

エ　長びく不景気のため，公共投資が増加したから。

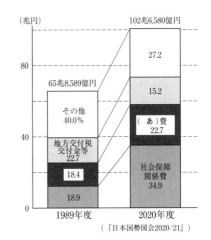

(『日本国勢図会2020/21』)

> ガイド (1)国や地方公共団体が税金収入の不足を補うために発行する債券を**公債**という。このうち地方公共団体が発行するものを**地方債**という。

重要 119 [景気対策]

次の問いに答えなさい。

(1) 図は景気変動の波を模式的に示したものです。Ⅰの時期における政府の景気対策を，税金と財政支出の２つに着目して書け。

[　　　　　　　　　　　　]

(2) 日本の財政に関して述べた文として正しいものを，次のア～カの中からすべて選び，記号で答えよ。

[　　　　　　　　　　　　]

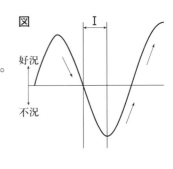

図

好況

不況

ア　国民は納税の義務を負うと，憲法で定めている。

イ　直接税よりも間接税の方が，国の歳入にしめる比率が高い。

ウ　すべての国民が，一律に10パーセントの所得税を納めている。

エ　私たちは，商品を購入したときに消費税を負担する。

オ　政府は，財政収入の不足を補うために，国民などからお金を借り入れている。

カ　国が財政活動を行うには，内閣による予算の議決を必要とする。

120 〉[日本の財政]

次の問いに答えなさい。

　資料Ⅰ～Ⅳは，日本の財政についての資料である。資料Ⅰ～Ⅳから読み取ることができないのはどれか。あとのア～エの中から2つ選び，記号で答えよ。

[　　　]　[　　　]

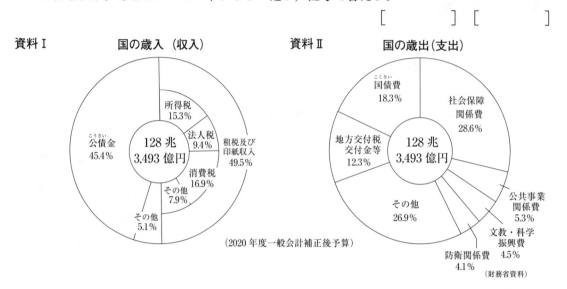

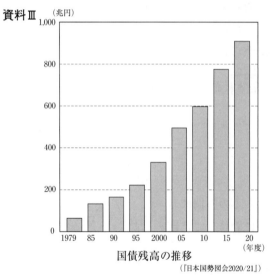

	直接税	間接税
国 税	所得税 法人税 相続税	消費税 酒税 たばこ税 関税
地 方 税 都道府県税	都道府県民税 事業税 自動車税	地方消費税 都道府県 たばこ税 ゴルフ場 利用税
市町村税	市町村民税 固定資産税	市町村 たばこ税

資料Ⅳ　おもな税金の種類

ア　税金は直接税と間接税に分けられ，直接税に対する間接税の割合はアメリカより高い。

イ　歳出においては社会保障関係費の割合が最も高く，その割合は年々高くなってきている。

ウ　法人税は国税であるとともに直接税であり，国の租税・印紙収入の中で最も割合が高い。

エ　歳出において2番目に割合が高いのは国債費で，2020年度の国債残高は800兆円を超えている。

ガイド　ウ．資料Ⅳから，法人税は国税とわかり，租税・印紙収入の割合は資料Ⅰからわかる。イ．社会保障関係費の割合は資料Ⅱからわかるが，年々の変化については別の資料が必要である。エ．国債残高は資料Ⅲから読み取れる。

121 〉[税金]

税金に関する説明として，正しいものを，次のア〜エの中から１つ選び，記号で答えなさい。　　　　　　　　　　　　　　　　　　　　　　　　　　[　　　　　]

ア　所得税には，所得が多くなればなるほど税率を高くする累進課税の方法がとられている。

イ　国が集める税金を国税，都道府県や市町村が集める税金を公債金という。

ウ　納税者と負担者が一致する税金を間接税，一致しない税金を直接税という。

エ　消費税は，所得の少ない人ほど所得にしめる税負担の割合が低くなる傾向がある。

122 〉[デフレーション]

図は，日本を訪れた外国人観光客数について，上位６位までの国・地域と全体を，2008年１月と2009年１月とで比較したものです。あとの問いに答えなさい。

図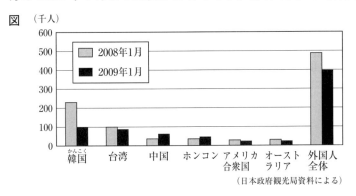

（日本政府観光局資料による）

(1)　日本を訪れた外国人観光客数が減少したのは，2008年秋からの世界的な不況の影響が考えられる。不況のときは，商品があまり売れず，デフレーションがおこることがある。デフレーションとはどんな現象か答えよ。

[

]

(2)　図から，韓国人観光客数が特に減少していることがわかる。また下の表は，日本の通貨と韓国の通貨との為替相場について，2008年１月と2009年１月とを比較したものである。韓国人観光客数が特に減少した理由として，どんなことが考えられるか，表に基づいて答えよ。

表

2008年１月	2009年１月
100円 = 875ウォン	100円 = 1,498ウォン

為替相場は，それぞれ１か月の平均値を示す。
（注）ウォンは，韓国の通貨の単位である。
（日本政府観光局資料による）

ガイド (1)インフレーションは物価が持続的に上昇していく現象のことで，好景気のときにおこりやすい。デフレーションはその反対で不況のときにおこりやすい。

123 〉 **[社会保障と税]**

智子さんは，「日本における高齢社会の現状と今後のあり方」について発表するために，祖父と話をしました。次の文章は，その会話の一部です。あとの問いに答えなさい。

智子：公的年金の財源が不足しているなら，消費税率を上げて，みんなで公平に負担すればいいと思うわ。

祖父：消費税は，所得税のように所得が多い人ほど税率を高くする課税ではないから，所得が少ない人の意見も聞く必要があると思うよ。

---

(1) 日本の社会保障制度は，次のア〜エの４つの種類に分けられるが，公的年金の制度が該当するものを，次のア〜エの中から１つ選び，記号で答えよ。　　　　　　　[　　　　　]

　ア　公的扶助　　イ　公衆衛生　　ウ　社会保険　　エ　社会福祉

(2) 下線部のような課税の方法(制度)を何というか答えよ。　　　[　　　　　　]

ガイド (2)所得税のほか，相続税・贈与税なども同じように課税される。

---

124 〉 **[社会保障]**

次の問いに答えなさい。

(1) 右の**資料**は日本の社会保障給付費とそれに占める高齢者関係給付費の推移を表している。これから読み取れることとして正しいものを，次のア〜エの中から１つ選び，記号で答えよ。

[　　　　　]

資料

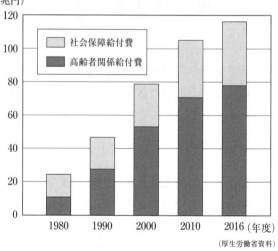
（兆円）
（厚生労働省資料）

　ア　社会保障給付費は，少子化に伴い減少傾向にある。

　イ　2016年度の高齢者関係給付費は，1980年度に比べ約５倍の増加にとどまっている。

　ウ　高齢者関係給付費の増加に伴って，社会保障給付費の総額も増加している。

　エ　少子高齢化が進んでも，国の社会保障給付費全体が増加することはない。

(2) 40歳以上の人を被保険者として，介護サービスの充実を目的として制定された法律の名前を漢字で答えよ。　　　　　　　[　　　　　　]

(3) 出生率の低下と平均寿命の伸びにより，2019年には日本の人口の28.4％の人が65歳以上の高齢者となったが，このような社会のことを何というか，漢字で答えよ。

[　　　　　　]

ガイド (3)子どもが少なく，高齢者の多い社会である。

最 高 水 準 問 題 ———————————————————— 解答 別冊 p.34

125 次の文章を読んで，あとの問いに答えなさい。 (石川・星稜高)

　人々が社会の中で生きていく上で行う根本的な活動は，経済活動である。ⓐ(　　　　)やサービスを生産・消費する活動が，日本の経済活動の特徴としても考えられる。この活動の中心を担っているのは，家計や企業である。しかし，ⓑ政府(国や地方公共団体)も収入を得て，それを支出するという意味で，重要な経済活動を行っている。政府の仕事は，民間企業を補い，ⓒ民間企業では供給されにくい施設やサービスを提供したり，失業者や高齢者の生活の安定をはかるなど，国民の福祉を向上させたりすることである。

(1)　文中の(　　　)に適する語句を答えよ。　　　　　　　　　　　　[　　　　　　　]

(2)　下線部ⓐについて，資本主義の国がとる経済体制について誤っているものを，次のア～エの中から1つ選び，記号で答えよ。　　　　　　　　　　　　　　[　　　　　　　]

　ア　資本主義経済のもとでは，利潤を目的に生産活動を行う。

　イ　資本主義経済のもとでは，企業は新製品を開発するための研究を行う。

　ウ　資本主義経済のもとでは，計画経済が成り立っている。

　エ　資本主義経済のもとでは，販売市場を支配する寡占市場が形成される可能性がある。

(3)　下線部ⓑについて，政府が行う経済活動を何というか，漢字2字で答えよ。

　　　　　　　　　　　　　　　　　　　　　　　　　　　　　　[　　　　　　　]

(4)　下線部ⓑについて，政府の経済活動も「収入を得て，それを支出する」とあるが，収入や支出のことを何というか。それぞれ漢字2字で答えよ。　　　　[　　　　　　　]
　　　　　　　　　　　　　　　　　　　　　　　　　　　　　　[　　　　　　　]

(5)　下線部ⓒについて，現在の日本政府の支出面のうち，割合の多いものの組合せとして正しいものを，次のア～カの中から1つ選び，記号で答えよ。　　　　　[　　　　　　　]

　ア　社会保障関係費　　　産業経済　　　国債

　イ　社会保障関係費　　　公共事業　　　国債

　ウ　社会保障関係費　　　地方財政　　　国債

　エ　防衛関係費　　　　　産業経済　　　一般行政

　オ　防衛関係費　　　　　公共事業　　　一般行政

　カ　防衛関係費　　　　　地方財政　　　一般行政

126 次の文章を読んで，あとの問いに答えなさい。 (愛知・東邦高)

　好景気(好況)と不景気(不況)は交互にくりかえされる。好景気の時には景気が行きすぎてⓐ物価が上昇する危険があるので，政府は増税や財政支出の削減によって景気をおさえようとする。

　不景気の時には生産が縮小し，企業の倒産や失業者が増加する。今日では派遣切りやワーキングプアなど新たな雇用・労働の問題が発生している。その背景として，ⓑ一度就職したら定年まで1つの企業で仕事を続けるという戦後の日本で長く続いた雇用のあり方が崩れ，非正規雇用の労働者が急増しているという現状がある。

解答の方針

125 (5)戦前のように防衛関係費(軍事費)は多くないことから，ア・イ・ウにしぼられる。

政府は景気回復のために減税や社会資本への支出を増やしたりするが、ⓒ税収入の不足を補うために（　①　）を発行して、国民からお金を借り入れることがある。このように収入と支出の活動を手段として、さまざまな目的を達成しようとする政策を（　②　）政策という。

(1)　本文中の（　①　）・（　②　）に適語を答えよ。

　　　　　　　　　　　　　　　　　　①［　　　　　　　　　　　］　②［　　　　　　　　　　　］

(2)　下線部ⓐを何というか。　　　　　　　　　　　　　　　　　［　　　　　　　　　　　　　　　　］

(3)　下線部ⓑのような雇用のあり方は何とよばれるか。　　　　［　　　　　　　　　　　　　　　　］

(4)　下線部ⓒに関する右の分類表の(A)〜(C)に入る適語を、

　　語群から選び、記号で答えよ。

　　(A)［　　　　　　］　(B)［　　　　　　　］　(C)［　　　　　　　］

　　語群　ア　自動車税　　イ　事業税　　ウ　法人税

　　　　　　エ　市町村税　　オ　ゴルフ場利用税

　　　　　　カ　消費税　　　キ　所得税

	直接税	間接税
国税	(A) (B)	(C) 酒税・たばこ税 有価証券取引税 印紙税

127　次の6つのグラフは、1975年度、1990年度、2020年度の日本の国家予算（一般会計予算）の歳入、および歳出の内訳を示したものです。ア〜エは、法人税、消費税、所得税、公債金収入のいずれかを、オ〜ケは、公共事業関係費、防衛関係費、社会保障関係費、地方交付税交付金等、国債費のいずれかをあらわしています。あとの問いに答えなさい。　　　　（大阪教育大附平野）

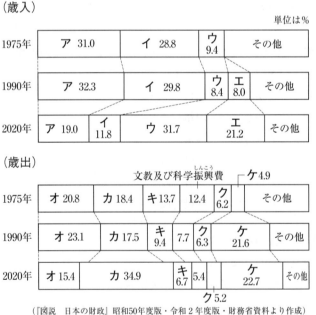

（『図説　日本の財政』昭和50年度版・令和2年度版・財務省資料より作成）

難 (1)　6つのグラフについて述べた①〜⑥の文がそれぞれ正しい場合には数字の1で，誤っている場合には数字の2で答えよ。

① アは，法人税か所得税である。[　　　]　② ウは，消費税である。[　　　]
③ カは，地方交付税交付金等である。[　　　]　④ キは，公共事業関係費である。[　　　]
⑤ クは，防衛関係費である。[　　　]　⑥ ケは,社会保障関係費である。[　　　]

難 (2)　2020年度一般会計（歳出）の社会保障関係費のなかで最も大きな割合を占めるものを，次のア〜エの中から1つ選び，記号で答えよ。[　　　]

ア　社会保険費　　イ　生活保護費　　ウ　社会福祉費　　エ　保健衛生対策費

(3)　近年の輸出低迷のなかで，もっと「内需拡大（国内の需要を増やすこと，国内での消費を増やすこと）」をはかるべきという意見が出ている。次のア〜エの中から，「内需拡大」につながると思われるものを2つ選び，記号で答えよ。[　　　][　　　]

ア　減税をおこなう　　イ　公定歩合を上げる
ウ　雇用を拡大する　　エ　公共事業を減らす

128 次の問いに答えなさい。 （奈良・東大寺学園高）

難 (1)　失業保険金について述べた次の文中の(a)・(b)にあてはまる語を，あとのア〜クの中からそれぞれ1つずつ選び，記号で答えよ。(a)[　　　]　(b)[　　　]

> これは，（　a　）法に基づき，労働者が失業した場合に一定期間支給される給付金である。しかし，これを受給するには，（　b　）と同じく，保険に加入し掛け金を積み立てておかねばならない。

ア　労働基準　　イ　労災保険　　ウ　医療扶助　　エ　児童手当　　オ　国民年金
カ　健康保険　　キ　雇用保険　　ク　犯罪被害者給付金

(2)　国税庁の仕事にかかわることについて述べた次の文①・②の正誤の組合せとして正しいものを，あとのア〜エの中から1つ選び，記号で答えよ。[　　　]

① 法人税は現金で納めることを原則としているが，不動産などの物納も許される。
② 消費税は贅沢な商品も日常生活の必需品も同率課税とし，累進課税の原則に配慮している。

ア　①—正　②—正　　イ　①—正　②—誤　　ウ　①—誤　②—正　　エ　①—誤　②—誤

(3)　公共投資について述べた次の文中の(a)・(b)にあてはまる語を，(a)は2字，(b)は5字で答えよ。

> 政府は景気の調整のために，これを増減させる政策をとる。これは（　a　）政策の主たるものであるが，それには歳出における公共事業費や「第2の予算」といわれる（　b　）などが用いられる。税収が不足した場合には，国債を発行しその補いとするが，現在では国債費がかさみ，（　a　）の硬直化を招いている。

(a)[　　　]　(b)[　　　]

解答の方針

127 (1)エは1975年には費目としてなかったもの。比較的新しい税であることから考える。
128 (3)政府が行う景気調整のための政策である。

129 次の問いに答えなさい。 (愛知高)

(1) 財政問題に関する次のア〜オの記述のうち正しいものを1つ選び，記号を答えよ。

[   ]

ア　所得税はふつう，高所得者ほど税率を高くするが，所得に関係なく同じ税率をかけても，高所得者は多くの税を納めることになるので，累進課税となる。

イ　消費税は所得にかかわりなく，同じ商品を買えば同額の税を負担するので，所得の少ない人ほど所得に対する税負担の割合は低くなる。

ウ　財政の目的のひとつは公共施設(社会資本)を作ったり，公共サービス(医療・教育サービスなど)を供給したり，社会保障を行い国民の生活をよくすることである。

エ　景気のいい時は，景気が行き過ぎてインフレになる恐れがあるので，政府は減税や公共事業の削減を行い，景気を抑えようとする。

オ　政府が特別な債権を発行して市場から調達した資金を，政府関係の機関や地方公共団体に投資したり融資したりすることを金融政策という。

(2) 次のグラフは2020年度の一般会計(当初予算)の項目別割合を表したものである。Fにあてはまる語句を答えよ。 [   ]

歳入

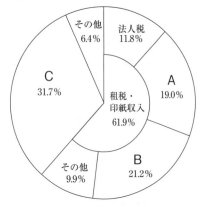

歳出

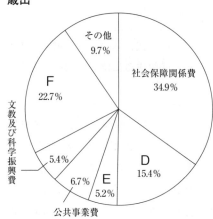

(財務省資料)

130 次の問いに答えなさい。 (京都・同志社高)

(1) 国の財政支出のうち，地域による財政収入のばらつきを補正するために地方公共団体に支出するものは何か。 [   ]

(2) 財政収入のうち，間接税の中心は何か。 [   ]

解答の方針

130 (1)「財政収入のばらつきを補正する」がヒントになる。

15 日本経済の諸問題

標 準 問 題 ——————————————————————————————— 解答 別冊 p.35

131 [環境問題]

右の略年表は，日本の環境問題に関する主な
法律についてまとめようとしたものです。こ
れを見て，あとの問いに答えなさい。

(1)　年表中の下線部の公害対策基本法は，公
害が深刻な問題となる中で制定された。
1960年代に裁判がおこされた，一般に四
大公害病とよばれているものは，水俣病，
四日市ぜんそく，新潟水俣病とあと1つは
何か。そのよび名を書き，右の図のA〜Dの中か
らその発生場所を選べ。

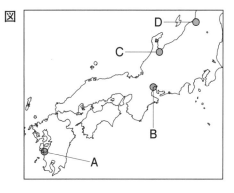
図

年	できごと
1967	公害対策基本法の制定
1972	自然環境保全法の制定
1993	X の制定
1997	環境影響評価法の制定
2000	Y 型社会形成推進基本法の制定

よび名 [　　　　　　　　　　]

場所 [　　　　　]

(2)　年表中の X 内には，政府や企業などの環
境保全への責任を明らかにするとともに，新しい
環境問題に対処するために，公害対策基本法を発
展させて制定された法律名が入る。 X 内に
あてはまる法律は何か。そのよび名を書け。　　　[　　　　　　　　　　]

(3)　年表中 Y に入る語句を，漢字2字で答えよ。　　　[　　　　　　　　　　]

ガイド (3)一度使ったものを資源と考えて，再び利用する社会(自然の循環のはたらきを生かす社会)の実現を
目ざす。

重要 132 [リサイクル]

次の文の下線部ⓐに関連して，資料は，1995年に成立した法律によって，ジュースなどの容
器に表示することが義務づけられたマークである。このマークを見て，循環型社会とはどのよ
うな社会のことか，答えよ。

[　　　　　　　　　　　　　　　　　　　　　　　　　　　　　　　　　　　　]

　新しい人権として，日本国憲法が保障する幸福追求権な
どをもとに環境権が主張されるようになった。国や地方公
共団体では環境保全のためにさまざまな法律や条令を制定
しⓐ循環型社会をつくる取り組みが進められている。

資料

PET

133 〉[環境問題]

次の会話文は，先生と美香さんと満男さんが，食料問題について会話した内容の一部です。会話文を読み，各問に答えなさい。

先生：2015 年国際連合総会で持続可能な開発目標(SDGs)が採択されました。世界には解決しなければならない様々な問題があります。そのうちの食料問題について，資料をもとに考えましょう。

美香：食料問題を世界規模で考えてみると，**資料Ⅰ，Ⅱ**から［　　イ　　］という問題がわかります。また，**資料Ⅲ，Ⅳ**から，州別の人口に対する穀物生産量を比較すると，一人あたりの穀物生産量は（　ロ　）が最も少なく，食料不足のおそれがあると思います。

満男：私たちの日常生活で，食品の流れについて考えてみると，**図Ⅰ**のように，不要となった食品は処分施設に送られることになります。しかし，**図Ⅱ**のような取り組みを行うことができれば，［　　ハ　　］といったことが期待できるのではないかと思います。

先生：そうですね。**図Ⅱ**のような取り組みを行うことは，世界規模の食料問題の改善につながってきますね。でもそのためには，迅速に輸送する手立て等が必要ですね。

---

(1) 会話文の［　イ　］にあてはまる内容を，**資料Ⅰ，Ⅱ**から読み取って書け。また，（　ロ　）にあてはまる州の名称を書け。

イ［　　　］

ロ［　　　　　　　　　　　　］

資料Ⅰ　世界の食料廃棄の状況

・食料廃棄量は年間約 13 億トン（人の消費のために生産された食料のおよそ 3 分の 1 を廃棄）

(国連食糧農業機関(FAO)資料から作成)

資料Ⅱ　世界の食料不足人口

・世界の食料不足人口　2016 年推計　約 8 億 1,500 万人

(2018/19 年版「世界国勢図会」から作成)

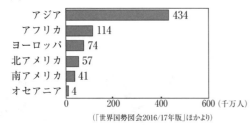

資料Ⅲ　州別の人口

(「世界国勢図会2016/17年版」ほかより)

資料Ⅳ　州別の穀物生産量

(「世界国勢図会2016/17年版」ほかより)

(2) 会話文の［　㈧　］にあてはまる内容を，図Ⅰ，Ⅱから読み取れることを関連づけ，「廃棄する量」と「援助」の語句を使って書け。

[　　　　　　　　　　　　　　　　　　　　　　　　　　　　　　　　　　]

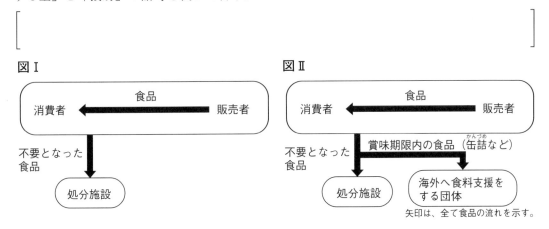

図Ⅰ

```
        食品
消費者 ◀━━━━━ 販売者

不要となった
食品
   │
   ▼
┌─────────┐
│ 処分施設 │
└─────────┘
```

図Ⅱ

```
        食品
消費者 ◀━━━━━ 販売者

不要となった      賞味期限内の食品（缶詰など）
食品
   │              │
   ▼              ▼
┌─────────┐  ┌──────────────┐
│ 処分施設 │  │ 海外へ食料支援を│
└─────────┘  │ する団体       │
             └──────────────┘
```
矢印は，全て食品の流れを示す。

---

134 〉[日本の環境政策]

次の文章は，ひろし君とお父さんの環境問題についての会話の一部です。これを読んで，あとの問いに答えなさい。

> ひろし：今日，学校で①日本の環境政策や②環境問題について勉強したよ。ところで，お父さんは地球温暖化防止のための国際会議が，京都で開かれたのは知っている？
>
> 父　　：二酸化炭素などの□□□□ガスの排出削減を，先進工業国などに義務づけた議定書が採択された会議だったな。
>
> ひろし：日本も□□□□ガスの削減目標があることが分かったよ。
>
> 父　　：だから，これからは，地球温暖化の防止に向けて，国，企業，地域，市民がいっしょになって取り組むことが必要なんだ。

(1) ①日本の環境政策の基盤となる，1993年に制定された法律の名称を書け。

[　　　　　　　　　　　　]

(2) ②環境問題について，日本で取り組まれている内容として適切でないものを，次のア～エの中から1つ選び，記号を書け。　　　　　　　　　　　[　　　　]

ア　ガソリンや石炭などには，環境への負荷に応じて税金をかける環境税が導入されている。

イ　貴重な自然や歴史的環境をまもるための，ナショナルトラスト運動が行われている。

ウ　循環型社会をめざして，資源の再生利用・再使用やゴミの抑制などが行われている。

エ　太陽光発電，風力発電，ハイブリッドカーなどの開発や普及が進められている。

(3) □□□□に共通して入る語を書け。　　　　　　　　　[　　　　　　　　]

ガイド　(1)国の環境対策をさらに進めるため，1967年の公害対策基本法にかわり制定された。
　　　　(3)地球温暖化の原因となっている気体の総称である。

最 高 水 準 問 題 ————————————————————————— 解答 別冊 p.36

135 次の文章を読んで，あとの問いに答えなさい。 　　　　　　　　　　　　（京都・東山高）

　日本の公害問題は，古くは明治維新期にさかのぼる。この時期の日本は，早く西洋に追いつくために地租改正・官営模範工場の設立・国立銀行設立など，政府主導の資本主義政策を展開していた。その過程で官営工場や政商が発展し，公害発生へと結びついていった。1879 年には①「足尾銅山鉱毒事件」が発生し，これは日本の公害の原点といわれている。

　公害問題の本格化は高度経済成長期で，四大公害をはじめ全国で被害が相次いだ。政府は 1967 年に公害対策基本法を制定し，②「7 つの公害」を規定した。しかし，この法律には「経済との調和」条項が含まれており，事実上産業優先という状態が継続した。

　1993 年の地球サミットを受け，日本でも公害対策基本法が改正され，新しい法律が制定された。また，1997 年には③環境アセスメント法が制定され，地球サミット以降の公害行政は大きく変化した。

　今日では，公害問題が環境問題に変化し，国内だけの問題にとどまらず地球規模での取り組みに変わってきている。2015 年，温室効果ガス削減などをめざす新たな枠組みとして「パリ協定」が採択され，2020 年 1 月から実施されている。

　21 世紀に入り，リサイクル関連法が次々と制定された。なかでも 2001 年改正のリサイクル法では，④「3 つの R」の促進が明記されている。

(1) 下線部①について，「足尾銅山鉱毒事件」に関わりの深い事柄や人物を **A 群**から，公害発生場所を **B 群**から，**B 群**で選んだ場所を **C 群**の地図の中から選んだとき，正しい組み合わせとなるものを，表の**ア～キ**の中から 1 つ選び，記号で答えよ。

[　　　　　]

A 群　a　古河鉱業　　b　田中正造　　c　ダイオキシン　　d　オゾン層破壊

B 群　e　北上川　　f　神通川　　g　渡良瀬川　　h　阿賀野川　　i　北上川

C 群　地図

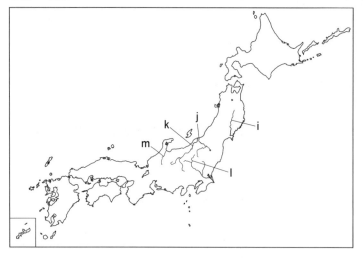

	A群	B群	C群
ア	a	e	m
イ	a	e	l
ウ	b	g	l
エ	b	g	k
オ	c	f	k
カ	c	f	j
キ	d	h	i

⑵　下線部②について,「7つの公害」に含まれないものは何か,次のア〜エの中から1つ選び,記号
で答えよ。　　　　　　　　　　　　　　　　　　　　　　　　　　　[　　　　　]

　　ア　土壌汚染　　イ　大気汚染　　ウ　森林破壊　　エ　地盤沈下

⑶　下線部③について,環境アセスメントを説明した文として,正しいものを,次のア〜エの中から
1つ選び,記号で答えよ。　　　　　　　　　　　　　　　　　　　[　　　　　]

　　ア　「公害対策基本法」に基づく,大気汚染・水質汚濁などから人々の健康を守り環境を保全する
　　　ためにつくられた基準のこと。

　　イ　新たな公害・環境問題や地球環境問題の進展に対処すべく,環境政策の基本を示すものとして
　　　制定された法律のこと。

　　ウ　故意・過失の有無にかかわらず,公害に関する損害が発生すればその賠償の責任を負うこと。

　　エ　環境に影響を及ぼす事業に対して,事前に調査・予測・評価し,その意見を反映させ,計画変
　　　更などを行うこと。

⑷　下線部④について,「3つのR」はリデュース,リサイクルとあと1つは何か。カタカナで答えよ。
　　　　　　　　　　　　　　　　　　　　　　　　　　　　　　　　[　　　　　]

136　次の文章は,1993年に公布された環境基本法を説明したものである。文章中の　①　と
　　②　にあてはまる最も適切な語を漢字で答えなさい。　　　　　　(市立千葉高)
　　　　　　　　　　　　①[　　　　　]　②[　　　　　]

> 　環境基本法の第1条には,次のように,この法律を制定した目的が規定されている。
> 「(中略)・・・環境の保全に関する施策を総合的かつ計画的に推進し,もって現在及び将来の
> 国民の健康で　①　な生活の確保に寄与するとともに人類の福祉に貢献することを目的と
> する。」
> 　つまり,憲法第25条が規定する　②　権の理念を反映しているのである。

135　⑴足尾銅山鉱毒事件とは,1880年代に足尾銅山から流出する鉱毒のため,下流域に被害が起きた事件。
136　環境基本法は,公害対策基本法にかわって制定された法律。

137 次の図を見て，あとの問いに答えなさい。

（鹿児島・樟南高）

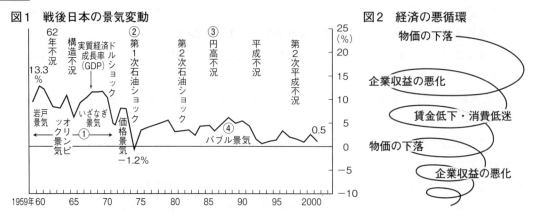

(1) 図1の①の期間は，実質で年平均10%程度の高い経済成長率が見られた。この期間の説明として誤っているものを，次のア～エの中から1つ選び，記号で答えよ。　　　[　　　　]

ア 所得倍増をスローガンにかかげ，技術革新や重化学工業化が進められ，太平洋ベルトを中心に巨大なコンビナートが建設された。

イ バナナやはちみつ入りのケーキが最高のおやつで，マイカーも登場し，テレビ・洗濯機・冷蔵庫は「三種の神器」とよばれ人気商品となった。

ウ CDプレーヤーが誕生し，音楽も気軽に楽しめるようになり，コンビニで米も買えるようになり生活も便利になった。生活環境にかかわる社会資本もいっそう充実し，ノーマライゼーションの考え方も一般化し，バリアフリーも実現して暮らしやすくなった。

エ 産業構造に大きな変化が起こり，第一次産業で働く人が激減し，地方や農村での都市化が進み，過疎の問題が社会問題化した。

(2) 図1の②の第1次石油ショックの原因となったものを，次のア～エの中から1つ選び，記号で答えよ。　　　[　　　　]

ア 第1次中東戦争　　イ 第2次中東戦争　　ウ 第3次中東戦争　　エ 第4次中東戦争

(3) 図1の③の円高不況の原因となったものを，次のア～エの中から1つ選び，記号で答えよ。　　　[　　　　]

ア 輸入産業が大きな打撃を受けたから。　　イ 海外旅行などが不利になったから。
ウ 輸出産業が大きな打撃を受けたから。　　エ 石油などの原材料費があがったから。

(4) 図1の④のバブル景気が崩壊したあとには，図2のような経済の悪循環が起こった。このことを何というか，カタカナで答えよ。　　　[　　　　]

解答の方針

137 (4)図2は不況のため物価が下がり，それがさらに不況を招くという悪循環を表している。

1　次の文章を読んで，あとの問いに答えなさい。　　　（佐賀・東明館高）(各5点，計20点)

　日本経済は，1955年頃から1973年頃までの間，平均で10%をこえる成長を続けた。a 1968年には，GNPで，日本は世界第2の「経済大国」になった。日本の企業は，海外から新技術を取り入れ，設備投資を行った。政府は，b 所得倍増計画を進め，企業に資金を供給した。1971年に，アメリカのニクソン大統領が，ドルと金との交換を停止する声明を出した。このことで，ドルが暴落した。さらに，1973年には，石油輸出国機構(OPEC)が原油価格を4倍に引き上げると，c 第一次石油危機が起こった。1973年に，固定為替相場制が崩壊し，変動為替相場制に突入した。1985年のプラザ合意の頃には，1ドルが240円だった相場が，1986年には，1ドルが150円台と（　ア　）になり，（　ア　）不況と呼ばれる深刻な不況になった。

(1)　下線部 a について，この時，世界第1の「経済大国」だったのはどの国か，国名を答えよ。

(2)　下線部 b について，この計画をおし進め，国民一人当たりの所得を2倍にすると発表した首相の名前を，次の①〜④から1つ選び，番号で答えよ。
　　①　佐藤栄作　　②　吉田茂　　③　池田勇人　　④　田中角栄

(3)　下線部 c について，第一次石油危機とその影響について述べた文として誤っているものを，次の①〜④から1つ選び，番号で答えよ。
　　①　1974年には，日本経済は戦後初めてのマイナス成長になった。
　　②　政府や企業が努力をして，省エネへの取り組みや，産業構造の転換がはかられた。
　　③　「狂乱物価」と呼ばれる事態になり，物価が急激に下がった。
　　④　不況と原油価格の高騰により，スタグフレーションになった。

(4)　文中の（　ア　）に当てはまる語句を答えよ。

(1)		(2)	(3)	(4)	

2　次の文章を読んで，あとの問いに答えなさい。　　　（國學院大栃木高）(各10点，計30点)

　基本的な経済活動である生産と消費のうち，生産をになっているのが ⓐ企業である。企業は土地，設備，ⓑ労働力といった生産要素をもとに，さまざまな財やサービスを生産している。企業は，農家や個人商店などの個人企業と，複数の人々が資金を出し合ってつくる法人企業に大きく分けることができる。法人企業のなかでも代表的なものが ⓒ株式会社である。

(1)　下線部 ⓐ について説明している次の①と②の短文の正誤を判定し，正しいものを記号で答えよ。
　　①　日本全体の企業数のおよそ9割が大企業である。
　　②　近年では，情報通信技術の発達により情報通信分野でのベンチャー企業の数が増えている。
　　ア　①のみ正しい　　イ　②のみ正しい　　ウ　①と②が正しい　　エ　①と②は誤り

(2) 下線部ⓑについて，労働者を保護する法律として，労働基準法，労働組合法，□□□□□法の3つは労働三法と呼ばれる。□□□□にあてはまる語句を漢字で答えよ。

(3) 下線部ⓒについて説明している文として正しいものを，ア～エの中から1つ選び，記号で答えよ。

ア　株式を購入した人は，その会社が倒産した場合，負債の全額を返済する必要がある。

イ　株式会社は利潤の一部を配当として，株式を購入した人全員に平等に配分する義務を負う。

ウ　独占禁止法には，おもに発行された株式の売買の方法が定められている。

エ　株主総会で株主の持つ議決権の大きさは，所有している株式の数によって決まる。

(1)		(2)		(3)	

---

3 次の文章を読んで，あとの問いに答えなさい。　　　　　　（茨城・常総学院高）(各10点，計20点)

> 　世界の国々は，中央銀行という特別な働きをする銀行をもっている。日本の中央銀行は日本銀行で，様々な役割を果たしている。日本銀行は，まず，私たちが使っている紙幣を発行できる唯一の「□ a □銀行」である。また，国が資金を出し入れする「政府の銀行」でもある。さらに，「銀行の銀行」として，金融機関だけに資金を貸し出したりするだけでなく，<u>銀行が保有する国債などを増やしたり減らしたりすることで通貨量を調整し，景気や物価を安定させる役目も果たしている</u>。

(1) 文中の□ a □に当てはまる語を漢字で書け。

(2) 文中の下線部に関連して，次の図1は，不景気の時に日本銀行が行う金融政策を示している。これを説明したあとの文中の□ b □～□ d □に当てはまる語の組み合わせとして正しいものを，ア～クの中から1つ選び，記号で答えよ。

図1

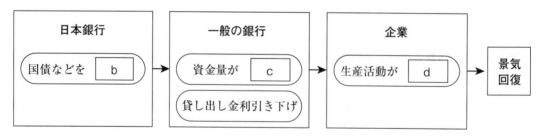

日本銀行は不景気の時，一般の銀行が持つ国債などを　b　。一般の銀行は資金量が　c　ので，企業に貸し出そうとし，貸し出し金利を引き下げる。企業は資金を調達しやすくなり，生産活動が　d　ので，景気は回復へと向かう。

ア	b	買う	c	増える	d	活発になる
イ	b	買う	c	増える	d	縮小する
ウ	b	買う	c	減る	d	活発になる
エ	b	買う	c	減る	d	縮小する
オ	b	売る	c	増える	d	活発になる
カ	b	売る	c	増える	d	縮小する
キ	b	売る	c	減る	d	活発になる
ク	b	売る	c	減る	d	縮小する

(1)		(2)	

4 次の各問いに答えなさい。　　　　　　　　　　　（國學院大栃木高改）(各 5 点，計 30 点)

(1) 次の文章を読んで，①〜③の問いに答えよ。

　　ⓐ市場経済では，ⓑ需要量と供給量の関係で価格が上下することによって，買い手や売り手の双方にとって適正な価格が成り立つとされている。ただし，業種によっては，少数の企業が市場を支配し，価格競争が弱まり，買い手が不当に高い価格で代金を支払わされることもある。このような，不当な価格設定をなくすために，日本では独占禁止法が設けられ，　c　委員会がその運用にあたっている。

① 下線部ⓐの説明として，正しいものを次のア〜エの中から１つ選び，記号で答えよ。
　ア　需要量が供給量を上回ると物価が上がり続けるデフレーションが起こる。
　イ　資本主義経済では，社会全体の需要量と供給量の動きに応じて好況と不況がくりかえされる。
　ウ　好況のときには，商品の売れ行きが落ち，企業の生産が減り，家計の所得が減少する傾向がみられる。
　エ　少数の企業が市場を支配している場合，その少数の企業が足並みをそろえて決める価格のことを市場価格という。

② 下線部ⓑについて，ある商品の市場において，需要量・供給量と価格のの間に右の図のような関係が成り立っているとする。その商品を買いたい人が多くなったときに，どの曲線がどちらの方向に移動するか。適当なものを次のア〜エの中から１つ選び，記号で答えよ。

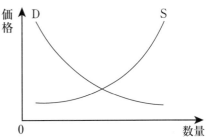

ア　D曲線が右の方向に移動する。

イ　D曲線が左の方向に移動する。

ウ　S曲線が右の方向に移動する。

エ　S曲線が左の方向に移動する。

③　文中 | C | にあてはまる語句を漢字で答えよ。

(2)　学校を卒業して企業に就職し，同じ企業で定年まで勤め続ける雇用形態を ⬚ 雇用という。 ⬚ にあてはまる語句を漢字で書け。

(3)　地方公共団体の財政に関する説明として適当なものを次のア〜エの中から1つ選び，記号で答えよ。

ア　全国の都道府県のなかで最も歳入が少ないのは神奈川県である。

イ　地方公共団体間の格差を減らすために国庫支出金が配分されている。

ウ　地方税や，公共施設の使用料など，地方公共団体が独自に集める財源を自主財源という。

エ　2020年の地方債の発行残高は，2000年の2倍以上にふくらんでいる。

(4)　次の文章の | ① |・| ② | にあてはまる語句の組み合わせとして正しいものを次のア〜エの中から1つ選び，記号で答えよ。

> | ① | は，ひとりでは立場の弱い労働者が団結し，賃上げや労働環境の向上などについて，使用者と交渉するための組織である。使用者と意見が合わない場合には， | ② | を行うこともある。

ア　①—労働組合　②—クーリングオフ　　イ　①—労働組合　②—ストライキ

ウ　①—労働委員会　②—ストライキ　　　エ　①—労働委員会　②—クーリングオフ

(1)	①		②		③	
(2)			(3)		(4)	

1 次の各問いに答えなさい。 （東京・筑波大附高）(1)・(2)・(4)・(5)各5点, (3)10点, 計35点

グラフは，東京都国分寺市の平成26年度一般会計歳入決算のものである。

(1) 私たちが一般に「消費税」と呼んでいる税は，国税としての消費税と地方消費税を合わせたものであり，現在の税率は消費税6.3%，地方消費税1.7%（＝合計8%）となっている。2019年10月1日からは，この税率が消費税7.8%，地方消費税2.2%（＝合計10%）に引き上げられた。もし，国分寺市に対する地方消費税交付金の額が，地方消費税の税率引き上げに比例して増えるとすると，地方消費税交付金の額は，平成26年度よりもどのくらい増えると考えられるか，次のア～カの中から最も近い金額を選び，記号で答えよ。

グラフ

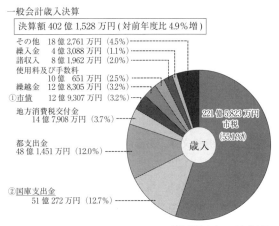

一般会計歳入決算

決算額 402億1,528万円(対前年度比4.9%増)

その他 18億2,761万円（4.5%）
繰入金 4億3,088万円（1.1%）
諸収入 8億1,962万円（2.0%）
使用料及び手数料
　　10億651万円（2.5%）
繰越金 12億8,305万円（3.2%）
①市債 12億9,307万円（3.2%）
地方消費税交付金
　14億7,908万円（3.7%）
都支出金
48億1,451万円（12.0%）
②国庫支出金
51億272万円（12.7%）

221億5,823万円
市税
(55.1%)
歳入

出典(国分寺市ウェブサイトより)

ア 約740万円　　イ 約4,400万円　　ウ 約4.4億円

エ 約7.4億円　　オ 約19億円　　カ 約34億円

(2) グラフの下線部①は，小・中学校，下水道などの公共施設整備のために，市が長期に借り入れた資金のことをさす。このように，地方公共団体が借金をしてでも公共施設を整備してよいと考えられる理由として，最も適切なものを，次のア～オの中から1つ選び，記号で答えよ。

ア 経済的に豊かな市民と，豊かでない市民の負担を公平にするため。
イ 公務員である市民と，民間の企業で働く市民の負担を公平にするため。
ウ 現在の市民と，将来の市民の負担を公平にするため。
エ 子どものいる世帯と，子どものいない世帯の負担を公平にするため。
オ 債権者(資金を貸した側)と市の負担を公平にするため。

(3) グラフの下線部②は，市税とは異なり，地方公共団体が自主的に集めている財源ではない。このような種類の財源のことを何と呼ぶか，漢字で書け。

(4) 国がある地方公共団体の住民のみを対象に，新しい税を導入する場合には，新たな法律の制定が必要であり，これには，日本国憲法第95条が関わってくると考えられる。第95条の A ， B にあてはまる語を答えよ。

第95条 一の地方公共団体のみに適用される特別法は，法律の定めるところにより，その地方公共団体の住民の投票においてその A の同意を得なければ， B は，これを制定することができない。

(5)　日本における労働者の権利や労働問題に関する次のア～オの中から，正しいものを1つ選び，記号で答えよ。

ア　男性と女性の間に賃金格差はあるが，企業規模による賃金格差はない。

イ　雇用対策のために国が設けた施設は，労働基準局と労働基準監督署である。

ウ　労働基準法で，労働時間は週44時間以内と定められている。

エ　労働者には，休日以外に給料を保障されて休める年次有給休暇の制度がある。

オ　裁量労働時間制のもとでは，始業と終業の時間を自分で設定しなければならない。

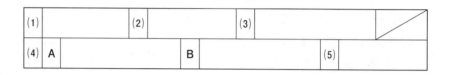

(1)		(2)		(3)		
(4) A			B		(5)	

2　次の会話文は，ある中学校の社会の授業中のようすです。この文章を読み，あとの問いに答えなさい。　　　（愛媛・愛光高）((1)①，(2)～(4)各6点，(1)②各3点，(5)各5点，計45点)

先　生：皆さんには，現在の日本の労働に関わる最近のニュースについて，図書館で新聞記事を探してもらうことにしていました。今日は，その成果を発表してもらいます。Aさんはどんなニュースを見つけましたか。

Aさん：私は「働き方改革法成立　残業規制　高プロも創設」（『愛媛新聞』2018年6月30日）という記事を見つけました。働き方改革関連法が国会で成立して，働き過ぎを防ぐために，ₐ残業時間に上限が設けられるそうです。上限を超えて働かせた企業には罰則も設けられることになるようです。

Bくん：僕も同じニュースが気になりました。Aさんのあげた点以外では，働き方改革では，正規雇用労働者とᵦ非正規雇用労働者の間の不合理な待遇差を解消するための法整備もおこなうとありました。

先　生：たしかに，最近過労死などのニュースもあるけれど，昔から日本の労働時間は長いことが指摘されています。非正規雇用についてもずっと問題になっていますね。働き方改革というのは，働く人にも企業にも大きな影響がある問題ですね。Cくんが見つけた記事はどんなものですか。

Cくん：僕は「骨太の方針：閣議決定　外国人に新在留資格　労働者受け入れ拡大」（『毎日新聞』2018年6月16日）という記事を見つけました。꜀介護の現状などの人手不足に対応するため，外国人労働者の受け入れを拡大する方針をとるそうです。

Dさん：私は「介護離職，年9.9万人　女性が8割近く　17年総務省調査」（『朝日新聞』2018年7月14日）という記事を見つけました。家族の介護のために仕事を辞める人が毎年たくさん出るということです。ますます高齢化が進む中で，今後どうなるのだろうと心配になりました。この記事では，出産や育児を理由に仕事を辞めた人も過去5年間に100万人以上もいるとあります。

Eさん：私の見つけた記事では「育休，2年間取得可能に10月から暮らしこう変わる」（『朝日新聞』2017年9月30日）とあります。　Ｘ　法が改正されて，育児休業は最長2年間取れることになったんですって。これで育児によって仕事を辞める女性が減るといいと思います。

先　生：_dこれらの問題には，急速な少子高齢化が背景にありそうですね。

(1) 下線部 a に関連して，以下の設問に答えよ。

　　① 労働時間や賃金の最低基準を定めた法律の名称を答えよ。

　　② 上の法律では，1日の労働時間と週の労働時間の上限は，原則何時間と定められているか，それぞれ答えよ。

(2) 下線部 b について述べた次の文のうち，誤っているものを次のア～ウの中から1つ選び，記号で答えよ。

　　ア　女性の労働者のうち，半分以上が非正規雇用労働者となっている。

　　イ　非正規雇用労働者は，労働組合に加入することはできない。

　　ウ　非正規雇用労働者には，アルバイトも含まれている。

(3) 下線部 c に関連して，日本でも，介護や看護などの分野で外国人労働者の受け入れが始まっている。近年，特定の国や地域との間で，関税や非関税障壁の撤廃などだけでなく，投資や人々の移動なども含めた，幅広い経済関係の強化をめざした協定が結ばれている。この協定は何と呼ばれているか，アルファベット3字で答えよ。

(4) 文中の空欄 　X 　 に当てはまる語句を書け。

(5) 下線部 d に関連して，以下の設問に答えよ。

　　① 次の文の空欄に当てはまる語句を答えよ。

　　国民負担率とは，国民が負担する 　A 　 と，社会保障負担との合計が国民所得に占める割合で示される。社会保障負担とは国民が負担する 　B 　 である。少子高齢化が進行すると，年金や医療，介護などの社会保障の給付額は増大する。その一方で，増大する高齢世代を支える現役世代の人口が減り，社会保障費の財源となる 　A 　 と 　B 　 の収入が減少することが予想される。

---

　　② 次の図は各国の国民負担率を示しており，図中の(あ)～(え)は，日本，アメリカ，ドイツ，スウェーデンのいずれかである。日本に当てはまるものを1つ選び，記号で答えよ。

国民負担率の国際比較（2013 年）

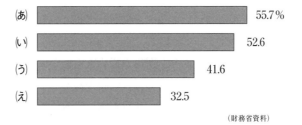

（財務省資料）

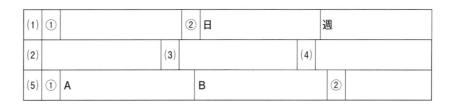

(1)	①		② 日		週	
(2)			(3)		(4)	
(5)	①	A		B	②	

3 次の文章を読み，あとの問いに答えなさい。 (大阪・清風南海高)((1) 10点, (2)・(3)各5点, 計20点)

　現在日本では，全人口に占める高齢者の割合が【　a　】％を超える超高齢社会を迎えている。また，一人の女性が産む子どもの数を示す合計特殊出生率はおよそ【　b　】であり，出生数が死亡数を下回るため，人口の減少が進んでいる。このような少子高齢化が進むと，(c)社会保障にかかるお金が増え，現役世代の負担が重くなる。現在でも高齢者一人分の基礎年金をおよそ【　d　】人の現役世代で支えていることになっており，負担はどんどん増していくことが予想される。人口減少社会が向き合う課題として，労働者が不足するということが挙げられる。労働者が不足すると，生産力が低下し，企業の収益や(e)政府の税収が減るということが考えられる。社会には働きたくても働くことができない人がいるので，このような人たちが仕事を通じて社会に参加していけるようにすることが必要である。

(1) 文中の空欄【　a　】【　b　】【　d　】に入る数字の組み合わせとして正しいものを，次のア～クの中から1つ選び，記号で答えよ。

	ア	イ	ウ	エ	オ	カ	キ	ク
a	14	14	14	14	21	21	21	21
b	0.9	0.9	1.4	1.4	0.9	0.9	1.4	1.4
d	2	4	2	4	2	4	2	4

(2) 下線部(c)に関して，日本の社会保障について述べた文として適当でないものを，次のア～エの中から1つ選び，記号で答えよ。

　ア　公的扶助は，生活に困っている人に対して，生活費や教育費を支給することで最低限度の生活を保障するしくみである。

　イ　社会福祉は，障がい者・高齢者などの社会生活を営む上で不利な立場の人に対して，施設の運営や介護サービスの提供などを行うしくみである。

　ウ　社会保険は，病気・高齢・失業に直面した人に，すべて国からのお金で医療や所得を保障するしくみである。

　エ　公衆衛生は，感染症を予防したり環境衛生を改善することで，国民の健康を維持・促進するしくみである。

(3) 下線部(e)に関して，日本の所得税について述べた文として正しいものを，次のア～エの中から1つ選び，記号で答えよ。

　ア　納税者と担税者が一致する直接税であり，所得が高い人も低い人も同じ金額の税金を負担することになるので，所得の低い人ほど所得に占める税負担が高くなる。

　イ　納税者と担税者が一致しない間接税であり，所得が高い人も低い人も同じ金額の税金を負担することになるので，所得の低い人ほど所得に占める税負担が高くなる。

　ウ　納税者と担税者が一致する直接税であり，所得が高くなるほど高い税率が適用されるので，所得の高い人ほど高い金額の税金を負担することになる。

　エ　納税者と担税者が一致しない間接税であり，所得が高くなるほど高い税率が適用されるので，所得の高い人ほど高い金額の税金を負担することになる。

(1)		(2)		(3)	

16 国際社会と世界平和

重要 138 [国家の主権と国際社会]

次の問いに答えなさい。

(1) 資料Ⅰは，日本も調印した国連海洋法条約に基づく，国家の主権がおよぶ範囲について，模式的に表したものである。資料中の（　）にあてはまる数値はどれか，次のア～エの中から1つ選び，記号で答えよ。　[　　　]

ア　12　　イ　20
ウ　120　　エ　200

資料Ⅰ

領空
（　　）海里
領土　　　領海　　　排他的経済水域　　　公海

(2) 国家が互いに主権を尊重し合っていくうえで守らなければならない，条約などの国家間のルールを何というか，答えよ。　[　　　　　　　]

(3) 資料Ⅱは，国際連合のある機関での会議のようすである。この機関は，国際連合のあらゆる活動について話し合うために，年1回定期的に開かれており，加盟しているすべての国家が平等に1票をもっている。この機関を何というか，答えよ。

[　　　　　　　]

資料Ⅱ

ガイド (2)国と国が結んだ条約のほか，長い間の慣行によって成立した国際慣習法の総称である。

重要 139 [EU]

次の問いに答えなさい。

(1) EU（ヨーロッパ連合）は中央銀行をつくり，加盟各国の通貨を廃止し共通の通貨を使うことによって，ヨーロッパ全体が1つの国内市場のようになってきている。この共通の通貨を何というか，カタカナで書け。　[　　　　　　　]

(2) EU加盟国の，EUに加盟した時期と，1人あたりのGNI（国民総所得）との関係について，図Ⅰと図Ⅱから読み取れることを，簡潔に答えよ。

[　　　　　　　　　　　　　　　　　　　　　]

図Ⅰ　各国がEUに加盟した時期

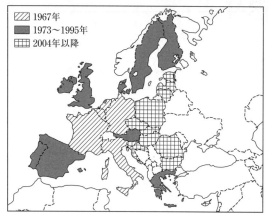

- ◫ 1967年
- ■ 1973〜1995年
- ▦ 2004年以降

(注) マルタは、2004年に加盟した。ドイツは、旧西ドイツの加盟年を示している。1992年以前は、EC（EU発足の基礎となった組織）に加盟した年である。イギリスは2020年1月に離脱。

図Ⅱ　各国の1人当たりのGNI（2018年）

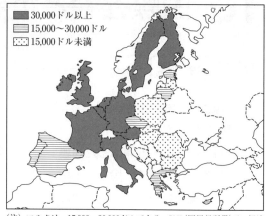

- ■ 30,000ドル以上
- ▤ 15,000〜30,000ドル
- ⬚ 15,000ドル未満

(注) マルタは、15,000〜30,000ドルである。GNI（国民総所得）は、経済力を示す指標である。

『世界国勢図会2019/20』より

(3)　東南アジアの国々は、地域内の安定と発展を求めて、[　　　　]を設立し、経済や政治の分野で協力を進めており、2020年現在の加盟国は10か国となっている。[　　　　]にあてはまる言葉として適当なものを、次のア〜エの中から1つ選び、記号で答えよ。　[　　　　]

ア　ASEAN　イ　EU　ウ　NAFTA　エ　NIES

---

140 〉[地域協力]

次の文章を読んで、あとの問いに答えなさい。

> 　地域主義の動きは、東南アジア地域でも活発になっています。東南アジアでは、1967年に地域内の安定と発展を求めて①ASEANが設立され、加盟国を増やしながら、経済と政治の分野で協力を進めています。ASEANや、②中国,台湾,韓国などの東アジアの各国・地域はめまぐるしい経済成長を遂げてきました。そのため、1989年より地域内の協力をはかる③APECが開催され、これに日本も参加しています。
>
> 　北米大陸では、1992年にアメリカ、カナダ、メキシコが④NAFTAを締結し、加盟国間で（　a　）をなくしたり、投資がおこなえるようにしたりしていました。

(1)　文中の下線部①のASEANの日本語名称を何というか答えよ。　[　　　　　　　　]

(2)　文中の下線部②は、発展途上国のうち、1970年代以降に急速に工業化を進めた国や地域をいう。この中でアジアにおける韓国,台湾,香港,シンガポールの4か国・地域を何というか答えよ。　[　　　　　　　　]

(3)　文中の下線部③のAPECの日本語名称を何というか答えよ。　[　　　　　　　　]

(4)　文中の下線部④のNAFTAの日本語名称を何というか答えよ。　[　　　　　　　　]

(5)　文中の（　a　）に当てはまる語句は何か、次のア〜エの中から1つ選び、記号で答えよ。

[　　　　　　　　]

ア　消費税　イ　所得税　ウ　関税　エ　相続税

ガイド　(2)アジアにおける新興工業経済地域のことである。

重要 141 [国際連合と日本]

国際社会における日本の役割に関連して，次の問いに答えなさい。

(1) 日本は，国際連合の機関の非常任理事国になっている。常任理事国5か国と非常任理事国10か国から構成されている，国際連合の機関名を答えよ。 [   ]

(2) 資料は，日本が参加した国際連合の活動とその様子をまとめたものである。このような活動を何というか，答えよ。 [   ]

資料 日本が参加した国際連合の活動

国	期　間	おもな内容
カンボジア	1992年9月〜1993年9月	停戦状態の確認，道路の補修など
東ティモール	2002年2月〜2004年6月	道路の補修など
南スーダン共和国	2012年1月〜2017年5月	道路の補修など

(3) 日本は，非核三原則を宣言して，平和主義を貫いている。その三原則を答えよ。

[

]

(『日本国勢図会　2020/21年版』などより作成)

142 [国際社会と日本]

日本の国際貢献について述べた次の文の（　A　），（　B　）に当てはまるものを，それぞれあとのア〜オの中から1つ選び，記号で答えなさい。

A [   ] B [   ]

　政府は，国際社会に貢献するため，青年海外協力隊を組織し派遣するなどの（　A　）を行っている。2018年に日本が行った（　A　）の総額は173億ドルであり，世界の中でも高い水準にある。また，民間の団体である（　B　）による海外援助や国際協力の活動も活発になっている。（　B　）は，貧困や飢餓，環境破壊，人権侵害などの問題に対して，国籍のちがいや国境をこえて自発的に活動している。

ア　UNICEF(国連児童基金)　　イ　PKO(平和維持活動)　　ウ　NGO(非政府組織)
エ　WHO(世界保健機関)　　オ　ODA(政府開発援助)

143 [政府開発援助]

先進国ではアフリカの国々をはじめ発展途上国にODA(政府開発援助)を行っています。次の資料1と資料2は主要援助国(上位5か国)のODAに関するグラフである。この2つの資料から読み取れることとして最も適当なものを，次のア〜エの中から1つ選び，記号で答えなさい。

[   ]

資料1　主要援助国のODA実績の推移

（百万ドル）

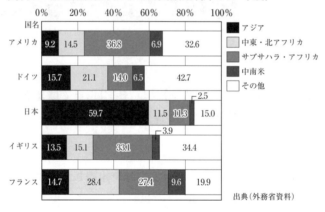

（外務省資料）

資料2　主要援助国の地域別支援割合（2017年度）

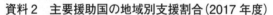

出典（外務省資料）

ア　アメリカの2017年度のODA実績は日本の2倍近くあるが，2017年度の中東・北アフリカ，サブサハラ・アフリカ地域への支援割合は日本より小さく支援額も日本より少ない。

イ　イギリスの2017年度のODA実績は5か国の中で2番目であり，2017年度の中東・北アフリカ，サブサハラ・アフリカ地域への支援割合は5か国の中で最も大きく支援額は2番目に大きい。

ウ　日本の2017年度のODA実績は約18,000百万ドルであり，2017年度の中東・北アフリカ，サブサハラ・アフリカ地域へ支援額は5か国の中で最も少ない。

エ　イギリスと日本の2017年度のODA実績はほぼ同じであるが，2017年度の中東・北アフリカ，サブサハラ・アフリカ地域へ支援額は日本の方が多い。

> **ガイド**　日本のODAの支援額は世界トップクラスである。日本は他の先進国と実績額と地域別の支援割合にどのような違いがあるか，注意して答える。

最 高 水 準 問 題 ——————————————————————— 解答 別冊 p.42

144 次の問いに答えなさい。 (京都・同志社高)

(1) 日本が参加している地域的な経済統合の組織を，次のア～エの中から1つ選び，記号で答えよ。

[   ]

ア UNCTAD　イ AFTA　ウ APEC　エ NAFTA

(2) 国際連合に関して正しいものを，次のア～エの中からすべて選び，記号で答えよ。

[   ]

ア 国連総会が採択する勧告は，加盟国に対して強制力を持たない。

イ 安全保障理事会の常任理事国は，任期や改選がなく，拒否権を持っている。

ウ 安全保障理事会は，侵略国に対する軍事行動をとるよう加盟国に求めることはできない。

エ 日本はこれまで国連の平和維持軍(PKF)に参加してきた。

145 次の問いに答えなさい。 (東京・中央大附高)

(1) 次の文中の空欄に入る語句の組合せとして正しいものを，ア～エの中から1つ選び，記号で答えよ。

　　1989年，冷戦の象徴であったベルリンの壁が崩壊した。その後30年以上が経過し，世界はグローバル化するとともに，地球規模の新たな問題を生み出してきた。その1つが，深まる南北格差である。国際連合の関連機関である世界貿易機関(　a　)は自由貿易を推進してきたが，その一方で深刻化する南北問題に対して国連児童基金(　b　)などによる救済が行われている。そのほかにも，各国政府による政府開発援助(　c　)や非政府組織(　d　)による多岐にわたる援助が世界中で行われている。

[   ]

ア　a―WHO　　b―UNHCR　　c―AU　　　d―NPT

イ　a―WFP　　b―UNCTAD　c―OPEC　　d―NPO

ウ　a―WTO　　b―UNICEF　　c―ODA　　d―NGO

エ　a―WTI　　b―UNESCO　　c―OECD　　d―NATO

(2) 下の表は上記文中のある「国際連合」への地域ごとの加盟国数の推移を示している。表中の(　b　)(　c　)にあてはまる地域として正しいものをア～クの中から1つ選び，記号で答えよ。

[   ]

	(a)	(b)	(c)	(d)	(e)
1945年	9	4	14	22	2
1960年	23	26	26	22	2
1970年	29	42	27	26	3
1980年	36	51	29	32	6
2014年	39	54	51	35	14

ア　b―アジア　　　c―アフリカ　　　イ　b―アフリカ　　c―アジア

ウ　b―アフリカ　　c―ヨーロッパ　　エ　b―ヨーロッパ　c―アフリカ

オ　b―アフリカ　　c―南アメリカ　　カ　b―アジア　　　c―ヨーロッパ

キ　b―南アメリカ　c―アフリカ　　　ク　b―ヨーロッパ　c―アジア

解答の方針

145 (2) b・c は，加盟国数が大きく増えている年に注目し，世界情勢と照らし合わせてみる。

146 次の年表を見て，あとの問いに答えなさい。

年	で き ご と
1946	国際連合「原子兵器廃絶」決議
1954	アメリカがビキニ環礁で水爆実験実施
1955	ラッセル・（ ① ）宣言(核戦争に伴う人類の破滅を警告)
	②第1回原水爆禁止世界大会
1963	部分的核実験禁止条約調印(米・英・ソ)
1968	（ ③ ）条約調印(米・英・ソ)
1972	戦略兵器制限条約調印(米・ソ)
1987	（ ④ ）条約調印(米・ソ)
1991	（ ⑤ ）条約調印(米・ソ)
1996	（ ⑥ ）条約採択
1997	⑦対人地雷全面禁止条約採択
1998	インド・（ ⑧ ）が核実験実施
2002	戦略攻撃兵器削減条約調印(米・ロ)
2006	北朝鮮が核実験

(1) 空欄（ ① ）に入る人名を答えよ。　　　　　　　　　　　[　　　　　]

(2) 下線部②の会議が行われた日本の都市名を，漢字で答えよ。　[　　　　　]

(3) 空欄（ ③ ）～（ ⑥ ）に入る条約の組合せとして正しいものを，次のア～エの中から1つ選び，記号で答えよ。　　　　　　　　　　　　　　　　　　[　　　　　]

	③	④	⑤	⑥
ア	包括的核実験禁止	中距離核戦力全廃	核拡散防止	戦略兵器削減
イ	核拡散防止	戦略兵器削減	中距離核戦力全廃	包括的核実験禁止
ウ	包括的核実験禁止	核拡散防止	戦略兵器削減	中距離核戦力全廃
エ	核拡散防止	中距離核戦力全廃	戦略兵器削減	包括的核実験禁止

(4) 下線部⑦について,国際連合の常任理事国の中で調印していない国は3か国ある(2020年7月現在)。アメリカ・ロシア以外の国名を答えよ。　　　　　[　　　　　]

(5) 空欄（ ⑧ ）に入る国名を答えよ。　　　　　　　　　　[　　　　　]

(6) 原子力の平和的利用の促進と軍事的利用の禁止を目的とする国際連合の機関名の略称を，アルファベットで答えよ。

(京都女子高)

[　　　　　]

解答の方針

146 (2) 世界で初めて原子爆弾が投下された日本の都市である。

(6) 国際原子力機関の略称を入れる。

147 次の問いに答えなさい。　　　　　　　　　　　　　　　　　（東京・お茶の水女子大附高）

難 (1) 国際連合に関する機関について述べた文章として適切なものを，次のア〜エの中から1つ選び，記号で答えよ。　　　　　　　　　　　　　　　　　[　　　　　]

ア　UNICEF は，UNCTAD や UNEP と同様に国連総会によって設立された機関である。

イ　UNICEF は，教育や文化の振興を通じて，戦争の悲劇を繰り返さないという理念のもとに設立された機関であり，国連教育科学文化機関と訳されている。

ウ　ILO，FAO，IMF などの専門機関は，国連安全保障理事会の下部機関として設立され，国際平和の推進のために活動している。

エ　GATT は，経済社会理事会によって設立された機関で，ジュネーブに本部を置き，国際的な自由貿易の推進と，貿易紛争の処理を行っている。

(2) 子どもの貧困に関連して，次の図1と図2についての記述として適切なものを，あとのア〜オの中からすべて選び，記号で答えよ。　　　　　　　　　　　　　　　[　　　　　]

ア　デンマーク，スウェーデン，フィンランドは，1990 年代に子ども貧困率が増加したものの，2010 年の子ども貧困率はいずれも 9% 未満である。

イ　2010 年における北アメリカの国々の子ども貧困率を平均すると約 18% になる。

ウ　1990 年代に子ども貧困率が 3% 以上増加した国々はすべて，2010 年においても子ども貧困率が 10% を超えている。

エ　ヨーロッパにおける EU 加盟国以外で，2010 年に最も貧困率が低い国はノルウェーである。

オ　日本は 1990 年代に子ども貧困率が 2.3% 増加したものの，2010 年には子ども貧困率の低い上位 3 分の 1 の国に含まれている。

図1　国別子ども貧困率（%）（2010 年）

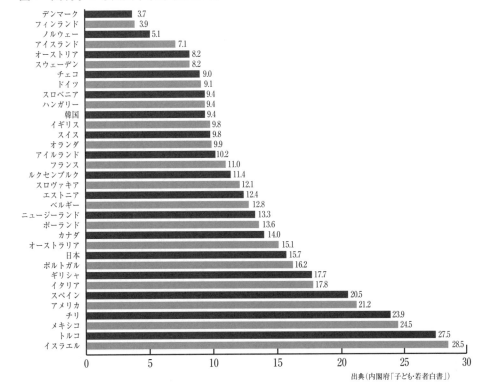

出典（内閣府「子ども・若者白書」）

図2　1990年代の国別子ども貧困率の増減（%）

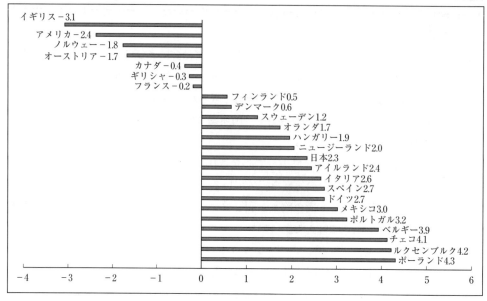

UNICEF Innocenti Research Centre "Child Poverty in Rich Countries 2005" より
（注）子ども貧困率：平均所得の半分以下の家庭で暮らす子どもの割合

---

148 テロや紛争について，次の問いに答えなさい。

難 (1) 地球規模で生じるテロに関連して述べた文として正しくないものを，次のア～エの中から1つ選び，記号で答えよ。　　　　　　　　　　　　　　　　　　　　　　　　　　　（東京・筑波大附駒場高）

　　　　　　　　　　　　　　　　　　　　　　　　　　　　　　　[　　　　　]

ア　イギリスでおこった地下鉄爆破などの同時多発テロでは，外国人を含む多数の死傷者が出た。

イ　エルサレム帰属をめぐる第4次中東戦争直後から，イスラエルではパレスチナ人による自爆テロが頻発するようになった。

ウ　「9.11同時多発テロ」に象徴されるように，平和な暮らしが行われているはずの非戦闘地域でも，テロが起こるようになってきた。

エ　テロをなくすには，一国の利益を優先するのではなく，国連の場などを利用しながら多国間で国際的な課題を調整し，同時に，世界の経済格差をなくすため，貧しい人々の暮らしを改善していく努力が必要とされている。

(2) 紛争などによって迫害を受け，自国を捨てざるを得なくなった人々を何というか。漢字2字で答えよ。　　　　　　　　　　　　　　　　　　　　　　　　　　　　　　（広島大附高）

　　　　　　　　　　　　　　　　　　　　　　　　　　　　　　　[　　　　　]

解答の方針

147 (2)イ. 北アメリカとあるのでカナダ・アメリカ・メキシコの貧困率を平均する。ウ. 貧困率が3%以上増加した国を図2から選び出し，図1に照らし合わせる。

17 地球社会と国際協力

標 準 問 題 ──────────────────────────── (解答) 別冊 p. 43

149 [環境問題①]

次の文章を読んで，あとの問いに答えなさい。

> 右の写真は，南極や北極の保護および氷河の保護を訴え，地球温暖化という世界的な①環境問題に関心を持たせることを目的として， ② の国と3つの地域で「極地保護切手」として発行された切手の1つである。

(1) 下線部①に関して，地球の上空には，太陽からの紫外線を吸収し地上の生物を保護する役割を果たす層があり，この層はフロンガスなどにより破壊されているといわれている。この層を何というか，答えよ。 [　　　　　]

(2) ② には「極地保護切手」を発行した国の数が入り，それは世界の国の数のおよそ5分の1にあたる。 ② にあてはまる数字は次のどれか。ア～エの中から1つ選び，記号で答えよ。 [　　　　　]

ア 19　　イ 39　　ウ 59　　エ 79

重要 150 [環境問題②]

地球規模の環境問題について，次の問いに答えなさい。

(1) 右の写真は，酸性雨などの影響により立ち枯れた森林のようすを示したものである。このような被害が多くみられる地域として，最も適当なものを，下の地図中のア～エの中から1つ選び，記号で答えよ。 [　　　　　]

(2) 次ページの表は，アメリカ，インド，中国，日本における，世界全体の二酸化炭素排出量に対するそれぞれの国の二酸化炭素排出量の割合の推移と，1人当たりの二酸化炭素排出量の推移を示したものである。このうち，日本にあたるものはどれか，表中のア～エの中から1つ選び，記号で答えよ。 [　　　　　]

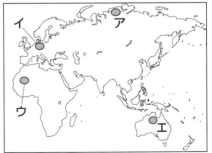

表　主な国の二酸化炭素排出量の割合と1人当たりの二酸化炭素排出量

	年代	ア	イ	ウ	エ
二酸化炭素排出量の割合の推移(%)	1990年	23.4	10.3	5.1	2.6
	2017年	14.5	28.3	3.4	6.6
1人当たりの二酸化炭素排出量の推移(t)	1990年	19.20	1.86	8.43	0.61
	2017年	14.61	6.67	8.94	1.61

（『世界国勢図会　2020/21年版』より作成）

151 〉[リオ宣言]

1992年にブラジルのリオデジャネイロで，地球規模で進む環境などの問題への対策を話し合うために，世界各国の代表などが参加して会議が開かれました。また，この会議では，参加各国などの話し合いによりリオ宣言が採択されました。この会議の名称を，次のア～エの中から1つ選び，記号で答えなさい。　　　　　　　　　　　　　　　　［　　　　　　］

　ア　国連貿易開発会議　　　　　イ　国連環境開発会議
　ウ　アジア太平洋経済協力会議　　エ　国連人間環境会議

152 〉[南南問題]

次の資料Ⅰは発展途上国とされているマレーシア，ケニア，南アフリカ共和国，グアテマラ，ベネズエラのそれぞれの国ごとの1970年と2017年の国内総生産を示したグラフです。また資料Ⅱは，それぞれの国の2017年におけるおもな輸出品をまとめた表です。この2つの資料から，発展途上国の間でどのような問題が生じたことがわかりますか。その問題の内容を簡単に答えなさい。

［
　　
　　
］

資料Ⅰ

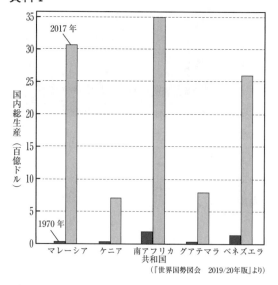

（『世界国勢図会　2019/20年版』より）

資料Ⅱ

国　名	おもな輸出品
マレーシア	機械類，石油製品，パーム油
ケニア	茶，野菜・果実，切り花
南アフリカ共和国	自動車，機械類，白金族
グアテマラ	野菜・果実，衣類，砂糖
ベネズエラ	原油，石油製品，有機化合物

（『世界国勢図会　2019/20年版』より作成）

ガイド　1970年と2017年とで各国の国内総生産に差が生じている。輸出品にも注目してみること。

最高水準問題 ————————————————————— 解答 別冊 p.44

153 次の文章を読んで，あとの問いに答えなさい。

（北海道・函館ラ・サール高）

　先進国の一員である日本は，①地球規模の環境問題を他の国々と協力して解決する責任がある。火力による発電は二酸化炭素を多く排出するという課題が，②原子力には事故や放射能への不安がともなう。図にみられるデンマークのように，風力をはじめとした自然エネルギーを利用した発電の普及が，環境のためにはますます期待される。

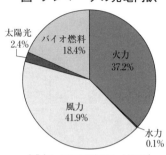

図 デンマークの発電内訳

太陽光 2.4%
バイオ燃料 18.4%
火力 37.2%
風力 41.9%
水力 0.1%

出典（データブックオブ・ザ・ワールド2020）

(1)　下線部①について，1992年に「地球サミット」とよばれる会議が開かれた。この会議が開かれた都市名を答えるとともに，その位置を，下の地図のア～オの中から1つ選び，記号で答えよ。

[　　　　　] [　　　　　]

(2)　下線部②について，1986年にチェルノブイリの原子力発電所が爆発し，大量の放射能物質が国内に限らず，周辺国を汚染するという大事故が発生した。この発電所があった位置を下の地図のア～オの中から1つ選び，記号で答えよ。

[　　　　　]

難 (3)　右上の図について，デンマークの発電総量に占める風力発電の割合が41.9%もあることを，自然面に着目して説明せよ。

[　　　]

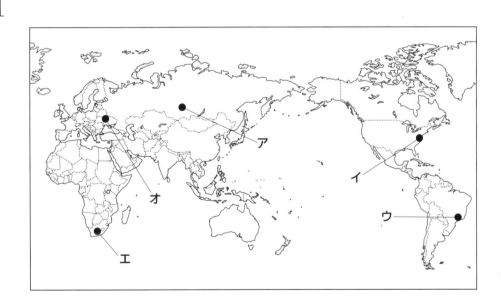

ア
イ
ウ
エ
オ

解答の方針

153 (3)デンマークはどこにあるか。国土の位置と風力発電に必要な風との関連から考える。

154 里美さんは主な地球環境問題の原因と影響を図にまとめ，その解決策の1つを資料から考え
ました。次の図や資料を見て，あとの問いに答えなさい。 (福岡県)

図

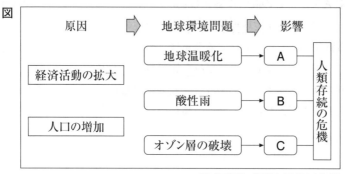

(平成21年版 『環境白書』等から作成)

資料

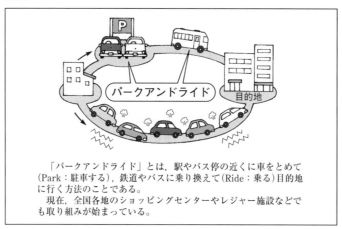

「パークアンドライド」とは，駅やバス停の近くに車をとめて
(Park：駐車する)，鉄道やバスに乗り換えて(Ride：乗る)目的地
に行く方法のことである。
　現在，全国各地のショッピングセンターやレジャー施設などで
も取り組みが始まっている。

(『こども環境白書2009』等より作成)

(1) 図中のA～Cにあてはまるものを，次のア～ウの中から1つずつ選び，記号で答えよ。

A [　　　　　] B [　　　　　] C [　　　　　]

ア　海面が上昇し，低地が水没する。

イ　有害な紫外線が増え，健康被害が出る。

ウ　木が枯れたり，建物や彫像が侵食されたりする。

(2) 地球環境問題の解決のための基本理念である「持続可能な開発(発展)」の考え方を，「保全」と
「将来」の語句を使って説明せよ。

[　　]

(3) **資料**は，「パークアンドライド」の取り組みを示している。この取り組みに期待できる効果を，「排
出量」と「地球温暖化」の語句を使って答えよ。

[　　]

解答の方針

154 (3) パークアンドライドによって，都市中心部へのマイカー規制が進めば，交通渋滞の緩和とともにどん
な効果が期待できるのか。「地球温暖化」がヒントになるはず。

1 社会科の公民分野の時間に，自由にテーマを設定して，テーマに関して班で調べ学習をして，後日，発表するという課題が与えられた。以下の文は発表した際の発言内容で，これらを読み以下の問いに答えなさい。（大阪・四天王寺高）⟨(2)・(4)各 10 点，(1)・(3)各 5 点，計 30 点⟩

　私たちの班は，環境問題などについて調べてみました。第二次世界大戦後から今日まで，日本や世界は環境問題について取り組んできた歴史があることがわかりました。日本では，1967 年，

　　A　　という法律が制定されました。なぜ，この時期にこのような法律ができたのかを調べてみました。この 1967 年という時期は，日本はa高度経済成長と呼ばれ，経済が著しく発展していました。経済成長を優先するあまり，水質汚濁や大気汚染の問題への対策がおろそかになっていたことが背景にありました。bその時代の背景と法律制定や行政のあり方などが密接にからんでいることがわかり，とても勉強になりました。1990 年代になると CO_2（二酸化炭素）の排出に関することも大きな問題となりました。1997 年には　　B　　が開催されるなど，国際的な取り決めもされました。また，ごみの増加も環境破壊の原因となってしまいます。近年では，c3R の取り組みを重視する傾向が強くなっていることも調べ学習の中でわかったことです。

(1)　班の発表の文中の空欄　　A　　と　　B　　にあてはまる語句の組み合わせとして正しいものを，下の①～⑥から 1 つ選べ。

　①　　A　一環境基本法　　　　B　一国連環境開発会議（地球サミット）

　②　　A　一環境基本法　　　　B　一国連人間環境会議

　③　　A　一環境基本法　　　　B　一地球温暖化防止京都会議

　④　　A　一公害対策基本法　　B　一国連環境開発会議（地球サミット）

　⑤　　A　一公害対策基本法　　B　一国連人間環境会議

　⑥　　A　一公害対策基本法　　B　一地球温暖化防止京都会議

(2)　下線部aに関連して，高度経済成長中に起こった次のア～ウを古いものから順番に並べかえよ。

　ア　東海道新幹線が開通し，東京オリンピックが開催される。

　イ　日本が国際連合に加盟する。

　ウ　大阪で万国博覧会が開催される。

(3)　下線部bに関連して述べた次のXとYの文の正誤を判断して，下の①～④から 1 つ選べ。

　X　消費者保護政策を推進するために，製造物責任法が廃止された。

　Y　消費者保護政策を推進するために，消費者庁が設置された。

　①　X―正　Y―正　　　②　X―正　Y―誤　　　③　X―誤　Y―正　　　④　X―誤　Y―誤

(4)　2 班の発表の文中の下線部cに関連して，3 R のうちの 2 つは「リデュース」と「リユース」であるが，残る 1 つは何か，カタカナで答えよ。

(1)		(2)	→	→	(3)		(4)	

2 次の会話文は，A中学校の社会の授業中のようすです。今回の授業は，生徒が提出したレポートの宿題に対して，先生が質問するというものです。この文を読んで，あとの問いに答えなさい。

（愛媛・愛光高）((1)〜(6)・(7)②各5点，(7)① 10点，計50点）

先　生：前回の授業で提出してもらった全員のレポートを読みました。テーマは「平和について」でしたね。今回の授業では，その中の二人のレポートを紹介したいと思います。まずは東くんのレポートです。「日本の平和と自衛隊」というテーマでした。なぜ，このテーマで調べようと思ったのですか。

東くん：昨年，いとこが自衛隊に入隊しました。そのいとこが，日本の平和のために働いていることが誇りだと言っていたので，自衛隊について調べてみたいと考えました。

先　生：なるほど。どんなことを調べたのですか。

東くん：まず自衛隊の成り立ちから調べました。もともとは1950年に勃発した[　1　]をきっかけに警察予備隊が発足し，これが後の自衛隊になっていきました。その後，日本の防衛のためにさまざまな活動をおこなってきましたが，A日本国憲法との関係でその存在や役割について，さまざまな意見があることもわかりました。

先　生：他に調べたことはありますか。

東くん：はい。自衛隊は自国の防衛だけでなく，災害時に救援活動をおこなうことも多くなってきました。また，国際連合がおこなう[　2　]活動へ参加するため，B自衛隊は海外に派遣され国際貢献もおこなっています。

先　生：調べてみて，何か感想はありますか。

東くん：自衛隊は日本の平和や安全に大きく貢献していると思います。しかし，自衛隊に任せるだけではだめで，国民一人ひとりが平和に対する意識を高めていくことが大切だと感じました。

先　生：ありがとうございました。では次に，南さんのレポートです。南さんのテーマは「地域紛争」ですね。なぜ，このテーマにしたのですか。

南さん：この前，インターネット上の動画を見ていて，偶然，C難民の生活について知りました。その難民の人たちは紛争の影響で，自分の故郷に住めなくなったそうです。平和が破壊された状態というのは悲惨だと感じました。それで，紛争について調べることにしました。

先　生：南さんは，世界のいろいろな地域の紛争を調べたようですね。

南さん：調べていくうちに，いろいろなことが原因となって紛争がおこるとわかりました。たとえばD宗教が原因となっているもの，貧困が原因で発生したもの，部族間の対立によっておこったものなど，さまざまです。

先　生：どうすれば紛争がおこらなくなると思いますか。

南さん：完全になくすことは難しいと思いますが，私なりにいくつか考えました。まずは先進国が，紛争発生国に対して中立の立場から，政治的にもE経済的にも貢献するべきです。そして次に，F世界全体で軍事力や武器を減らしていくことが重要だと思います。やはり軍事力や武器があるからこそ紛争が発生していると感じました。

先　生：なるほど。では最後に，何か感想はありますか。

南さん：はい。この問題に対して，あきらめずに世界全体で少しずつ取り組むべきだと思います。私自身，今後も世界各地の紛争を勉強し続けて，将来はこの問題に関わる仕事に就きたいと考えるようになりました。

⑴　文中の空欄[　1　]・[　2　]に当てはまる語句を書け。

⑵　下線部Aに関連して，日本国憲法の平和主義に関して述べた次の文を読み正しいものを次のア〜エの中から1つ選び，記号で答えよ。

　　ア　日本国憲法の前文には，平和のうちに生存する権利についての宣言が書かれている。

　　イ　日本国憲法の第9条には，自衛隊は外国からの侵略に備えるための戦力であると書かれている。

　　ウ　「もたず，つくらず，持ちこませず」という非核三原則は，日本国憲法の条文に書かれている。

　　エ　個別的自衛権だけでなく集団的自衛権も行使できるように，日本国憲法が改正された。

⑶　下線部Bについて，自衛隊が今までに派遣されたことがない国・地域を，次のア〜エの中から1つ選び，記号で答えよ。

　　ア　カンボジア　　イ　チェチェン　　ウ　東ティモール　　エ　南スーダン

⑷　下線部Cについて，おもに難民問題を取り扱う国際連合内の組織として正しいものを，次のア〜エの中から1つ選び，記号で答えよ。

　　ア　UNHCR　　イ　UNICEF　　ウ　UNCTAD　　エ　UNEP

⑸　下線部Dに関連して，第2次世界大戦以降，中東のパレスチナ地方では宗教が原因の1つとなっている紛争が続いている。それはおもに，どのような宗教間の対立か，正しいものを次の中から1つ選び，記号で答えよ。

　　ア　キリスト教と仏教　　　　　　イ　イスラム教とユダヤ教

　　ウ　ヒンドゥー教とキリスト教　　エ　仏教とイスラム教

⑹　下線部Eに関連して，先進国が発展途上国に対しておこなう援助や出資のことを政府開発援助（ODA）という。次の図はおもな国のODAの金額（純額）と，そのうちの贈与比率を示したものである。図中の①〜③はアメリカ，イギリス，日本のいずれかである。正しい組み合わせを，あとのア〜カの中から1つ選び，記号で答えよ。

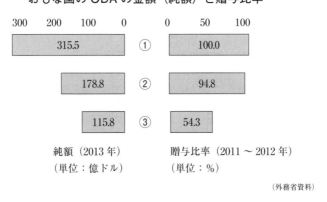

おもな国のODAの金額（純額）と贈与比率

純額（2013年）（単位：億ドル）　　贈与比率（2011〜2012年）（単位：%）

（外務省資料）

　　ア　①アメリカ　　②イギリス　　③日本

　　イ　①アメリカ　　②日本　　　　③イギリス

　　ウ　①イギリス　　②アメリカ　　③日本

　　エ　①イギリス　　②日本　　　　③アメリカ

　　オ　①日本　　　　②アメリカ　　③イギリス

　　カ　①日本　　　　②イギリス　　③アメリカ

(7)　下線部 F に関連して，第二次世界大戦後は通常兵器だけでなく，核兵器においても軍縮に向けた取り組みがなされている。これに関して，以下の問いに答えよ。

　①　1968 年に核拡散防止条約（NPT）が調印されたが，この条約の内容について，問題点を 30 字以内で説明せよ。

　②　2009 年にチェコのプラハで核兵器のない世界を目指す演説をして，ノーベル平和賞を受賞した人物を答えよ。

(1)	1		2		(2)		
(3)		(4)		(5)		(6)	
(7)	①						
	②						

3　次の問いに答えなさい。　　　　　　　　　　　　　　　　（和歌山県）（各 10 点，計 20 点）

(1)　国際連合に関し，主な機関の 1 つとして，世界の平和と安全を維持することを目的とした安全保障理事会があり，重要な決議は 5 か国の常任理事国と 10 か国の非常任理事国の投票により，採択されるか決まる。表はある決議案の投票結果を示したものである。採択に必要な 9 理事国の賛成投票があったにもかかわらず，この決議案は採択されなかった。採択されなかった理由を，「拒否権」という語を用いて，簡潔に書け。

表

	常任理事国	非常任理事国
賛成	3 か国	6 か国
反対	2 か国	3 か国
棄権	なし	1 か国

(2)　発展途上国では，NGO（非政府組織）などの機関によって，新しい事業を始めるために必要な少額のお金を貧困層に無担保で貸し出す取り組みが行われている。このように，貧困層に少額の融資を行い自立を促す金融を何というか，答えよ。

(1)	
(2)	

1 筑波大学附属駒場中学校の 3 年生は，個人や小グループで発展的な探究活動を行う「テーマ学習」に取り組んでいる。社会科の先生が担当する講座では，全体テーマを「オリンピック」として，生徒たちが各自の探究課題を設定した。次の文章は，生徒 A・B が探究の中間報告として先生に提出した原稿である。これらを読んで，あとの各問いに答えなさい。

〈東京・筑波大附駒場高〉((1)・(5)各 10 点，(2)～(4)・(6)各 5 点，計 40 点)

生徒 A　テーマ「オリンピズムの理念から歴史をみる」

　　五つの輪が重なり合うオリンピックのマークは，五つの大陸の連帯を意味している，と聞いたことがある。オリンピックは単なるスポーツ大会以上の理念をもっているようだ。その理念を知るためにオリンピック憲章(2017 年版)をみると，「オリンピズムの根本原則」として次のような条項が掲げられている。

　2．オリンピズムの目的は，人間の尊厳の保持に重きを置く平和な社会の推進を目指すために，人類の調和のとれた発展にスポーツを役立てることである。

(中略)

　6．このオリンピック憲章の定める権利および自由は，人種，肌の色，性別，性的指向，言語，宗教，政治的またはその他の意見，国あるいは社会的出身，財産，出自やその他の身分などの理由による，いかなる差別も受けることなく，確実に享受されなければならない。

　　ここでは，スポーツを人類の発展に役立つものとみなし，その先に差別のない平和な社会を実現しようとする理念が示されている。スポーツが担う課題としては大きすぎるようにも思えるが，オリンピックの実態はどうだろうか。

　　歴史的にみると，オリンピックは多くの戦争や国際関係の緊張と深く関わってきた。

　　1936 年，ナチス政権下で開催されたベルリン大会では，聖火リレーが初めて行われた。聖火はギリシャのオリンピアからブルガリア，ユーゴスラヴィア，ハンガリー，オーストリア，チェコスロバキアを経てベルリンに到着した。そのわずか 3 年後に，ドイツ軍はこのルートを南下する形で侵攻を行った。同じベルリン大会のマラソン競技では，日本国籍の孫基禎が 1 位となったが，新聞「東亜日報」が彼のユニフォームの日の丸を消す修正を施した写真を掲載し，社長以下 10 名以上が職場追放となる事件が起こった。

　　第二次世界大戦の終結後は，冷戦を背景にした国際関係の緊張からいくつものボイコットが行われた。たとえば，1980 年のモスクワ大会では，アメリカ大統領の呼びかけで日本を含む60 ヵ国以上が参加を取りやめた。4 年に一度しかない舞台を目標として懸命に練習を続けてきた選手たちは，どんな思いだったのだろうか。冷戦の時代は終わったが，直近の平昌大会でも，開催に先立って各国の政治家が不参加をほのめかす発言を行っており，大会ボイコットが政治的な駆け引きのカードになることがわかる。

　　このように，オリンピズムの理念を観点として，歴代のオリンピックがどのような問題に直面してきたのかを調べ，現代社会にもつながる課題を明らかにしていきたい。

生徒B　テーマ「ドーピングの何が問題なのか？」

オリンピックのたびに，ドーピングに関する報道を耳にする。生命科学や医療技術の発展に伴って，近い将来には通常の検査では見抜けない遺伝子ドーピングの登場も懸念されているという。スポーツの世界はドーピングにとても厳しい。しかし，様々な記事を読んでみると，ドーピングの合法化を主張する声も少なからずあるようだ。そういわれると，超人的な身体能力をもったアスリートの競技を見てみたい気もしてくる。オリンピック競技におけるドーピング問題について，先生に薦めてもらった次の資料を手がかりに考えてみたい。

資料

プロゴルフ選手のケイシーは，片足に障害があり，歩行に困難が伴った。そのため，ゴルフトーナメントでホール間の移動をする際，ゴルフ用カートを使いたいと申し出た。しかし，プロゴルフ協会はこの申請を認めなかった。そこで彼は，障害者の権利を守る法に基づき，カート使用の権利を認めるよう協会を相手に訴訟を起こした。結果，彼は勝訴した。この判決にあたって，裁判官はゴルフの歴史を分析するとともに，生理学の専門家の力を借りて，18ホールを歩くのに消費されるカロリーがきわめて少ないことを根拠の一つにしたという。

(マイケル・サンデル『これからの「正義」の話をしよう』の一部を要約)

(1)　人間の尊厳の保持に重きを置く平和な社会を実現するための取り組みに関連して述べた文として正しいものを，次のア～オの中から2つ選び，記号を答えよ。

ア　世界人権宣言は，国際的な人権保障を定めた初の条約として，その締約国にいくつもの法的義務を課している。

イ　女子差別撤廃条約の批准にあたって，日本では男女共同参画社会基本法が制定された。

ウ　障害者権利条約は，障害を理由にした差別を禁止し，障害者に対する合理的な配慮を求めている。

エ　貧しい人々に少額を融資するマイクロクレジットは，グラミン銀行などをきっかけとして広がりをみせている。

オ　国連難民高等弁務官事務所は，難民発生の原因となる地域紛争を調停する役割を担っている。

(2)　歴史上の戦争や国際関係の緊張に関連して述べた文として正しくないものを，次のア～キの中からすべて選び，記号を答えよ。

ア　カトリック教会の首長であるローマ教皇はイスラム勢力からの聖地奪還を呼びかけ，これに応えたヨーロッパの王や貴族が十字軍を編成して東方に遠征した。

イ　モンゴル軍は13世紀に2度にわたって九州に襲来したが，高麗やベトナムでモンゴルに反抗する動きが強かったこともあり，3度目の襲来はなかった。

ウ　イギリスはインド大反乱を鎮圧したのちにインドでアヘン栽培を開始し，それを中国に密輸したことがアヘン戦争勃発の原因になった。

エ　義和団の蜂起は日本やロシアなど列強の軍隊に鎮圧されたが，その後，ロシアが満州に大軍を留めていることに脅威を感じたイギリスは，日本と同盟を結んだ。

オ　スターリンを中心とする革命政府はドイツと単独で講和してソビエト社会主義共和国連邦を樹立したが，このことが資本主義諸国からの干渉戦争を招いた。

カ　朝鮮戦争は，アメリカ軍が韓国を支援する一方，中国からの義勇軍が北朝鮮を助けたために長期化し，1953年に至って休戦した。

　　キ　ベトナム戦争に対して世界各地で反戦運動が高まり，アメリカ合衆国は中国との関係を改善し
　　　たうえでベトナムから撤退した。

(3)　ベルリンに関連して述べた文として正しくないものを，次のア〜オの中から2つ選び，記号を答
　　えよ。

　　ア　ベルリンを首都とした国は，1980年のモスクワオリンピックをボイコットした。

　　イ　ベルリンを首都とした国では，ユダヤ人を強制収容所に送り，労働に従事させたり，虐殺した
　　　りした。

　　ウ　ベルリンを首都とした国では，ビスマルクが軍事力の強化を中心とする政策を進めた。

　　エ　ベルリンを占領したナポレオンがヨーロッパを支配する中で，自由・平等という革命の理念が
　　　広まった。

　　オ　ベルリンにはかつて冷戦の象徴であった壁があったが，ソ連の解体を契機に取り払われた。

(4)　冷戦に関連して述べた文として正しくないものを，次のア〜オの中から2つ選び，記号を答えよ。

　　ア　西側陣営の軍事同盟である北大西洋条約機構（NATO）は現在でも存続しており，日本も加盟
　　　している。

　　イ　朝鮮戦争の勃発後，日本ではGHQの指令で警察予備隊が作られ，後に自衛隊へと改組された。

　　ウ　日本では，保守勢力が1955年に自民党を結成し，アメリカの冷戦政策を批判する社会党など
　　　の革新勢力と対立した。

　　エ　モスクワオリンピックの前年，ソ連がアフガニスタンに侵攻したことで，東西対立が激化した。

　　オ　主要国首脳会議（サミット）は，冷戦の終結後にアメリカとロシアの提唱によって開始された。

(5)　生命科学や医療技術に関する課題や日本社会の対応について述べた文として正しいものを，次の
　　ア〜オの中から2つ選び，記号を答えよ。

　　ア　ある個体と同一の遺伝情報をもつ個体を作り出すクローン技術について，憲法が保障する学問
　　　の自由の観点から，法律で規制を設けることは認められない。

　　イ　医療技術や医薬品については，公益性の高さや生命の平等性の観点から特許権が認められない。

　　ウ　遺伝子診断によって遺伝性疾患のリスクなどを知ることができるが，その情報を理由にした差
　　　別につながることが懸念され，プライバシー保護が課題となっている。

　　エ　臓器移植の場合に限り脳死を人の死とみなす法律があるが，事前に本人の意思表示がなければ
　　　移植は認められない。

　　オ　1990年代まで続いた優生保護法は，優生思想にもとづいて障害者の不妊手術を行う施策の法
　　　的根拠となっていた。

(6)　生徒Bの報告にある資料の趣旨から導かれたドーピング問題についての主張として最も適切なも
　　のを，次のア〜オの中から1つ選び，記号を答えよ。

　　ア　ケイシーが提起した問題を解決するには，選手全員がカートを使えばいいのだ。同じように，
　　　ドーピングの場合も全面解禁してしまえば問題は解消するのではないか。

　　イ　カートを使うことと，薬物を用いたドーピングとでは大きな違いがある。それは，薬物には副
　　　作用の危険性があるということだ。その危険性から選手を守るために，ルールをつくって公的機
　　　関が介入することが必要なのではないか。

　　ウ　カートの使用もドーピングもお金がかかるものだ。自由化すれば経済的な格差が競技の結果を
　　　左右してしまうから，やはり規制は必要だ。だとすると，多くの資金がないとできないようなト
　　　レーニングも同様に規制すべきではないか。

エ　ホール間を徒歩で移動することはゴルフというスポーツの本質的な要素ではないから，カート
　　の使用は認められる。ならば同様に，その競技の本質を損なわない範囲での薬物使用は認められ
　　るのではないか。

オ　ケイシーはハンディキャップをもっていたが，彼だけでなく人間には生まれつき才能や身体能
　　力の差があるものだ。このカート使用を認めるならば，生まれつきの身体能力の差をうめるため
　　のドーピングも認めるべきではないか。

(1)		(2)		(3)	
(4)		(5)		(6)	

2　次の文章を読んで，あとの問いに答えなさい。　　　　　　　　(奈良・帝塚山高)(各5点，計20点)

　日本は，第二次世界大戦で他国へ大きな被害を与えた一方，①核兵器による大きな被害を受けた初
めての国となり，戦後，日本を非武装化するというGHQの方針のもと，戦争の放棄を憲法第9条に
定めた。しかし，東西冷戦が激化し，（　1　）戦争が始まると，GHQは方針を転換して日本に警察予
備隊をつくるよう支持した。この組織はのちに保安隊へと改組され，さらに現在の②自衛隊へと発展
した。歴代の内閣はこれまで，自衛隊は「自衛のための必要最小限度の実力」であり，憲法第9条2
項で保持が禁じられている「（　2　）」にはあたらないと主張しているが，学説では異論も多い。

(1)　（　1　）・（　2　）にあてはまる語句を漢字2字で答えよ。

(2)　下線部①について，核兵器に関して述べた文として最も適当なものを，次のア～エから1つ選び，
　　記号で答えよ。

ア　昨今の中国・北朝鮮情勢の変化にともない，日本は「核兵器を，もたず，つくらず，もちこま
　　せず」という非核三原則を放棄した。

イ　1968年，核保有国に核兵器をすべて放棄させ，また，非核保有国の新たな核保有も全面的に
　　禁止する核兵器不拡散条約(核拡散防止条約)が主要国の間で締結された。

ウ　1998年にインドとパキスタン，2006年などに北朝鮮が核実験をおこなうなど，核保有国は広
　　がりつつあるが，中国はいまだに核実験を成功させていない。

エ　1996年，地下も含めたあらゆる場所での爆発をともなう核実験を禁止する包括的核実験禁止
　　条約が国連総会で採択されたが，アメリカなどが批准していないため発効していない。

(3)　下線部②について，自衛隊の現状に関して述べた次の文A・Bの正誤の組み合わせを，下のア～
　　エの中から1つ選び，記号で答えよ。

A：内閣総理大臣は必ず文民でなければならないが，自衛隊を直接統括する防衛大臣は文民でなく
　　てもよいとされている。

B：専守防衛を厳守する自衛隊は海外派兵が禁止されているため，自衛隊員は国際協力活動への参
　　加ができない。

ア　A：正　B：正　　イ　A：正　B：誤
ウ　A：誤　B：正　　エ　A：誤　B：誤

(1)	1		2		(2)		(3)	

3 次の文章は 2018 年 8 月 9 日の長崎平和宣言です。これを読んで，以下の問いに答えなさい。

（京都・立命館宇治高）((1)・(4)・(5)各 5 点，(2)・(3)各 10 点，計 40 点)

　73 年前の今日，8 月 9 日午前 11 時 2 分。真夏の空にさく裂した一発の原子爆弾により，長崎の街は無残な姿に変わり果てました。（中略）

　1946 年，(a)創設されたばかりの国際連合は，核兵器など大量破壊兵器の廃絶を国連総会決議第 1 号としました。同じ年に公布された　Ａ　は，平和主義を揺るぎない柱の一つに据えました。広島・長崎が体験した原爆の惨禍とそれをもたらした戦争を，二度と繰り返さないという強い決意を示し，その実現を未来に託したのです。

　昨年，この決意を実現しようと訴え続けた国々と被爆者をはじめとする多くの人々の努力が実り，国連で　Ｂ　条約が採択されました。そして，条約の採択に大きな貢献をした(b)核兵器廃絶国際キャンペーンがノーベル平和賞を受賞しました。この二つの出来事は，地球上の多くの人々が，核兵器のない世界の実現を求め続けている証です。

　しかし，第二次世界大戦終結から 73 年がたった今も，世界には 14450 発の核弾頭が存在しています。（中略）

　(c)核兵器を持つ国々と核の傘に依存している国々のリーダーに訴えます。国連総会決議第 1 号で核兵器の廃絶を目標とした決意を忘れないでください。そして 50 年前に核不拡散条約で交わした「核軍縮に誠実に取り組む」という世界との約束を果たしてください。（中略）

　そして，世界の皆さん，　Ｂ　条約が一日も早く発効するよう，自分の国の政府と国会に条約の署名と批准を求めてください。（中略）

　今，朝鮮半島では非核化と平和に向けた新しい動きが生まれつつあります。南北首脳による「板門店宣言」や(d)初めての米朝首脳会談を起点として，粘り強い外交によって，後戻りすることのない非核化が実現することを，被爆地は大きな期待を持って見守っています。（後略）

（出典「2018 年 8 月 9 日　長崎平和宣言」より）

(1)　Ａ・Ｂに当てはまる語句を漢字 5 字でそれぞれ答えよ。

(2)　下線部(a)について，創設されたばかりの国際連合に加盟していなかった国を，次のア～エの中から 1 つ選び，記号で答えよ。

　ア　アメリカ　　イ　イギリス　　ウ　フランス　　エ　ドイツ

(3)　下線部(b)の略称をアルファベット大文字 4 字で答えよ。

(4)　下線部(c)のリーダーに当てはまらない人物を次のア～エの中から 1 つ選び，記号で答えよ。

　ア　マクロン　　イ　プーチン　　ウ　習近平　　エ　ドゥテルテ

(5)　下線部(d)で合意されていないものを，次のア～エの中から 1 つ選び，記号で答えよ。

　ア　朝鮮戦争時の米軍兵士遺骨の送還　　イ　朝鮮半島の非核化
　ウ　北朝鮮の体制保障　　　　　　　　　エ　朝鮮戦争の終戦，終結

(1)	A		B		(2)	
(3)		(4)		(5)		

□ 編集協力　有限会社藤井社会科デザイン事務所　株式会社翔文社　名越由実

□ デザイン　CONNECT

□ 図版作成　有限会社藤井社会科デザイン事務所　有限会社デザインスタジオエキス.

□ 写真提供　参議院事務局

＊編集上の都合により，一部の問題で図版や写真，統計を差し替えていますが，問題の内容やねらいを変更するものではありません。

シグマベスト
最高水準問題集
中学公民

本書の内容を無断で複写（コピー）・複製・転載することを禁じます。また，私的使用であっても，第三者に依頼して電子的に複製すること（スキャンやデジタル化等）は，著作権法上，認められていません。

編　者　文英堂編集部

発行者　益井英郎

印刷所　中村印刷株式会社

発行所　**株式会社文英堂**

　　〒601-8121　京都市南区上鳥羽大物町28
　　〒162-0832　東京都新宿区岩戸町17
　　（代表）03-3269-4231

©BUN-EIDO　2021　　　Printed in Japan

●落丁・乱丁はおとりかえします。

最高水準
問題集

中学公民
解答と解説

文英堂

1編　わたしたちの暮らしと現代社会

1　わたしたちが生きる現代社会と文化

001 (1) ① ボーダーレス
　　　② グローバル化
(2) ③ 少子高齢化
(3) ④ 多文化社会　⑤ NGO
(4) ⑥ 芸術　　　　⑦ 仏教
(5) ⑧ 伝統文化　　⑨ 年中行事
　　　⑩ 文化財

解説 (1) ① ボーダーとは国境のこと。レスは「〜がない」という意味。交通の発達やインターネットの普及などにより、世界の各地で起こっているできごとや情報がすぐに入ってくる時代でもある。
(3) ⑤ 非政府組織のこと。非政府組織の具体例としては、赤十字やアムネスティ゠インターナショナルなどがある。非政府、非営利の民間組織という点では NPO と共通しているが、国際的な活動をする団体を NGO とする場合が多い。
(4) ⑦ 日本人の宗教観には、宗教の多様性を認める寛容な面がある。
(5) ⑨ 日本のおもな年中行事は次のとおり。1月…正月。2月…節分。3月…ひな祭り、お彼岸。4月…花祭り(灌仏会)。5月…端午の節句。7月…七夕。8月…お盆。9月…お彼岸。11月…七五三。12月…大晦日。

得点アップ

▶NGO と NPO
①NGO…非政府組織のこと。1970年代のインドシナ難民問題のときから活動が盛んになってきた。開発途上国との関係をもつものも多い。赤十字もその1つである。
②NPO…非営利組織のこと。日本では、ボランティアを行う組織などをさすことがある。1995年の阪神・淡路大震災や2011年の東日本大震災では、多くの団体が活動している。1998年に NPO 法(特定非営利活動促進法)が制定され、その活動を後押ししている。活動分野としては、まちづくりの推進、保健・医療関係の活動、環境保護などがある。

002 (1) イ
(2) ア
(3) イ
(4) イ

解説 (1) ア. サンフランシスコ条約には中華人民共和国は調印しなかった。イ. ソ連との国交が回復したのは、1956年に発表された日ソ共同声明であり、これにより日本の国際連合加盟が実現した。エ. 沖縄が日本に返還されたのは、1972年に結ばれた沖縄返還協定による。
(2) ア. 朝鮮戦争による特需によって好景気をむかえたのは1950年代である。イの東海道新幹線が開通したのは東京オリンピック・パラリンピック初開催と同じ年の1964年、日本で最初の高速道路(名神高速道路)が開通したのは1965年である。ウは1967年、エは1968年のできごとである。
(3) 白黒テレビ・洗濯機・冷蔵庫は、「三種の神器」とよばれた。
(4) 石油危機は、アラブ諸国とイスラエルとの戦争である中東戦争をきっかけとして、1973年にアラブの産油国が石油価格の大幅な引上げなどを実施したことから、世界経済が大きく混乱したことをいう。

003 (1) 例 マスコミの情報をそのまま信じるのではなく、自分で判断し情報を選択することが必要である。
(2) 例 情報が操作される危険性があるので、情報に対する正しい判断力を養い、1つの情報だけに頼らない姿勢が大切である。
例 他人に知られたくない個人の情報が流される場合があるので、プライバシーの侵害に対して注意することが大切である。

解説 新聞やテレビなどの大量の情報伝達手段をマスメディアという。また、大量のかつ一方的な情報伝達をマスコミという。マスコミはマス゠コミュニケーションの略である。マスメディアは社会に対する影響力が大きいので、立法・行政・司法につぐ、第四の権力といわれることもある。大量の情報が毎日、絶え間なく流されている現代

社会においては，その情報が正しいかどうかを判断する力を養うことが非常に大切である。

ⓐ 得点アップ

▶情報通信技術(ICT)

　私たちは，パソコンや携帯電話などの通信機器を使って音楽を聴いたり，本を読んだり，ものを購入したりできる。さまざまな通信機器をネットワークに接続すれば自分のほしい情報を簡単に手に入れることができる。これが可能になったのは情報通信技術(ICT)の進歩による。ICT とは，Information and Communication Technology の略で，IT (Information Technology：情報技術)とほぼ同義語である。

　これまでも新聞，テレビ，ラジオ，電話，書籍などによって情報は発信されてきた。しかし，情報通信技術の発達によって，これまでにない膨大な情報が瞬時に世界中に行きかうようになっている。このような社会では，情報に流されるのではなく，プライバシーの侵害や知的財産権の侵害，他者への配慮などさまざまな観点から情報の真偽や価値を判断し，情報を読み解く力(メディアリテラシー，情報リテラシー)を養うことが大切になってくる。

004 ▶ (1) エ
(2) ア
(3) イ

解説 (1) エ．不正アクセス禁止法が施行されたのは 2000 年であり，違反件数は 2014 年には減ったものの，それ以降は増加傾向にある。

(2) ア．クレジットカードは「前払い」ではなく「後払い」である。

(3) 2020 年 10 月にも，コンピューターのシステム障害により東京株式市場で株式取引が終日停止という事態が起こった。

ⓐ 得点アップ

▶不正アクセス禁止法

　正式名は「不正アクセス行為の禁止等に関する法律」で，2000 年から施行されている。普及と利用がいちじるしいインターネットなどにおいて，他人のコンピューターに侵入し，デー

タを盗み出したり改造することを禁止している。法律に違反すると，懲役または罰金が科せられる。

〈内容の一部〉

第 3 条　何人も，不正アクセス行為をしてはならない。

第 11 条　第 3 条の規定に違反した者は，3 年以下の懲役又は 100 万円以下の罰金に処する。

005 ▶ ウ

解説 グローバル化(グローバリゼーション)とは，経済や政治，文化などの面で，人々のさまざまな活動が地球規模で展開し，その影響も地球規模で拡大するようになること。企業活動の競争も激しく展開されるので，選択肢のウのように国家間の経済格差がいちじるしく縮小することは考えにくい。

006 ▶ (1) ウ
(2) バブル経済

解説 (1) ウ．インターネットが利用されるようになったのは 1990 年代であり，利用者が急増したのは 2000 年代である。

(2) バブル経済は低い金利などを背景に，多くの資金を保有した企業や銀行が株や土地を過剰に購入したことから起こった。1990 年代に入ってからバブル経済は崩壊し，金融機関は多額の不良債権(回収が不可能になった債権)をかかえこみ，日本経済は長期の不況におちいった。

ⓐ 得点アップ

▶日本の高度経済成長

時期　1955 年ころから 1973 年

特徴　年平均で 10%をこえる経済成長

結果　資本主義国で第 2 位の経済大国に成長。新幹線や高速道路など社会資本の整備が進むなど，国民生活は向上した。一方，過疎と過密の問題や公害などの環境破壊をもたらした。

経済成長率

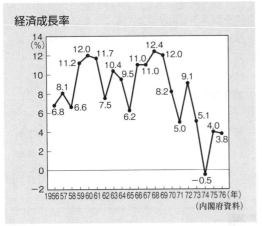

均等に分けるから，それぞれ450万円ずつとなる。

(4) エ.「夫の氏」ではなく「夫又は妻の氏」である。

---

⑦ 得点アップ

▶家族生活と憲法

日本国憲法第24条(家族生活における個人の尊厳と両性の本質的平等)

①婚姻は，両性の合意のみに基づいて成立し，夫婦が同等の権利を有することを基本として，相互の協力により，維持されなければならない。

②配偶者の選択，財産権，相続，住居の選定，離婚並びに婚姻及び家族に関するその他の事項に関しては，法律は，個人の尊厳と両性の本質的平等に立脚して，制定されなければならない。

※法律とは，民法のこと。

民法第900条　法定相続分

同順位の相続者が数人あるときは，その相続分は，次の各号の定めるところによる。

1　子及び配偶者が相続人であるときは，子の相続分及び配偶者の相続分は，各2分の1とする。

2　配偶者及び直系尊属が相続人であるときは，配偶者の相続分は3分の2とし，直系尊属の相続分は3分の1とする。

3　配偶者及び兄弟姉妹が相続人であるときは，配偶者の相続分は4分の3とし，兄弟姉妹の相続分は4分の1とする。

4　子，直系尊属又は兄弟姉妹が数人あるときは，各自の相続分は，相等しいものとする。ただし，父母の一方のみを同じくする兄弟姉妹の相続分は，父母の双方を同じくする兄弟姉妹の相続分の2分の1とする。

---

007 (1) ユニバーサル

(2) 例 年齢，性別，障害の有無などにかかわらず，すべての人が使いやすいように考えられたデザインのこと。

解説 ユニバーサルデザインとは，だれでも同じように使えるように商品などをデザインする考え方。バリアーフリーと基本的な考え方は同じである。

〈ユニバーサルデザインの例〉

非常口 　障がいのある人が使える設備

リンスと区別しやすいようにしたシャンプーの容器のギザギザや，ノンステップバスなどもある。

---

2 現代社会の見方・考え方

008 (1) 配偶者

(2) いとこ

(3) 3親等

(4) イ

(5) エ

解説 (3) 共通の祖先にさかのぼって数える。

(4) 遺産の相続については，遺言がない場合には配偶者が2分の1，子どもは残りの2分の1を均等に相続することが民法に規定されている。

　　よって，配偶者のBが1,800万円の2分の1(900万円)で，残りの900万円を子どものC，D2人で

---

009 (1) a…Y　　b…イ

(2) グラフ…右(左右を圧縮)

理由…平均寿命が伸びたため。

(3) 昇進[配置，募集，採用，教育訓練，福利厚生]などの差別

解説 (1) 近年，家族のありかたが変化し，核家族や単独世帯が増えている。また，少子高齢化が進み，65歳以上の老年人口も2019年には28％をこえた。

010 (1) ① 効率　　② 合意　　③ きまり
　　 (2) 例（公正とは，）特定の人が不当にあつかわれないようにすること。(23字)

解説 (1) ① 効率とは効果的にものごとを行うこと，無駄をなくすことである。話し合いは効率よく公正に行われなければならない。全員一致で合意を得られないときは，多数決がとられるが，このときにも少数意見も尊重することが大切である。

⊘ **得点アップ**

▶**対立と合意，効率と公正**

| 対立 | ⟹ | 合意 |

解決策 ⬆

効率	みんなの時間やお金，もの，労力を無駄なく使うようになっているか。
公正	みんなが参加して決定するようになっているか(手続きの公正さ)。機会，結果が不当になっていないか(機会や結果の公正さ)。

011 (1) エ
　　 (2) ウ
　　 (3) エ
　　 (4) エ
　　 (5) イ

解説 (4) 男女雇用機会均等法は，女性が男性と同等な条件で就職できることを目的として，1985年に制定された。日本が，女子差別撤廃条約を批准したことから制定された。具体的には，採用や昇進などについて男女の差別を禁止している。
　また，企業はセクハラ防止対策を行うことが義務づけられた。セクハラとは，セクシュアル＝ハラスメントのことで，職場などでの性的嫌がらせのことをいう。

労働基準法(1947年)と労働関係調整法(1946年)は憲法の制定に関連して制定された。
　育児・介護休業法は1995年に，育児休業法(1991年)が改正されて制定されたもので，介護休業制度が導入されたことによる。

(5) ア．昭和50年の年少人口は総人口約1.1億人の約25％だからおよそ3,000万人，平成17年の老年人口は総人口約1.3億人の約12％だからおよそ1,500万人。よって，「上回っている」が正しい。ウ．各年度とも生産年齢人口の割合が最も多いことから，人口数も最も多いことがわかる。エ．老年人口は，平成2年は昭和20年の約4.03倍である。オ．人口自体が減少し，また高齢化が進んでいるため，生産年齢人口も減り続けている。

012 問　X 例クラスごとに見ると，玉入れが多数になったクラスが最も多い。
　　　 Y 例全校生徒で見ると，綱引きと答えた生徒が最も多い。

解説 資料Ⅰ中の「玉入れ」に注目すると，クラス単位でみた場合，「玉入れ」が多数になったクラスが最も多いことがわかる。「綱引き」に注目すると，全校生徒でみた場合，「綱引き」と答えた生徒が最も多いことがわかる。

013 (1) ア
　　 (2) イ

解説 (1) ア．夫婦がそれぞれ別の氏を称する夫婦別姓は民法上認められていない。

(2) ア．高等学校の授業料の無償化は実施されたが，大学については低所得世帯に限り，所得に応じて減免される。ウ．子ども手当は15歳未満の子どもを対象としている。エ．母体保護法は母体の生命や健康の保護を目的とした法律であり，医師の数を増やすための法律ではない。

2編 人間の尊重と日本国憲法

3 人権思想の発達と民主政治

014 ▷ C→B→A

解説 A．世界人権宣言は1948年。 B．ワイマール憲法は1919年。C．フランス人権宣言は1789年。

015 ▷(1) イ
(2) ア

解説 (1) イ．知る権利は「新しい人権」の一つで，主権者である国民が国・地方公共団体などがもっている情報の公開を求める権利である。アの自己決定権は個人が自分の生き方や生活の仕方について自由に決定する権利，ウのプライバシーの権利は個人の私的な生活をほかの人に勝手に公開されない権利や，自分に関する情報がどのように利用されているのかを自分で管理する権利，エの環境権は生活する上で良好な環境を求める権利である。

016 ▷(1) ① エ ② カ ③ ア ④ キ
(2) 権利章典
(3) 法の精神
(4) 公共の福祉

解説 (3) モンテスキューは，国家の権力が一つの機関に集中すると，国民の権利がおかされやすいことから，権力を分立させるしくみとして三権分立をとなえた。
(4) 公共の福祉は，それぞれの人権の調和をはかり，すべての人々の幸福を実現するための原理である。

⑦ 得点アップ

▶人権思想家
ロック(イギリス)…『市民政府二論』
　人間は生まれながらに生命や自由などの権利を持っており，これらの権利を維持するために契約を結び国家をつくった。国家がこれらの権利を侵害するときには，国民には抵抗権がある。
モンテスキュー(フランス)…『法の精神』
　権力者がすべての権力を独占することは，権力の濫用につながる。そのため，権力を立法・行政・司法の３つに分けて，それぞれ別のものが担当することがよいとした。
ルソー(フランス)…『社会契約論』
　国家は個人の契約によって成立したものであり，人民は公共の利益をめざすことが必要であるとした。

017 ▷(1) 象徴
(2) イ
(3) ウ

解説 (2) ハッピーマンデー制度とは，祝日を月曜日に移動し３連休とするもの。成人の日，海の日，敬老の日，スポーツの日がこの制度の対象となった。
(3) 大日本帝国憲法はプロイセン(ドイツ)をモデルにつくられた。伊藤博文は，日本を天皇中心の国家にするため，君主権の強いプロイセンの憲法を参考にした。大日本帝国憲法が発布された時の総理大臣は黒田清隆。なお，憲法改正の指示をGHQから受けたのは幣原喜重郎。日本国憲法公布の時の総理大臣は吉田茂である。

018 ▷(1) 公共の福祉
(2) ア
(3) ワイマール憲法
(4) アイヌ文化振興法

解説 (4) アイヌ文化振興法では，アイヌ文化の振興が国と地方公共団体の責務とされた。アイヌ民族に対する差別をなくすよう働きかけた結果，制定された法律である。なお，アイヌ文化振興法は2019年にはアイヌ民族支援法に代わり，アイヌ民族が先住民族として法的に位置付けられた。

019 (1) 法律
(2) エ

解説▶ (1) 大日本帝国憲法のもとでは，主権者は天皇であるので，国民は臣民（しんみん）として扱われ，人権も法律によって制限されていた。

日本国憲法では，人権は侵すことのできない永久の権利として位置づけられた。日本国憲法は，世界における人権の歴史を受け継いでいる。
(2) アは日本国憲法，イはフランス人権宣言，ウはアメリカ独立宣言である。

4 日本国憲法の基本原則

020 (1) イ
(2) イ
(3) 例 核兵器を「持たず，つくらず，持ち込ませず」という非核三原則。

解説▶ (1) 日本国憲法の改正は，憲法第96条に定められている。改正には各議院の総議員の3分の2以上の賛成で国会が発議し，国民投票で過半数の国民の賛成を必要とする。
(2) 自由権には，身体の自由，精神の自由，経済活動の自由がある。イは経済活動の自由のうち，職業選択の自由にあたる。ア・エは社会権，ウは平等権である。
(3) 非核三原則は，1971年に国会で採択された日本の核兵器に対する基本原則。これを示した佐藤栄作首相は，のちにノーベル平和賞を受賞した。しかし，最近になって，実際には，米軍の核兵器が日本に持ち込まれていたということが明らかになった。

021 (1) 例 国の政治の最終的なありかたを決める権限のこと。
(2) ウ
(3) ア

解説▶ (2) ウ．最高裁判所は違憲審査を最終的に行う裁判所であることから，「憲法の番人」とよばれている。

⑦ 得点アップ
▶最高裁判所の主な違憲判決
○尊属殺人違憲判決 1973年
親殺しを重罰にするのは違憲。
○薬事法薬局距離制限規定違憲判決 1975年
距離により薬局の開設を制限することは違憲。
○衆議院議員定数違憲判決 1976年
議員定数の不平等は違憲。
○玉ぐし料違憲判決 1997年
公費で玉ぐし料を出すのは違憲。

022 ウ

解説▶ アの条約の締結は内閣の仕事。条約は，事前又は事後に国会の承認を必要とする（憲法第73条3号）。イの内閣総理大臣の指名は国会の仕事（憲法第67条）。エの国務大臣の任命は内閣総理大臣の権限である（憲法第68条）。日本国憲法は国民主権を旨とし，天皇は日本及び日本国の象徴として，国家の行事などを行う。このことを天皇の国事行為という。国事行為は憲法第7条に定められており，国会の召集，衆議院の解散，恩赦（おんしゃ），儀式などがある。これらの国事行為には内閣の助言と承認が必要であり，内閣が全責任を負うことになる。

023 (1) ① キ ② コ ③ エ ④ ク ⑤ カ
(2) ① 1972年 ② 普天間（ふてんま）基地
(3) 連合国軍最高司令官総司令部
(4) ① 労働基準法 ② 教育基本法
(5) ① エ ② イ
(6) 冷戦
(7) PKO協力法［国際平和協力法］

解説▶ (1) 中国では毛沢東らが指導する，中華人民共和国が1949年に成立した。1950年には北朝鮮（朝鮮民主主義人民共和国）が韓国（大韓民国）に攻めこみ，朝鮮戦争がはじまった。初めは，北朝鮮側が優勢で韓国は劣勢であった。この状況を見て，国連軍としてアメリカ軍が参加し，北朝鮮軍は劣勢になった。これに対して，中国は義勇兵を集め北朝鮮軍に味方した。その後，南北間で停戦が成立した。一方，アメリカは日本に対して，軍事的組織をつくるよう求め，日本は警察予備隊を発足させた。これが現在の自衛隊である。

(4) 労働基準法は，1947年に公布された。労働条件についての最低基準を定めている。このほかに，1945年に公布され，1949年に改正し施行された労働組合法，1946年に公布された労働関係調整法があり，これらを労働三法という。教育基本法は，教育の目的や教育の機会均等などについて定めているが，2006年に改正された。

(5) ①Aは年次が誤りで，公布が，1946年，施行が1947年である。Bは「一部」ではなく「すべて」。②Bの象徴天皇制は国民主権に含まれ，基本的人権の尊重が三原則の1つ。

(6) 冷戦とは第二次世界大戦後のアメリカを中心とする資本主義陣営とソ連を中心とする社会主義陣営の対立のことで，冷たい戦争ともいう。

(7) PKOとは，国連平和維持活動のこと。日本は憲法上の制約があり，従来自衛隊を海外に派遣することはできなかったが，1990年にイラクがクウェートに侵攻したことをきっかけに，1992年にPKO協力法（国際平和協力法）が成立した。

⑦ 得点アップ

▶労働三法

労働基準法…労働時間，賃金などの労働条件を規定

労働組合法…労働者の団結権を保障した法律

労働関係調整法…労使間の対立を調整

---

024 (1) ① 放棄　　② 交戦権
　　　 (2) ウ
　　　 (3) 国民

解説 (3) 憲法改正には，国民投票により，その過半数の賛成が必要（憲法第96条）。憲法改正のための具体的手続きを定めた国民投票法（日本国憲法の改正手続きに関する法律）が，2007年に成立。

---

025 (1) 憲法改正の際の国民投票，1つの地方公共団体にのみ適用される特別法の際の住民投票，最高裁判所裁判官の国民審査（などから1つ）
　　　 (2) 主権
　　　 (3) ウ，エ

解説 (1) 日本国憲法第95条の規定により，特別の地域だけに適応される法律（地方特別法）を制定する際は，住民投票での過半数の同意が必要である。例えば広島平和記念都市建設法などがある。

⑦ 得点アップ

大日本帝国憲法		日本国憲法
1889年	制定年	1946年
天皇主権	主権	国民主権
主権者・元首	天皇	象徴
兵役の義務	戦争など	戦争の放棄
天皇の統帥権		戦力は持たない
		交戦権の否認
臣民の権利	人権	基本的人権の保障
天皇の協賛機関	議会	国権の最高機関
天皇を助ける機関	内閣	行政権を担当
天皇の裁判所	裁判所	司法権の独立
		違憲審査権
規定なし	地方自治	地方自治を推進
天皇が発議，	憲法改正	国会の発議，
帝国議会での議決		国民投票での承認

(3) ウ．新たな憲法は，国民の名で，天皇が公布する。エ．国民投票法は2007年に成立した。

---

5 人権と共生社会

---

026 (1) 自由
　　　 (2) ア
　　　 (3) エ

解説 (2) イ．職業選択する権利は自由権である。ウ．アメリカ独立宣言ではなくワイマール憲法である。アメリカ独立宣言では自由権や平等権が認められた。エ．社会権は大日本帝国憲法では認められていなかった。

(3) エ．環境アセスメント（環境影響評価）とは，発電所やダムなどの大規模な開発をする場合に，開発によって周囲の環境にどのような影響をおよぼすのかを事前に調査・評価することをいい，「開発を行ったあと」ではない。また，その実施が義務づけられているのは環境アセスメント法である。公害対策基本法は，1993年の環境基本法の成立により廃止された。

027 (1) ウ
(2) 男女共同参画社会基本法

解説 (1) 日本国憲法第14条は，法の下の平等を定めており，あらゆる差別は許されない。
(2) 男女共同参画社会基本法は，男性と女性が対等な立場で，社会に参加し，利益と責任をともにする社会の実現をめざしている。1999年6月に公布。

028 ① 教育 ② 勤労 ③ 団結 ④ 団体交渉
⑤ 普通選挙 ⑥ 請願 ⑦ 表現の自由
⑧ 最低限度 ⑨ 拷問

解説 基本的人権について定めた憲法の条文である。問題文は，第3章の「国民の権利及び義務」の主な条文。①第26条，②第27条，③・④第28条，⑤第15条，⑥第16条，⑦第21条，⑧第25条，⑨第36条である。

029 (1) ウ
(2) ワイマール憲法
(3) 例 上位の法に反する下位の法は，効力を有しない。

解説 (3) 憲法に反する法律は効力を持たず，また，憲法や法律に反する条例は効力を持たない。憲法に基づいて国会は法律を制定し，憲法や法律に基づいて地方公共団体は条例を制定することが求められる。

⟳ 得点アップ

▶ワイマール憲法
1919年に制定されたが，1933年にナチスによって否定された。
第151条
経済生活の秩序は，すべての人に，人間に値する生存を保障することをめざす，正義の諸原則にかなうものでなければならない。各人の経済的自由は，この限界内においてこれを確保するものとする。
第159条
労働条件及び経済条件を維持し，かつ改善するための団結の自由は，何人も，そしてすべての職業について保障される。

030 イ

解説 信教の自由は，精神の自由であるからイの領域に属する。奴隷的拘束および苦役からの自由は身体の自由，居住・移転および職業選択の自由は経済活動の自由にあたる。自由権と社会権については，その内容を確認しておこう。

⟳ 得点アップ

▶自由権と社会権

自由権	社会権
身体の自由	生存権
奴隷的拘束および苦役からの自由，	
逮捕・拘禁などに対する保障　など	教育を受ける権利
精神の自由	勤労の権利
思想および良心の自由，	
信教の自由　など	労働基本権
経済活動の自由	
居住・移転および職業選択の自由など	

031 (1) ⓒ
(2) ① エ，ク ② カ ③ オ

解説 問題文の条文は次のとおり。ア．法定手続きの保障（日本国憲法第31条），イ．法の下の平等（憲法第14条），ウ．刑事補償（憲法第40条），エ．信教の自由（憲法第20条），オ．国民審査（憲法第79条），カ．居住・移転及び職業選択の自由（憲法第22条），キ．国および公共団体の賠償責任（憲法第17条），ク．集会・結社・表現の自由（憲法第21条），ケ．生存権（憲法第25条），コ．裁判を受ける権利（憲法第32条），サ．教育を受ける権利（憲法第26条）
(1) 1には「法」，2には「衆議院議員」，3には「公共」，4には「表現」，5には「能力」があてはまる。
(2) アは自由権のうち生命・身体の自由，イは平等権，ウ・キ・コは請求権，ケ・サは社会権。

---

032 (1) ① ポツダム　② GHQ　③ 3分の2
　　　 ④ 国会　　⑤ 国民投票
　　(2) ① 間接民主[代議]　② 国権
　　(3) ① ⓐ ウ　　ⓑ ア　　ⓒ イ
　　　 ② ⓐ 生存権　ⓑ 教育を受ける権利

解説 日本国憲法の成立は，ポツダム宣言の受諾に
始まる。すなわち，敗戦により，日本は新しい国
にふさわしい憲法をつくる必要があった。日本国
憲法は，大日本帝国憲法の改正という形をとって
いるが，国民主権・基本的人権の尊重・平和主義
という三原則から理解できるように，まったく新
しい憲法といえる。ただ，当時は占領下という状
況で憲法が制定されたため，憲法を改正しようと
いう動きもある。

---

033 (1) ウ
　　(2) ア

解説 (1)　ア．ワイマール憲法で明文化されたのは
社会権である。イ．憲法第24条で規定されてい
るのは，家族生活における個人の尊厳と両性の本
質的平等である。エ．憲法では第15条で「成年
者による普通選挙」が規定されており，また第
14条で「法の下の平等」が保障されているので，
「選挙人の資格についての規定はない」というの
が誤り。
(2)　イ．職業選択の自由は，経済活動の自由に分類
される。
　ウ．結社の自由は，精神の自由に分類される。な
お，結社とは，政治的な団体をいう。
　エ．黙秘権は，身体の自由に分類される。以前は，
拷問や脅迫などにより自白を強要された例がみら
れたが，日本国憲法では許されていない。

---

034 (1) エ
　　(2) イ
　　(3) ① イ　　② エ　　③ オ　　④ ア

解説 (1)　ア．教育を受ける権利は社会権に属する。
　イ．居住・移転の自由と職業選択の自由は，自由
権のうち経済活動の自由に属する。ウ．財産権の
不可侵は，自由権のうち経済活動の自由に属する。
(2)　イ．労働基本権についての内容であるから，参
政権ではなく社会権である。

▶新しい人権
①プライバシーの権利…個人の情報を同意なく
公開されない権利
②知る権利…国家や地方公共団体などの情報公
　開を求める権利
③環境権…良好な環境でくらす権利
④自己決定権…自分で自由に決めたり選んだり
　する権利。医療分野での，インフォームド・
　コンセント(十分な説明に基づく同意)はその
　例。

3編　わたしたちの暮らしと民主政治

6 国民の政治参加

---

035 (1) ウ
　　(2) エ
　　(3) ア

解説 (2)　国民は選挙を通して国会に自分の意見を
反映させるだけではなく，世論を形成して政治を
動かす力を持っている。
(3)　憲法改正の際の国民投票は，18歳以上の有権
者によって行われ，有効投票の過半数で承認され
る。一方，裁判員は18歳以上の有権者の中から
選ばれる。また，都道府県議員の被選挙権は，25
歳以上である。

---

036 ウ

解説 イ・エの最初にある「中選挙区選挙」は，衆
議院議員選挙・参議院議員選挙ともとられていな
いので誤り。資料を見ると，「裁判官指名掲示」
というのがあるので，残りのアとウのうち，「最
高裁判所裁判官の国民審査」があるウが正しい。

⊕得点アップ

日本の国政選挙

	衆議院	参議院
定　員	465 人	248 人
任　期	4 年	6 年 (3 年ごとに半数改選)
解　散	あり	なし
選挙権	18 歳以上	18 歳以上
被選挙権	25 歳以上	30 歳以上
選挙区	小選挙区 289 人 比例代表 176 人 (重複立候補可)	選挙区 148 人 比例代表 100 人 (重複立候補不可)
特　色	衆議院の優越 内閣の不信任決議	良識の府 内閣の問責決議

＊2015 年に選挙権年齢が 18 歳以上に引き下げられた。
＊参議院議員の定員は 2022 年 7 月から。

---

037 (1) ア，エ
(2) ウ
(3) イ

解説 (1) イは 18 歳以上に選挙権があるので誤り。ウはかつての選挙制度で誤り。アは平等選挙，エは秘密選挙についての説明である。
(2) 25 歳以上で立候補できるのは，衆議院議員と地方議会議員。「条例の制定に取り組んでいる」とあるので，「ある人物」は地方議会の議員である。
　なお，主な公職の被選挙権は，参議院議員と都道府県知事は，30 歳以上である。衆議院議員と都道府県議会議員，市町村長と市町村議会議員は 25 歳以上となっている。

---

038 (1) ① 秘密　② 平等　③ 公職選挙
(2) エ
(3) 1945 年
(4) 例 死票が増える。
(5) ア
(6) マニフェスト

解説 (2)(3) 有権者の資格は次のとおり。1889 年では直接国税 15 円以上の 25 歳以上の男子，1900 年では直接国税 10 円以上の 25 歳以上の男子，1919 年では直接国税 3 円以上の 25 歳以上の男子，1925 年では 25 歳以上の男子，1945 年に男女 20 歳以上となった。
(4) 小選挙区制の問題点としては，ほかに，小政

には不利であること，買収などの不正がおこりやすいこと，不自然な選挙区 (ゲリマンダー) になる可能性があることなどがあげられる。よい点としては，大きな政党に有利で，政治が安定しやすいことがあげられる。
(5) 小選挙区比例代表並立制では，有権者は小選挙区では候補者名を記入し，比例では政党名を記入する。エ．参議院議員選挙は，全国を 1 つの単位として行われる比例代表選挙と都道府県を単位とする選挙区選挙に分かれている。
(6) マニフェストは「政権公約」のことで，近年の選挙では，各政党は具体的な政策や数値目標をあげて選挙にのぞみ，有権者はそのマニフェストを判断材料として投票するというパターンが定着してきている。これに対し，政党が政治的課題に対してその解決策や考え方を国民に示したものが公約で，マニフェストと区別される。

---

039 (1) オ
(2) 6 人
(3) A 党…3 人　B 党…2 人　C 党…2 人
　　D 党…2 人　E 党…1 人
(4) 政党助成法

解説 (1) ア．小選挙区制は 1 選挙区から 1 名を選出するものである。イ．参議院議員選挙にも比例代表制が導入されている。ウ．衆議院議員が任期満了となったのは，1976 年の総選挙のみである。エ．比例代表制でも死票は出る。
(2) ドント式とは，各政党の得票数を 1，2，3…という整数で順に割っていき，その商の大きい順に各党に議席を与えるという方式である。この選挙での議席配分は次の通り。

政党名	A 党	B 党	C 党
得票数	660 票	420 票	180 票
÷1	① 660	② 420	⑥ 180
÷2	③ 330	⑤ 210	90
÷3	④ 220	140	60

※○数字は当選順位

　よって，C 党から当選者が出るのは全体の当選者が 6 人の場合である。
(3) (2) と同様に，順位に番号をふっていけばよい。
(4) 政党助成法は，1994 年に制定された。国会議員が 5 人以上の政党または国政選挙で得票率が 2％を超えている政党に交付金を支給する。しか

し，政党助成金を拒否している政党もある。また，国民の税金を政党の活動資金に使うことに対して，国民から批判の声もある。

040　世論

解説 世論調査は，内閣府や新聞社，テレビ局などが行っている。

---

041 ① エ　② ウ　③ ス　④ キ　⑤ オ　⑥ サ
　　⑦ コ
(1) A…主権　　B…世論　　C…公約
(2) ① 4人　② 4人　③ 3人
(3) 公職選挙法
(4) 連立政権

解説 (1) C．財源や達成期限，数値目標などを具体的に約束したマニフェストと区別される。

7　国会と内閣

042 (1) エ
　　(2) 立法

解説 憲法第41条の，国会の地位・立法権についての問題である。立法権・行政権・司法権の三権の中では，国会議員のみが主権者である国民によって直接選ばれることから，国会が国権の最高機関であると定められている。また，唯一の立法機関であるということは，国会以外の機関では立法を行わないこととし，国会が法律を制定することを独占することを意味する。

---

⑦ 得点アップ

国会の種類

種　類	会　期	召　集	おもな内容
常会（通常国会）	150日	毎年，1月	予算審議
特別会（特別国会）	国会の議決	衆議院議員総選挙から30日以内	内閣総理大臣の指名
臨時会（臨時国会）	国会の議決	内閣または衆参議院の総議員の4分の1以上の要求	必要なことがら
緊急集会（参議院）	不定期	衆議院の解散中に緊急の必要性があるとき	緊急のことがら

---

043 (1) 例 栄典の授与
　　(2) ウ
　　(3) エ
　　(4) 委員会

解説 (1) 天皇の国事行為は，憲法第7条に規定されている，形式的・儀礼的な行為のこと。このほかには，国務大臣の任免・認証，法律や条約などを公布すること，国会を召集すること，衆議院を解散することなどがある。憲法第7条にある国事行為ならばこれ以外でも正解となる。
(2) ア．条約を締結するのは内閣，承認するのは国会である。国会での承認は締結前，締結後いずれでもよい。イ．国務大臣のうち過半数が国会議員であればよい。エ．日本国憲法（第69条）には，内閣不信任案が可決された場合，内閣は「10日以内に衆議院が解散されない限り，総辞職しなければならない」と定められており，必ず総辞職しなければならないわけではなく，衆議院の解散という選択肢もある。
(3) エ．参議院が衆議院と異なる議決をした場合には，両院協議会が開かれるが，それでも衆議院と参議院の意見が一致しない場合は，衆議院で3分の2以上の多数で再可決すると法律となる。このことは，衆議院の優越の1つである。（憲法第59条）
(4) 国会では，すべての法案は最初に委員会で審議される。衆議院の場合，予算委員会や外務委員会などがあり審議の途中で必要がある場合には，専門家などの意見を聞く公聴会が開かれることもある。委員会での審議の後に本会議で検討すること

になる。

---

044 (1) イ
(2) 例衆議院の議決が国会の議決となる。（16字）
(3) ア

解説 (1) 衆議院が解散された場合，解散の日から40日以内に，衆議院議員の総選挙が行われ，その総選挙の日から30日以内に，特別会が召集される（憲法第54条）。

(2) 総理大臣の指名は，他の案件に先だって行われるが，仮に衆議院と参議院の指名が異なった場合には，衆議院の議決が優先する（憲法第67条）。この規定は，衆議院の優越の1つの例である。

(3) ア．国務大臣は，内閣総理大臣に任命されるが，その過半数は国会議員でなければならない（憲法第68条）。

　なお，内閣総理大臣の条件としては，①国会議員であること（衆議院議員の場合が多い。被選挙権の関係から25歳以上），②文民であること（軍人でない者），③衆議院の多数党の代表者であることである。

---

045 (1) A…ア　B…イ　C…ア
(2) 総辞職
(3) ア
(4) 例少数意見を尊重すること。

解説 (1) 予算は必ず衆議院から審議される（憲法第60条）。予算が承認されない場合，内閣がめざす行政が行われなくなるからで，国会では予算審議を最優先している。

(3) イ．国政調査権は国会にある。内閣の行う行政が適正に行われているか，行政のムダなどがないかなどを調査する権限である。なお，国政調査権については，衆議院優越の規定はない。ウ．野党ではなく与党である。エ．司法権ではなく行政権である。

(4) 国会は多数決の原理を採用しているが，少数意見を十分に尊重しなければならない。意見が対立している場合には，全員が一致して賛成することはないが，少数意見の国会議員の発言を尊重することは，彼らを選出した主権者である国民の意見を聞くことでもある。多数決の原理は，それしか決定の方法がない場合には，やむをえない方法で

あるが，数にたよって強引に押し通すということは，民主主義の精神に反する。与党と野党が対立して，たがいにゆずらないで国会の審議がストップし，その結果，与党が強行採決を行い，野党は引き延ばし作戦をとるということは，国民にとって大変不幸なことである。しかし，すべて政治家の責任というわけでもない。政治家を選ぶのは国民であるし，結局は主権者である国民の問題ともいえる。

　国の政治のレベルは，その国民の政治のレベルの反映であるという厳しい意見もある。

---

⑦ 得点アップ

▶衆議院の優越

内閣総理大臣の指名（憲法第67条）

法律案の議決（憲法第59条）

予算の審議（憲法第60・86条）

条約の承認（憲法第61・73条）

※衆議院は解散があり，任期も参議院議員より短い。このため，主権者の意向が反映されやすいと考えられ，参議院よりも衆議院の議決が優先される。

---

046 (1) エ
(2) イ
(3) 例内閣は国会の信任に基づいて成立し，国会に対して連帯責任を負うしくみ。

解説 (2) 国民審査とは，最高裁判所の裁判官が任命後の最初の衆議院議員総選挙の際にうけるもので，罷免を可とする投票が過半数になった場合は職を失うものである（憲法第79条）。一種のリコール制度であり，裁判官に対しても主権者のコントロールが及ぶというものであるが，立法権による司法権の統制ではない。

(3) 議院内閣制とは，国会と内閣が信任と責任をもとに政治を行うもので，イギリス流の制度を採用している。国会での多数派が内閣を担当し政治を行う。選挙で少数派になった場合には，多数派に交代する必要がある。国会で多数をしめることは，国民の大部分が支持していることを意味し，このことは国民主権の具体的な現れということもできる。

047 (1) ア
(2) 規制緩和
(3) 独立行政法人

解説 (3) 独立行政法人とは，政府から独立して公共性の高い事業を行う法人のこと。かつての国立大学や国立病院をはじめ，多くの機関や組織が独立行政法人になった。2001年から始まり，2020年には87の法人数となっている。もと財務省の造幣局(硬貨を発行)，大学入試センター，国立がん研究センター，航空大学校などの例がある。

048 (1) 議院内閣制
(2) ① キ　② オ　③ エ
(3) ア
(4) 政令
(5) イ

解説 (4) 法律は一般的なことを決めているので，具体的な政治を行う時に細かいことがらを決める必要がある。そのようなことがらを決めているのが政令で，内閣が制定する。
(5) アの教育委員会，ウの人事委員会，エの選挙管理委員会はいずれも地方公共団体の機関である。国の行政委員会としては，ほかに人事院や中央労働委員会などがある。人事院は，国家公務員についての採用，研修などを担当するとともに，公務員が労働基本権を制限されている代わりとして，給与関係の勧告を国会と政府に行うなどの仕事をしている。中央労働委員会は，労働組合法に基づいてつくられた組織で，労働争議の調整を行う。全国的な問題と複数の都道府県にまたがる問題については，地方労働委員会に優先して調整を行う。

049 (1) イ
(2) ア

解説 (1) ア．調整国会というものはない。国会の種類は，常会(通常国会)，特別会(特別国会)，臨時会(臨時国会)，参議院の緊急集会の4つである。ウ．出席議員の3分の2以上の賛成で秘密会とすることができる。エ．臨時国会ではなく特別国会である。オ．調整国会ではなく参議院の緊急集会である。
(2) ア．議院内閣制から，内閣総理大臣が責任を負

うのは行政である。

050 (1) ウ
(2) イ
(3) ア
(4) 議院内閣制
(5) エ
(6) イ，オ，カ

解説 (1) アは臨時国会，イは参議院の緊急集会，エは通常国会の説明である。
(2) 弾劾裁判所の設置については，衆議院の優越はない。裁判官としての仕事で問題があった場合や，裁判官としてふさわしくない非行があったときに，弾劾裁判にかけられる。
(3) 衆議院議員の定員は465名。被選挙権は25歳以上。選挙区選出議員選挙と比例代表選出議員選挙は参議院。
(5) エについて，内閣を国民審査することはない。国民審査は，最高裁判所裁判官を対象としている。国民審査については，具体的には，衆議院議員総選挙の際，辞めさせたい裁判官に×をつけて投票する。×の数が過半数になると，その最高裁判所裁判官は罷免させられる。
(6) ア・エは国会の仕事，ウは裁判所の仕事である。

⊕ 得点アップ

▶弾劾裁判所
憲法第64条に基づいて設置される裁判所。一種の特別裁判所である。特別裁判所の設置は，憲法第76条で禁止されているが，弾劾裁判所はその例外といえる。

憲法第64条
①国会は，罷免の訴追を受けた裁判官を裁判するため，両議院の議員で組織する弾劾裁判所を設ける。
②弾劾に関する事項は，法律でこれを定める。
　※「法律」とは，裁判官弾劾法のこと。
憲法第76条
②特別裁判所は，これを設置することができない。
弾劾裁判制度は，もともとイギリスからスタートした制度であるが，現在ではアメリカをはじめ多くの国で採用されている。

まず訴追委員会(衆参10名ずつ)で弾劾裁判にかけるかどうかを審査する。衆議院と参議院からそれぞれ7名ずつ選ばれた合計14名が裁判員となり，弾劾裁判員の3分の2以上の賛成があれば，裁判官は罷免される。

---

051 (1) A…通常国会[常会]　　B…イ

(2) ア

(3) X…ア　　Y…イ　　Z…ア

(4) 立法

解説 (1)B　イ以外は内閣の働きである。

(2) ア. 衆議院の定数は465人であり，被選挙権は25歳以上である。

---

052 (1) イ

(2) ア

(3) 例 権力の集中を防ぎ，国民の権利を守るため。

解説 (1) イ. 衆議院議員の被選挙権は満25歳以上の国民に認められている。

(2) 内閣は，最高裁判所長官を指名し，その他の裁判官を任命する。法律を制定したり，弾劾裁判所を設置したりするのは国会であり，条例は地方議会が定める。

(3) 三権分立の中心には国民の存在があり，国民は選挙によって国民の代表を国会へ送ったり，世論によって行政の行き過ぎを正したりして，自分たちの権利を守っている。また，最高裁判所の裁判官に対しては，国民投票を行うことで，国民の権利を守る裁判が行われるようにしている。

---

053 (1) A党…4人　B党…2人　C党…1人
　　　 D党…0人　E党…0人　F党…1人
　　　 G党…0人　H党…0人

(2) ウ

解説 (1) ドント式とは，各政党の得票数を1，2，3…という整数で順に割っていき，その商の大きい順に各党に議席を与えるという方式である。この選挙での各党の得票数を概数で表し，ドント式で議席配分すると次のようになる。この場合，他の政党と比べて得票数がかなり少ない政党につい

ては，初めから除外して考えてもよい。

政党名	A党	B党	C党	D党
得票数	130万票	80万票	35万票	24万票
÷1	①130	②80	⑦35	24
÷2	③65	⑥40	18	12
÷3	④43	27	11	8
÷4	⑧33	20	9	6

政党名	E党	F党	G党	H党
得票数	11万票	43万票	2万票	0.7万票
÷1	11	④43	2	0.7
÷2		22		
÷3		14		
÷4		11		

※○数字は当選順位

(2) ウ. 内閣の職務である(憲法第73条)。

---

054 (1) A…3分の2　　B…立法機関

(2) エ

(3) イ

(4) 例 政権を担当していない政党のこと。

(5) ウ

解説 (2) エ. 日本国憲法は1946年11月3日に公布され，1947年5月3日から施行。

(3) イ. 参議院議員に立候補できるのは30歳以上である。

(5) ウ. 10日以内ではなく，30日以内。

---

⑦ 得点アップ

▶憲法第60条

②予算について，参議院で衆議院と異なった議決をした場合に，法律の定めるところにより，両議院の協議会を開いても意見が一致しないとき，又は参議院が，衆議院の可決した予算を受け取った後，国会休会中の期間を除いて30日以内に，議決しないときは，衆議院の議決を国会の議決とする。

---

055 (1) イ

(2) D

解説 (2) 内閣総理大臣について，衆議院と参議院とが異なった指名の議決をした場合，両議院の協

議会を開いても意見が一致しないとき，衆議院の議決が国会の議決となる。

このケースでは，衆議院がDを指名，参議院はAを指名した。両院協議会でも決論が出なかったので，衆議院の優越により，衆議院で指名されたDが内閣総理大臣になる。

8 裁判所と三権分立

056 (1) X…議院内閣　Y…不信任　Z…解散
(2) 例法律や国の行為などが憲法に違反しているかどうかを最終的に判断する権限を持っているから。
(3) エ
(4) ① 控訴（こうそ）　② 上告（じょうこく）
(5) 裁判員制度

解説 (1) 議院内閣制においては，内閣は国会の信任が必要である。憲法第69条では，衆議院で内閣不信任決議案が可決された場合，又は信任決議案が否決された場合には，内閣は10日以内に衆議院を解散するか，総辞職しなければならないとされている。不信任案を提出するのは野党からと予想される。また信任案を提出するのは与党と思われる。いずれにしても，衆議院の多数が内閣を信任しない場合には，内閣は総辞職か解散をせまられるが，過去のケースでは，解散を選ぶ例が多い。
(2) 違憲審査権（違憲立法審査権）については，憲法第81条「最高裁判所は，一切の法律，命令，規則又は処分が憲法に適合するかしないかを決定する権限を有する終審裁判所である。」と規定されている。すべての裁判所に違憲審査権が認められているが，終審（しゅうしん）裁判所としての最高裁判所の役割は大きい。三権分立を保障する意味で，この違憲審査権は大きい意味を持っている。違憲審査権についても，最終的には主権者である国民の考えが影響することになり，その意味でも，最高裁判所裁判官の国民審査に意義がある。
(3) アは行政裁判，イとウは民事裁判，エは刑事裁判。図では検察官がいるので，刑事裁判である。

得点アップ

▶日本の裁判所

種 類	所在地など	扱う内容など
最高裁判所	東京	最終裁判
高等裁判所	主要都市8か所…札幌・仙台・東京・名古屋・大阪・高松・広島・福岡	控訴されたものなど
地方裁判所	県庁所在地ほか。北海道は，札幌・旭川・函館・釧路	あらゆる事件など
家庭裁判所		家庭や少年に関する事件
簡易裁判所	438か所	軽い罰金刑など

(4) 三審制のねらいは，裁判の誤りを防ぐことである。無実の人を有罪にしたりしないよう，事実をしっかり確認するため慎重に裁判が行われ，原則として3回まで裁判を受けることができる。しかし，無実の人を有罪にしたりするなど，裁判の誤りもある。
(5) 裁判員制度は，国民が裁判員として裁判に参加して，裁判官とともに裁判するしくみである。2009年5月からスタートした。裁判員が参加するのは，死刑などが予想される重大な刑事事件のみである。裁判員は6名で有権者の中から抽選で選ばれ，3人の裁判官と一緒に裁判を行う。

得点アップ

▶司法制度改革

これまでの日本の裁判は時間だけでなく，お金もかかり，弁護士も不足しているため，裁判をおこしにくいということが指摘されてきた。これに対し，政府は，国民がより利用しやすい司法制度を実現すること，国民の司法への参加，法律の専門家のあり方を改善することの3つを柱に司法制度の改革に取り組んでいる。
①法テラス…だれもが身近に法律相談を受けられる施設を全国に設けて，国民への情報提供サービスを行っている。
②裁判員制度…国民の司法への参加や裁判の時間短縮を図る。
③法曹（ほうそう）育成制度の充実…裁判官・検察官・弁護士など，法律の専門家を法曹という。裁判官や弁護士を増員するため法科大学院を設置。

057 (1) イ，エ
(2) ウ

解説 (1) イの行政事件のみを扱う行政裁判所は，日本では設置されていない。エの特別裁判所も同様。ただし，裁判官を罷免するかどうかを判断する弾劾裁判所は，例外として設けられている。
(2) 少年事件をあつかうのは家庭裁判所。不服な場合には高等裁判所に控訴することができる。家庭裁判所では，少年事件のほか，婚姻や親子関係の問題などをあつかう。

058 (1) 民事事件
(2) 例 裁判所が国会や内閣から圧力を受けないこと。

解説 (1) 刑事事件では検察官が訴えをおこすが，図には原告が示されているので民事事件。民事事件では，判決を待たず当事者どうしの話し合いによって解決する和解というケースもある。
(2) 三権分立の立場から，司法権の独立は重要な意味がある。行政権と立法権に対して，司法権がチェックすることが大切である。

059 (1) イ
(2) 検察官

解説 (1) ア．司法権の独立により，裁判官は内閣の意見に従う必要はない。ウ．地方裁判所の裁判官は，最高裁判所の指名した者の名簿により，内閣が任命する。エ．国民審査によって罷免されることがあるのは，最高裁判所の裁判官である。

⊅ 得点アップ

▶司法権の独立 （憲法第6章に規定）
裁判官の独立
　○身分が保障されている。
　○独立して裁判を行う。
　（良心に従い，憲法と法律に基づいて裁判を行う。）
　○経済的に保障されている。
　（裁判官の報酬は，減らすことができない。）
裁判所の独立
　○司法権は裁判所にある。
　○違憲審査権をもっている。

060 (1) ア
(2) ウ
(3) 弁護

解説 (1) 逮捕令状などは，裁判官が発行する。憲法第33条「何人も，現行犯として逮捕される場合を除いては，権限を有する司法官憲が発し，且つ理由となっている犯罪を明示する令状によらなければ，逮捕されない。」にある「司法官憲」とは，裁判官のことである。

061 (1) A…良心　　B…高等　　C…被告
　　D…検察官　E…裁判員
(2) エ
(3) ア
(4) 違憲立法審査権[違憲審査権]
(5) 和解
(6) 国が弁護人をつける

解説 (2) 裁判官は身分が保障されているので，法務大臣や内閣総理大臣の指名，閣議決定で罷免されることはない。ただ，国会議員からなる弾劾裁判において非行等があった場合に罷免されることはある。これは，国会議員を選ぶのは国民であるから，間接的に主権者である国民が判断するということにもなる。
(4) 違憲立法審査権については，具体的な事件の裁判を通じて間接的に判断することが原則である。国会が制定した法律が違憲かどうかを一般的に判断することはない。
(6) 被告人が経済的な理由などで弁護人を依頼できないときは，国の費用で弁護人をつける。この弁護人を国選弁護人という。

062 (1) A…終審　B…良心　C…独立
　　D…法律
(2) ウ
(3) ① エ　　② 番人　　③ 国民審査
(4) ① カ　　② 高等裁判所　③ 三審制
(5) 裁判員制度

解説 (2) 日本国憲法の施行は1947年。アイヌ文化振興法は1997年，個人情報保護法は2003年，男女雇用機会均等法は1985年に制定された。労働組合法は，1945年に制定され，1949年から施

行された。憲法施行以前に制定された理由は，戦後の民主化政策のためである。

(4) ①裁判官は身分保障がなされており，下級裁判所の裁判官の場合，心身の著しい故障のため職務が不可能な場合と，国会での弾劾裁判以外で，辞めさせられることはない。なお，最高裁判所の裁判官については，これらに加え，国民審査によって辞めさせられることもある。

---

063 (1) イ，エ
(2) イ，エ
(3) ウ，カ，ク

解説 (3) ①最高裁判所の裁判官は長官を含めて15名。15名の裁判官全員で行うものが大法廷で5名ずつの小法廷が3つある。多くの場合は，小法廷で裁判が行われる。違憲審査権にかかわる事件や判例を変更する場合などは，大法廷で裁判が行われる。①ケ，②イ，③ア，④キ，⑤オ，⑥エ。

---

064 (1) Ⅰ…ウ Ⅱ…ア Ⅲ…イ
(2) 国民審査

解説 (1) Ⅰ…内閣は国会に対して衆議院の解散の決定を行うことができる。また，国会召集の決定を行える。

Ⅱ…裁判所は内閣に対し，命令，規則，処分の違憲，違法審査や行政裁判を行うことができる。

Ⅲ…国会は裁判所に対し，弾劾裁判所を設置できる。弾劾裁判とは，裁判官が職務を果たさなかったり，裁判官としてふさわしくない行為をしたりした裁判官を辞めさせるかどうかを判断する裁判で，衆議院と参議院の国会議院から成る。

(2) 国民審査とは，国民が最高裁判所の裁判官の任命が適切かどうかを審査することである。最高裁判所の裁判官は，就任して最初の衆議院議員選挙（総選挙）と，前回の審査から10年以降の総選挙で，18歳以上の有権者による審査を受ける。「憲法の番人」として上位に位置する最高裁判所の裁判官のみ，直接国民の審査を行うように憲法で定められている（憲法第79条）。

---

065 ウ

解説 憲法には，「法定手続きの保障」がある。すなわち，あらかじめどのようなことを犯罪とする

か，その犯罪に対して，どんな刑罰を課すか，法律で決めておくことが必要である。このことを，罪刑法定主義という。

---

9 住民の生活と地方自治

066 (1) ①例 首相は国会議員の中から選ばれ，首長は住民によって直接選ばれる。
②イ
(2) A…3000　　B…市長[首長]
(3) ①例 階段の利用が困難な人のために，スロープが設置されている。
②バリアフリー
(4) 例 地方が自由に使える財源を増やす努力をする。

解説 (1) 首相（内閣総理大臣）は国会議員の中から選ばれる。国会議員を選ぶのは国民であるので，主権者である国民は間接的に首相を選ぶことになる。これに対して，知事や市町村長などは住民が直接に選挙して選ばれる。このことが大きな違いである。首相も首長も行政の担当責任者であるが，首長の直接選挙が地方自治の特色の1つである。なお，アメリカの大統領のように，日本でも首相も直接国民が選ぼう（首相公選制）という意見もある。

(2) 条例の制定を請求する場合に必要な署名数は，有権者数の50分の1以上である。

(3) バリアフリー（barrier-free）というのは，バリア（障壁）を取りのぞいて，障害のある人も安心して生活ができるようにすることをいう。2006年にはバリアフリー新法が制定された。新法により，道路や駐車場，病院などもバリアフリーの努力義務の対象となった。

(4) 地方財政の主な財源は，地方税と国からの地方交付税や国庫支出金などである。現在，地方公共団体の自主財源が乏しく4割程度である。十分な仕事ができないので，これを増やすことが求められている。地方債とは，地方公共団体が発行している債権。債権とは借入金のこと。

⑦得点アップ

▶地方財政の内訳 （2020年度）

歳　入	％	歳　出	％
地方税	44.7	一般行政費	44.2
地方交付税	18.5	給与関係費	22.1
国庫支出金	17.1	投資的経費	14.7
地方債	10.1	公債費	12.9
その他	9.6	その他	6.1

（『日本国勢図会 2020/21』より作成）

---

067 エ

解説 住民の直接請求は，議会の解散や，首長・議員の解職請求など身分にかかわるものは，有権者の3分の1以上，条例の制定・改廃や監査請求などは50分の1以上の署名が必要。

---

068 (1) 条例
(2) イ

解説 (1) 条例の制定は憲法第94条で規定されている。「地方公共団体は，その財産を管理し，事務を処理し，及び行政を執行する権能を有し，法律の範囲内で条例を制定することができる。」
(2) 国から地方公共団体に支給される補助金は，地方交付税交付金と国庫支出金である。地方交付税交付金は，国から地方公共団体に配分される資金であり，財源不足の地方公共団体には多く配分される。国庫支出金は，使いみちを限定して国が補助する資金である。

---

069 エ

解説 アとエは，歳入合計約6,200億円にそれぞれの収入の割合をかけて求めればよい。エ．地方交付税交付金と国庫支出金の合計額は約2,628.8億円で，3,000億円を超えていない。

---

070 (1) エ
(2) キ
(3) a…50　　b…監査

解説 (1) ア．日本で初めて住民投票条例を制定したのは愛知県高浜市で，平成14(2002)年であった。外国人に住民投票権を認めることについては，外国の勢力に政治が影響されるという反対意見もあ

る。エ．条例に基づく住民投票に法的拘束力はない。
(2) ①は地方債，③は地方税の説明である。

---

071 (1) オ，キ
(2) ウ，エ

解説 (1) ①にはウ，②にはイ，③にはエ，④にはア，⑤にはカ，⑥にはクがあてはまる。バブル経済の崩壊のあとは，不況が続き，税収が伸びず地方公共団体は苦しい財政運営をせまられた。夕張市の財政破綻とは，かつては炭鉱で栄えたものの，炭鉱が閉山し人口の流出も続き，ついに財政赤字が20％を超えた夕張市が，2007年に財政再建団体になったことをいう。
(2) ア・イ・オは，いずれも国会の委員会で，ここでいう行政委員会ではない。ウの選挙管理委員会は，地方公共団体に関するものとしては，都道府県選挙管理委員会と市町村選挙管理委員会がある。都道府県選挙管理委員会の仕事は，衆議院議員と参議院議員選挙，都道府県議会議員選挙及び知事の選挙などを扱うこと。委員は4名で，任期は4年。市長村選挙管理委員会の仕事は，市長村議会議員選挙及び市町村長の選挙などを扱うこと。委員は4名で，任期は4年。エの公安委員会は，都道府県公安委員会である。その仕事は都道府県警察の管理をすることである。警察活動が適正に行われているかについて管理する。その他，運転免許などに関する仕事を行っている。

---

072 (1) エ
(2) ア

解説 (1) エ．住民投票は住民の意思の結果であるが，それをどう扱うかは，首長や地方議会の判断にゆだねられている。イの「三位一体の改革」とは，国から地方へ権限を移すこと。具体的には，①国庫支出金を減らすこと，②税源を地方に移すこと，③地方交付税の見直しである。2001年に「小さな政府」をめざして，小泉内閣が推進したもの。「地方でできることは地方に」という地方分権の考え方と財政再建の両方が柱であった。背景としては，国の財政難と，地方分権の流れがある。
(2) ア．平成の大合併により，2005年までに多くの市町村が合併したが，その目的としては，合併により地方財政の効率化と強化をめざすものであった。

第1回 実力テスト

1 問 エ

解説 トラブルを解決する際の手続きとして「効率」と「公正」の考え方がある。「効率」とは，無駄を省くという考え方で，「公正」とは，みんなが参加して決定していく考え方をいう。Ⅰ・Ⅳは無駄を省くことで課題を解決する手法のため「効率」の手続きであり，Ⅱ・Ⅲは特定の人が不利な扱いを受けることのないように配慮された解決方法であり，「公正」の手法となる。

2
(1) A…男女共同参画社会基本法
　　B…公共の福祉
(2) 経済活動の自由
(3) 団結権
(4) 生存権

解説 (1)　A．男女共同参画社会基本法とは，男女の基本的平等の理念に基づき，1999年に施行された法律である。家庭のみならず，社会でも女性の能力を生かすために制定され，女性の社会進出を容易にした。この法律によって，職業における男女の差別がない社会へと進展した。この法律に先だって1985年には男女雇用機会均等法が制定され，企業の採用や昇進，福利厚生，退職，解雇などの際，性別を理由にした差別が禁止された。
B．日本国憲法第12条には，「この憲法が国民に保障する自由及び権利は，国民の不断の努力によつて，これを保持しなければならない。又，国民は，これを濫用してはならないのであつて，常に公共の福祉のためにこれを利用する責任を負ふ。」と定められている。例えば表現の自由が認められていても，他人のプライバシーを侵害する表現を行うことは制限されている。また，病院の近くで騒音となる表現活動も制限されるなど，憲法では公共の福祉を定めることで，個人の権利を制限している。
(2)　日本国憲法が定める自由権には，精神の自由，身体の自由の他に，経済活動の自由がある。
(3)　労働者は使用者に対して弱い立場にあるため，労働基本権（労働三権）が認められている。
　・団結権…労働者が団結して行動できるように労

働組合を作る権利。
　・団体交渉権…労働組合が賃金やさまざまな労働条件の改善を求めて使用者と交渉する権利。
　・団体行動権…労働者が要求を実現するためにストライキなどを行う権利。
(4)　ワイマール憲法は，第一次世界大戦の1919年，敗戦国となったドイツで誕生した憲法である。第1条で国民主権が定められ，人権保障に関した内容が後に大きな影響を与えた。社会権についての規定が盛りこまれ，人間らしい豊かな生活を保障する憲法となった。

3
(1) a…主権　b…協賛　c…行政
(2) 欽定憲法
(3) ウ

解説 (1)　日本国憲法第1条では，天皇について定められている。天皇は「日本国の象徴であり日本国民統合の象徴」であることを，主権を持つ日本国民の総意に基づいて認めている。大日本帝国憲法第5条では，立法権を持つ天皇は，権利を行使するにあたり帝国議会の協賛が必要であることを定めている。
(2)　君主が定め，国民に与えられる形の憲法を欽定憲法と呼び，大日本帝国憲法は欽定憲法の1つである。一方，日本国憲法のように，国民主権の原理に基づいて制定された憲法を民定憲法という。
(3)　ア．現行犯逮捕や極めて凶悪な犯罪の場合は，事後に逮捕状をとる場合もある。
イ．国が個人の私有財産である土地を公共のために利用するときは，国は個人に対し，正当な補償を行う。
エ．日本国憲法第15条では選挙権について「公務員を選定し，及びこれを罷免することは，国民固有の権利である。」と規定されているため，外国人には認められていない。ただし，日本国籍を取得した者は日本国民なので選挙権が与えられる。

4
(1) イ
(2) 政治資金規正法
(3) エ
(4) ア
(5) ウ

解説 (1)　法律案の場合，参議院が衆議院で可決された法律案を受け取ってから60日以内に議決し

ない場合，衆議院の優越が認められ，衆議院が出席議員の 3 分の 2 以上の多数で再び議決すれば法律となる。なお，予算案の場合は，参議院が衆議院の議決を受け取った後 30 日以内に議決しなかったり，衆議院と参議院の議決が異なったりしたときは，衆議院の議決が優先される。

(2) 政治資金規正法は，政治活動の透明性を確保するために定められた法律で，政治団体の届け出や収支の公開などについて規定している。具体的には，年間 5 万円を超える寄付や，政治資金を集めるためのパーティで20万円を超えるものなどには，寄付者の氏名等を都道府県の選挙管理委員会又は総務大臣に提出しなければならない。

(3) 日本国憲法で，天皇は，日本国憲法の定める国事行為のみを行い，国政に関する権能を持たないと定められている。エの条約を締結するのは内閣の仕事であり，天皇は条約を公布する。天皇の国事行為には，内閣の助言と承認を必要とし，内閣が，その責任を負うとされている。

(4) A．かつての刑法には尊属殺人罪という項目があり，尊属殺（血縁ある者の殺人）は特に重罪だと規定され重い罪となっていた。しかし，1973 年の尊属殺人事件では，最高裁判所によって尊属殺人罪が憲法に違反している（違憲）と判断された。この判断の背景には，「法の下の平等」を定めた憲法第 14 条の「すべて国民は，法の下に平等であって，人種，信条，性別，社会的身分又は門地により，政治的，経済的又は社会関係において，差別されない」という規定があり，尊属だけを特別に扱う事が，個人を社会的身分によって差別することにつながると見なされたのである。

(5) ウ．現行犯逮捕や極めて凶悪な犯罪の場合は，事後に逮捕状をとる場合もある。

第 2 回　実力テスト

1 (1) A…国権　B…議院内閣制
　　　 C…総辞職
　　(2) ウ
　　(3) 例 伝えられる情報が，つくられたものであったり，間違った内容であったりするときがあるから。
　　(4) ア，エ，オ，カ

　　(5) イ

解説 (2) ア．衆議院議員の選挙における小選挙区は，2020 年現在で 289 ある。

イ．小選挙区制とは，1 選挙区から 1 名の代表を選出するしくみであり，289 人が選出される。

エ．比例代表選挙では，ドント式のシステムが採用され，各党の総得票数を，1，2，3…と整数で割っていき，割った数の中で数字が大きい順に上位から議席が割り当てられる。

(3) インターネットや新聞，テレビなどから発信される情報を見きわめ，理解・活用する能力をメディアリテラシーという。国会についての情報はテレビや新聞の他，インターネットでも多く発信されているが，なかには第三者が根拠なく流す情報も多い。情報が多い現代社会において，わたしたちには，これらの情報から正しい情報を見極める判断力が必要となっている。ここでは，メディアリテラシーの意味を理解して，情報を正しく理解する必要があることについて書かれていれば正解である。

(4) イの法律の公布は，天皇の国事行為の 1 つである。国政調査権とは，国会が国政に関する事がらについて調査することができる権利であり，国会が持っている。

(5) アメリカの大統領制では，権力は大統領，議会，裁判所に分立しており，大統領には法案拒否権が与えられている。また，大統領には議会の解散権や法案の提出権もない。

2 (1) エ
　　(2) ア
　　(3) ウ
　　(4) イ
　　(5) ⅰ…外交　ⅱ…条約
　　(6) エ

解説 (1) ア．衆議院は，自ら可決した予算案を参議院が否決した場合，または参議院が，衆議院の可決した予算を受け取った後，国会休会中の期間を除いて 30 日以内に，議決しないときは，衆議院の議決が国会の議決となる（衆議院の優越）。衆議院の出席議員の 3 分の 2 以上の再議決で国会の議決となるのは，法律案である。

イ．内閣総理大臣の指名について，参議院が異な

る議決をした場合，開かれるのは両院協議会である。予算，条約，総理大臣の指名については開催が義務化されている。

　ウ．弾劾裁判は衆参両議院から選ばれた議員で構成される。

(2)　選挙区と国会議員数は日本の人口の変動に伴って減少している。2017 年の選挙法改正によって，衆議院議員選挙（総選挙）の小選挙区は全国 289 区で，各区より 1 名の代表が選ばれる。比例代表選挙区は全国を 11 に分けたブロックから 176 名が選ばれる。

(3)　特許庁は経済産業省の外局である。

(4)　ア．法律案は国会議員もしくは内閣から提出される。近年の傾向として議員から出される法律案が多いが，成立する法律は内閣から提出されたものが多い。例えば 2019 年の第 198 通常国会では，内閣提出法律案が 57 案中 54 案が成立，一方，議員立法は 70 案中 14 案しか成立していない。

　ウ・エ．内閣総理大臣は国務大臣の選任・罷免にあたって閣議での同意や国会での議決は必要とされない。

(6)　ア．地方自治体の条例の制定・改廃では，有権者の 50 分の 1 以上の署名が必要。

　イ．首長は議会の解散権を持っている。

　ウ．地方交付税交付金が，使用用途が自由な予算であるのに対し，国庫支出金は国から指定されたことに使う予算である。

3　(1)　ア

　　(2)　罪刑法定（主義）

　　(3)　違憲審査［違法審査］権

解説　(2)　罪刑法定主義とは，刑罰を確定する際，あらかじめ民主主義の精神に則って定められた法律によって罪と罰を明確にしておかないといけないという考え方である。

(3)　裁判所は国会と内閣に対して，法律や命令，規則，処分が憲法に違反していないかを審査する違憲審査を行う権利を持つ。

4　イ

解説　ア．主要な職員の解職請求は有権者の 3 分の 1 以上の署名を主張に提出する。

　ウ．監査請求は，有権者の 50 分の 1 以上の署名を監査委員に提出する。

　エ．条例の制定・改廃の請求は，有権者の 50 分の 1 以上の署名を首長に提出する。

　オ．地方議会の解散請求は，有権者の 3 分の 1 以上の署名を選挙管理委員会に提出する。

4編　わたしたちの暮らしと経済

10 家計と消費生活

073　(1)　食料費

　　(2)　交通・通信

解説　(1)　エンゲル係数とは，ドイツの社会統計学者エンゲルが見出した法則で，消費支出に占める食料費の割合が小さい方が，生活水準が高いという傾向がみられるというもの。総務省の調査では，平成 28 年におけるエンゲル係数の全国平均は約 24%。

074　(1)　寡占

　　(2)　イ

　　(3)　例企業の宣伝や広告などにまどわされずに，自分の判断で消費すること。

解説　(1)　寡占とは少数の企業が市場を支配していることをいう。寡占市場の例としては，乗用車・パソコン・即席めんなどがあげられる。いくつかの企業がその産業での大きな割合を占めている場合，2 位以下の企業がトップ企業の価格にあわせて，価格を決める傾向がでてくる。そうなると，企業は，価格ではなく，広告やデザインなどで競争を強める。その結果，消費者は高い価格で商品を買わざるをえなくなる。

　そこで，競争をうながすためにつくられた法律が，1947 年に制定された独占禁止法（私的独占の禁止及び公正取引の確保に関する法律）であり，公正取引委員会によって運用されている。

(2)　製造物責任法は，1994 年に制定された法律。PL 法ともいう。製品の欠陥により消費者が被害を受けた場合，製品を製造した企業の過失を証明できなくても損害賠償を求めることができる。アの消費者契約法は，2000 年に制定された。不当な契約や，悪質な業者から消費者を守る法律。ウ

の情報公開法は, 1999 年に制定された。国や地方公共団体の情報を, 住民の開示請求に応じて公開するというもの。エの循環型社会形成推進基本法は, 2000 年に制定された法律。ごみを出さない, 出したごみはリサイクルするというもの。

---

075 (1) イ
(2) 例 広告が大げさになっていないか, またはうそがないか注意する。

解説 (1) アは労働基準法, ウは製造物責任法(PL法), エは独占禁止法(私的独占の禁止及び公正取引の確保に関する法律)の説明。

---

076 (1) クーリング・オフ
(2) エ

解説 (1) クーリング・オフとは, 文字どおり「頭を冷やす」こと。訪問販売やマルチ商法, アポイントメント・セールス(街頭でのセールスや電話による販売等)で, いったん契約をしたが, 取りやめたいという場合に, 一定の期間内であればキャンセルができる制度のこと。書類で通知する必要がある。店頭での自動車の購入契約など, クーリング・オフの対象外となるものもある。
(2) ア. 女より男の方が多い。イ. 2008 年度の方が少ない。ウ. 2004 年度は約 1 割, 2008 年度は約 2 割なので, 2008 年度の方が小さい。

⤴ **得点アップ**

▶ **クーリング・オフ**
期間…訪問販売　　　8日以内
　　　電話勧誘　　　8日以内
　　　マルチ商法　　20日以内
例外…店頭での販売食品で 3,000 円未満の商品。
書式…書面で通知する。記録や証拠として残るように, 特定記録や内容証明で発送。

---

077 (1) 例 過度の利用を控え, 計画的に利用する。
(2) 例 消費者に正確な情報を提供している。
(3) 電子マネー

解説 (2) 企業には安全で安心な商品を消費者に提

供する責任がある。どんな原材料を使っているか, また, 賞味期限や保存方法も表示してあり, 消費者はこのようなラベルを見て, 購入の際の選択基準としている。消費者から受け入れられない商品をつくったり, 表示の内容をごまかしたりすれば, 事実が明らかになった場合, 消費者や社会から厳しく批判され, その商品は売れなくなり, 場合によってはその企業は倒産に追い込まれる恐れもある。
(3) 最近は, コンビニエンスストアや鉄道会社でICカードや携帯電話を利用した電子マネーが使われている。現金を持ち歩く必要がないので大変便利である。しかし, 紛失した時の問題や個人情報が流出するという心配もある。

---

078 (1) オ
(2) エ

解説 (1) ①より, Bには交通・通信, 教養娯楽のいずれかがあてはまるのでア・エは誤り。②より, 衣類はA・Bのいずれでもないことがわかるので, ア～ウは誤り。③より, 住居はA・Bのいずれでもないことがわかるので, エ・カは誤り。残ったオが正しい。グラフは左から, 食料, 衣服(履物を含む), 教養娯楽, 交通・通信, 住居となる。Bの教養娯楽や交通・通信は, インターネットや携帯電話の普及で増加している。
(2) 「消費財」とは生活の中で消費に使われる商品のことである。家具, 住宅, 自動車などのように長期にわたって使えるものを, 特に耐久消費財という。「生産財」とは, 工業原料などのように, ほかの商品をつくるために使われる商品。「サービス」とは, 人間の生活に役立つ用役(労働や奉仕)のことで, 教養, 医療活動などがこれにあたる。

---

079 (1) 政府
(2) サービス
(3) ケネディ
(4) ア
(5) エ

解説 (1) 国民経済は, 企業・家計・政府という 3つの経済主体からなっている。企業は生産部門を担当し, 家計から労働者を雇い, 政府に税金を支払っている。家計は企業などに労働力を提供することで賃金などを得て, 企業が生産した製品や

サービスを購入して生活している。また，家計は政府に税金を支払うとともに，政府から社会保障などの公共サービスを受けている。政府は，公共事業を企業などに発注し，公共サービスを国民に提供している。このような経済活動の循環についてよく理解しておこう。お金やものの流れにも注目しよう。

(2) 最近では，ものを作る企業よりもサービスを提供する企業の方が多くなっている。このことを産業のサービス化という。

(3) 1962 年にアメリカのケネディ大統領が，「安全である権利」，「知る権利」，「選ぶ権利」，「意見を反映させる権利」を消費者の 4 つの権利として議会で示した。ケネディが示したこの 4 つの権利は，日本の現在の「消費者基本法」にもつながる考え方である。

(4) ア．製品に欠陥があった場合でも，情報が十分とはいえない消費者にとって，その欠陥を立証することは難しい。それでは，企業は有利になり消費者は泣き寝入りということになりかねない。こうした意味から，PL 法では，被害者の立証責任を必要としないことにした。この点に，PL 法の特色がある。イ．企業に過失があったことを立証する必要はない。ウ．PL 法は商品の欠陥に関する責任を，その製品をつくった製造業者に負わせるもので，卸売業者や小売業者は責任を負わない。エ．被害者は製造業者に損害賠償を請求する。

(5) ア．店舗に出向いて購入した場合，クーリング・オフは適用されない。イ．相手方の同意は必要ではなく，一方的に解除できる。ウ．20 歳以上の者が結んだ契約も対象となる。

---

080 (1) 製造物責任法
(2) イ
(3) オ

解説 (1) 「商品に欠陥があったことだけを証明する」に注目。消費者には，欠陥だということを証明する必要はない。これが，製造物責任法の重要なポイントである。

(2) ア．マルチ商法の説明である。これは，自分が商品を買い，他人に商品を購入してもらうと利益が出るなどとして，次から次へと連続して紹介させる制度。限りなく紹介することはできないので，結局は損をすることになる。ウ．ネガティブ・オプションの説明でもあり，送り付け商法ともいい，

注文していないのに勝手に商品を送り付け，返品していないのだから代金を払えとせまる商法である。エ．アポイントメント・セールスの説明である。電話などで消費者を呼び出し，高い商品などを買わせたりする。

11 商品の流通と価格

081 イ

解説 問題は，野菜が消費者に届くまでの経路を示している。生産農家は収穫した野菜を集荷団体や出荷業者におさめ，卸売業者と小売業者などを通じて消費者に届く。近年，大型スーパーなどが生産農家から直接買いつけ，新鮮で安い商品として販売することもあるが，その絶対量はまだ少ない。

---

082 (1) ア，エ
(2) (企業は) ① 例 価格による競争を避けるため， (消費者は) ② 例 高い商品を買わされる (と考えられる。)

解説 (1) 商品 A の価格が 100 円のときは，需要量が 350 個で供給量は 50 個であるので，300 個需要量が上回るため，品不足である。この場合，商品 A の価格は上昇する。200 円の場合は，需要量が 100 個で供給量は 300 個となるので，200 個供給量が上回るため，売れ残りである。この場合，商品 A の価格は下落する。このように価格変動を繰り返しながら，需要量と供給量が一致する点の価格 150 円に落ち着くことが予想される。この価格が均衡価格である。

(2) 少数の企業によって市場が支配されている場合，一般に価格は下がらないという現象が見られる。少数の企業によって市場が支配されていることを寡占というが，トップ企業の価格に 2 位以下の企業が従う傾向が見られる。このような状態を改善するよう行動するのが，公正取引委員会であり，独占禁止法に基づいて，競争をうながすよう努めている。

---

083 ア

解説 ほうれんそうの入荷量が多いのは 12 月，2 月，

3月で冬が中心。入荷量が多いと供給が需要を上回ることが予想されるので，需要と供給の関係から，価格は下がる。逆に，夏は入荷量が少なくなるため，価格が上がる。以上から考えて，アが正解である。

---

084 (1) ⓐイ　ⓑ例価格競争が弱まるから。
(2) ア
(3) 例国民の生活に与える影響が大きいから。

解説 (1) ⓐ 合計の数値が高いものを選べばよい。ⓑ 独占や寡占の状態では，価格を下げて競争することはなくなり，市場メカニズムは機能しなくなる。
(3) 公共料金とは，国会や政府などが決定・認可する価格のこと。電気やガスなどは，国民の生活になくてはならないものであり，その料金の値上げは大きな影響を与える。そのため，これらの料金（公共料金）については，国会や政府が決定や認可することになっている。

---

085 (1) 例商品ごとの売り上げ情報を収集・分析するシステム。
(2) 小売店
(3) 流れ…流通
　　影響…例流通経費がかかって商品の価格が上がり，家計の負担が増える。

解説 (1) POS システムは，販売時点情報管理ともいわれ，バーコードの読み取りにより商品名・価格・日時などが記録され，さらに店頭でスタッフが，商品を購入した人の年齢層や性別なども入力し，それらの情報が本部にまとまり，販売に役立てられる。

---

086 (1) A…市場　B…独占　C…独占禁止
　　D…公共
(2) 例需要量が供給量を1,000個上回る。
(3) カルテル

解説 (1) 独占価格とは，寡占が進んでいる産業において，少数の企業が足並みをそろえて決めた価格のこと。寡占化が進んでいる商品としては，家

庭用ゲーム機，液晶テレビ，自動車などがあげられる。
(2) 価格が100円になると1,500個の需要があるが，供給は500個しかない。

得点アップ
▶寡占（独占）の形態

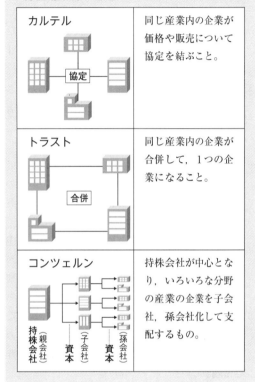

カルテル	同じ産業内の企業が価格や販売について協定を結ぶこと。
トラスト	同じ産業内の企業が合併して，1つの企業になること。
コンツェルン	持株会社が中心となり，いろいろな分野の産業の企業を子会社，孫会社化して支配するもの。

---

087 (1) あ…需要　い…供給　う…均衡
(2) 200 円
(3) 250 個足りない
(4) ①イ　②イ　③ア
(5) え…寡占[独占]　お…独占禁止
(6) エ
(7) カルテル

解説 (1) 需要曲線は消費者の行動をあらわす。すなわち，一般に，消費者はものの価格が上がると，消費を減らし，価格が下がると消費を増やす。このことから，需要曲線は右下がりの曲線となる。逆に，供給曲線は生産者の行動をあらわす。一般に，生産者は価格が上がると生産量を増やす。価格が下がると生産量を減らす。このことから，供給曲線は右上がりの曲線となる。ただし，これは市場価格についての説明であり，独占価格につい

てはあてはまらない。

(2) あ曲線はQ＝500－Pなので，2倍にすると
2Q＝1000－2Pとなる。これをい曲線の式にあて
はめると，1000－2P＝3P。1000＝5P。P＝200
となる。

(3) あ曲線の式から，需要量は，
Q＝500－100で400個。
い曲線の式から，供給量は，
2Q＝3×100で150個。
400－150＝250となり，250個供給量が不足す
る。

(4) 小麦価格が上がれば，同じ価格では利益が減る
ため，生産者は販売量を減らそうとする。生産者
は供給側であるので，供給曲線は左に移動するた
め，結果として価格が上がることになる。

(5) 実際の経済においては，需要と供給の関係だけ
で価格が決まる例は少ない。日本経済は，多くの
産業において寡占化が進み，産業の有力企業の意
向で価格が決められることが多い。このことは，
消費者にとっては不利益になることであり，自由
な経済活動を促すためにも独占を制限する必要が
ある。独占禁止法は，そのような目的を持って制
定された法律である。

(6) 寡占市場においては，価格以外の広告や宣伝な
どによって消費者がものを買うようになり，この
面での企業間の競争が激しくなる。このことを非
価格競争という。

---

088 (1) エ
(2) ウ
(3) カルテル
(4) イ
(5) デフレーション［デフレ］

解説 (1) 二重価格とは，同じ商品に対して，価格
が2つあること。かつての生産者米価と消費者米
価が，これにあてはまる。また，値札の上に赤字
で値引きした価格を書いて，消費をあおる行為が
あるが，これは禁止されている二重価格表示にあ
たる場合がある。

(2) エのトラストは，企業合同のことで，同じ産業
の企業同士が合併し，独占的な企業になることを
いう。

(3) カルテルは，同じ産業の企業が話し合い，価格
や販売について協定を結ぶことをいう。独占禁止

法で禁止されている。

(4) 通貨の流通量を調整するのは，日本銀行である。

(5) デフレーションが生じると，企業の生産活動が
停滞し，消費も増えない状態になる。これは，企
業の利益を減らし，失業を増やすことにつながる。

⊿ 得点アップ

▶デフレスパイラル

物価下落 → 需要は増えない →
企業の売上減少 → 所得の減少 →
需要の減少 → 物価下落

このようなサイクルで，ますますデフレーショ
ンが進むことをデフレスパイラルという。景気
の回復のためには，どこかで，この悪循環をた
ちきる必要がある。

---

089 (1) ウ
(2) ア…囫 在宅のまま商品を注文し，
近所の店で受け取ることができ
る。
イ…囫 売り場や流通にかかるコス
トを削減できる。

解説 (1) 5,000円で5,500円分使えるので，消費
者にはメリットがある。500円分は市などが負担
するのだが，そのことによって地域の商店の売り
上げが増え，地域が活気づけば良いという考え方。

---

090 (1) 価格
(2) 需要
(3) 供給

解説 市場経済においては，消費者も生産者も商品
やサービスの価格を見て，消費・生産行動を行っ
ている。価格が高くなると，生産者は生産量を増
やすものの，消費者は買うことを控えるため，売
れ残りが出てしまい，結局，その商品の価格は下
がるようになる。価格が安くなると，その逆のこ
とが起こる。

---

091 囫 キャベツの需要量はあまり変化がな
く，供給量が多すぎると均衡価格が低
下するので，供給量を減少させ均衡価

格の引き上げをはかる必要があるため。

解説 新聞やテレビで，キャベツ畑で出荷前のキャベツをトラクターでつぶしているというニュースを見たことがあるだろう。キャベツの出荷量が多すぎると価格が急激に下がり，キャベツ農家の収入が大きく減ってしまう。その結果，収入で種や肥料代もまかなえないことがあり，そのような事態をさけるために，畑でキャベツを廃棄するわけである。

092 (1) ⓐ
(2) ウ

解説 (1) 需要曲線は右下がり，供給曲線は右上がりである。価格がⓐのとき，需要量はⓐ，供給量はⓘであり，供給が需要を上回るので，商品は売れ残る。ⓒの場合は反対に，需要が供給を上回るので，商品は品不足となる。
(2) ⓐの場合，供給量から需要量を引いたもの，すなわちⓘ－ⓐが売れ残りの量となる。

12 現代の企業と生産

093 ア

解説 企業には私企業と公企業がある。資本主義社会では，利潤追求を目的とした私企業が一般的だが，利潤を目的としない公企業もある。公企業には，国の特殊法人や地方の水道事業や交通事業などの公共性の高い企業がある。なお，農協や生協などの組合企業は私企業に属する。

094 A…エ　B…キ　C…オ　D…ア

解説 資本主義経済では，企業は最大限の利潤を求めて活動している。そのため，自社の製品やサービスを売るための研究開発や設備投資が不可欠となってくる。厳しい競争に打ち勝った企業だけが，生き残るというしくみが資本主義経済である。

095 (1) 株主総会
(2) ⓑウ　ⓒイ
(3) ア

解説 (1) 株主が出席し，会社の基本方針を決め，役員を選任するⓐは株主総会である。
(2) 株式を購入した出資者は株主という。株主は，株式会社の上げた利潤の一部を配当として受け取る。株式会社は，自社の株式を株式市場に上場・公開して広く売ることで，資金を得ている。
(3) ア．事業がうまくいかず株式会社が倒産した場合，株主は自分が出資した金額以上の負担を負わなくてもよい。これを株主の有限責任という。
イ．株式会社は社会的責任を負う。ウ．株価は需要と供給の関係で決まり，上がったり下がったりするので，株式の売買で利益を得ることができる。逆に損失がでることもある。エ．企業などの法人も株主になることができる。
この図は株式会社の基本的なしくみを示しており，出題も多いので，確実に理解しておこう。

⑦ 得点アップ

▶会社の種類

会社の種類	構成員	特　徴
株式会社	有限責任社員。1人以上	株式を発行し，多くの人の出資で大規模経営。大企業など。
合資会社	無限責任社員　有限責任社員	小規模の会社など。
合名会社	無限責任社員	家族経営が多い。
合同会社	有限責任社員	社員1名で設立可能。

096 (1) 株式
(2) ウ

解説 (1) 株式を売買する市場が株式市場。その企業の経営内容などによって人気が上下し，株価も変動している。
(2) ア．需要量に比べて供給量が多いと売れ残りが生じるため，価格は安くなる。イ．公共料金の値上がりは，国民生活に大きな影響を与えるため，国や地方公共団体が認可・決定している。エ．市場経済における競争を促すために独占禁止法がつくられた。

097 (1) A…上昇する。　B…公共料金
(2) 広告［宣伝］

(3) 独占価格

(4) 例 小売店が生産者から直接仕入れること。

(5) 例 価格だけでなく，環境に配慮するなど，企業が果たしている<u>社会的責任</u>にも注目すること

解説 (1) 需要曲線を思い出そう。需要が増え供給を上回ると品不足となるので，市場での価格は上昇する。

(3) 独占状態では，価格以外のデザインや広告などで商品の売りこみをめざすことになる。これらを非価格競争という。

(5) 経済主体の中で企業の占める役割も大きくなってきている。近年，企業が環境対策を進めたり文化活動を支援するなどの動きが活発になっている。

098 (1) ① イギリス ② 産業革命
③ 生産手段 ④ 商品 ⑤ 市場
⑥ アダム・スミス ⑦ 社会主義
⑧ マルクス ⑨ ロシア革命
⑩ 計画

(2) 例 資本家などに富が集中し，貧富の差が拡大した。

解説 (1) ①・② 産業革命は，イギリスで18世紀頃におこった。イギリスで始まった理由としては，商工業が発達し，資金が豊富であったことがあげられる。また，大地主が農地を大規模化するために中小農民の土地をまとめたことにより，土地を失った農民が労働者になったことが大きい。産業革命は，まず機械の発明に始まった。ワットの蒸気機関の改良は有名である。産業革命によって，イギリスは「世界の工場」になった。

⑥ アダム・スミスは，18世紀に活躍したイギリスの経済学者。個人が利潤追求のために生産活動を行うと，神の「見えざる手」によって，社会全体の調和がたもてるとして，資本主義の発展に大きな影響を与えた。主著は，『諸国民の富』。

⑧ マルクスは，19世紀に活躍したドイツの経済学者。資本主義社会のしくみを分析し，資本主義から社会主義への移行を主張。ソ連の成立に影響を与えた。

⑨ ロシア革命は，1917年に起きた革命。1922年に世界で最初の社会主義国であるソ連が誕生した

が，経済計画がうまくいかず，1991年にソ連は崩壊した。

得点アップ

▶イギリスの産業革命
18世紀後半，イギリスでおこった。
→「世界の工場」として発展，資本主義の始まり
背景 ①機械の発明(動力機関，力織機など)と導入
②マニュファクチュア(工場制手工業)の発達
③土地の囲い込み→賃金労働者の創出
④資本家の登場
その後，ヨーロッパやアメリカなど，世界各地に資本主義が広まった。

099 ① 家計
② 流通
③ 地方公共団体
④ 利潤[利益]
⑤ 株式

解説 ① 経済を動かす主体は，家庭の経済活動である家計，店や会社等の企業，政府のはたらきの3つに大きく分けられ，「経済の三主体」とよばれる。

③ 公企業とは，国や地方公共団体が経営する企業であるが，ここでは水道や都市交通が取りあげられているので，国は入らない。

100 (1) イ
(2) エ

解説 (1) ア．株主は出資した金額以上の責任は負わず，倒産した企業の負債(借金)の全額を返済する必要はない。ウ．配当の金額は，その会社の判断で決められる。エ．供給より需要が多い株式は，その価格が上昇する。

(2) エは誤り。配当は会社の利潤の一部を株主に還元するものである。したがって，配当が増加するということは，会社の利潤が増加しているからであり，一般に利潤が大きい会社の株価は上がることが多い。

101 (1) ア
(2) イ，オ

解説 (1) 新会社法により，有限会社が新設できなくなり，株式会社に一本化された。これにともない，新会社法では，これまでの 1,000 万円以上を必要としていた株式会社の資本金が，1 円以上となった。

(2) ア～ウ．海外進出する中小企業は多い。日本企業が海外に進出する理由は，安い労働力を求める場合や，原油など資源に関する場合などがある。エ．「産業の空洞化」が問題化しているのは，日本国内である。「産業の空洞化」とは，企業が工場などの生産拠点を海外に移すことで，国内生産が衰退することをいう。オ．日本の法人税は，国際的にみると高い水準にある。カ．海外での売上高の方が日本国内より大きい日本企業も存在する。

102 (1) 会社の利点…例 多くの資本を集めることができる。
株主の権利…例 利潤の一部を配当として受け取る権利。
(2) エ
(3) 企業の社会的責任[CSR]

解説 (1) 会社は多くの資本を集めたいが，経営状態が良くないと利潤も上がらない。利潤が良くないと配当も十分に支払えない。配当が少ないと株式市場での人気も下がり，思うように資金が集まらない。

(2) エ．株式の発行など企業内部で調達されたものを自己資本といい，銀行などからの借入金など返済の必要のある資金を他人資本という。

(3) 現在の企業は，単に利潤を上げ，株主にできるだけ多く配当を配るというだけでは，立ち行かなくなっている。例えば，公害を出したり，不良品を出したり，原材料の偽装などがあったりすると，その企業は存在そのものが危うくなる。世界的にも，社会に受け入れられ，社会とともに歩むという姿勢が企業に求められる時代になってきた。そのため，文化活動(メセナ)やいろいろな奉仕活動(フィランソロピー)，また環境を守るための海外での植林活動など，いろいろな活動を行っている。あらゆるステークホルダー(利害関係者：消費者，投資家，従業員，社会全体など)からの要求に適切な対応をとることが企業に求められている。

13 金融と働く人の生活向上

103 (1) ア
(2) 例 預金に対する利子の比率よりも，貸し出しの利子の比率を高くすること。

解説 (1) 日本銀行は，政府の資金の受け入れや取り扱いを行っているが，この働きを「政府の銀行」という。「銀行の銀行」とは，銀行など金融機関に対して，資金の貸し出しや預金の受け入れを行うことをいう。「発券銀行」とは，日本銀行だけが紙幣を発行できるということである。なお，補助貨幣(100 円などの硬貨)は，日本政府が発行している。

(2) 例えば，個人から 500 万円を年利 0.05％で預かり，企業に年利 0.2％で貸し出すとすると，その差額が銀行の利益になる。銀行は融資以外にも，為替や口座振替などさまざまな決済サービスを行っている。

104 (1) ア
(2) ウ

解説 (1) 企業の生産活動が縮小し，価格が下落する現象をデフレーションという。不景気の時におこる。日本銀行が行う政策を金融政策という。財政政策は，予算などを通じて政府が行う経済政策のことである。

(2) 紙幣の発行は，中央銀行としての日本銀行の役割の 1 つである。

⑦ 得点アップ

▶日本銀行の金融政策

中央銀行としての日本銀行の行う仕事を金融政策という。金融政策の目的は，物価の安定と通貨量の調整である。

具体的には，公開市場操作と預金準備率操作などがある。公開市場操作とは，日本銀行が国債などを売買することにより，通貨の流通量を

調整することであり，金融政策の中心である。

景気が悪く通貨量を増やしたい場合には，日本銀行は国債などを買うことになる。買うことによって，その代金に相当する通貨量が増えることになる。これを買いオペレーションという。

預金準備率操作とは，都市銀行などが日本銀行に預けてある準備預金の割合を上下させることで，景気が良くない時には準備率を引き下げて通貨量を増やそうとする。

以前は，**公定歩合**(民間の銀行にお金を貸し出すときの金利)を日本銀行が調整することが金融政策の中心として行われていたが，現在は行われていない。公定歩合という名称に代わり，現在の名称は**基準割引率および基準貸付利率**となっている。

105 (1) 為替（かわせ）相場［為替レート］
(2) ア
(3) 例 輸入品の価格が下がり，安く購入できること。

解説 (2) 円高とは円の価値が上がること。円安とは円の価値が下がること。3月に1ドル100円であったものが，6月には1ドル106円になっているので，円の価値は下がっている。

(3) 円高になると，外国の商品を安く輸入できるが，日本で生産した商品は外国では高くなってしまうので，売れ行きが悪くなり，輸出量が減少する。

106 (1) 内容…例 性別によって職種を指定することをやめたこと。
名称…男女雇用機会均等法
(2) 労働基準法

解説 (1) **資料**をよく見ると，1980年にあった，「男子販売員」・「女子事務員」という語句が，2020年には見られないことがわかる。このことが，この法律がめざしているものを表している。しかし，実際にその会社に応募してみると，実は女子だけであったとか，また，女子は実際には採用しないという例もあり，法律と現実との矛盾がある。

(2) 労働者の勤務条件を規定しているのは，労働基準法である。具体的には，労働時間，賃金，休日などについて定められている。下を参照。

得点アップ

▸労働基準法の主な内容

第1条　①労働条件は，労働者が人たるに値する生活を営むための必要を充たすべきものでなければならない。

第2条　①労働条件は，労働者と使用者が，対等の立場において決定すべきものである。

第3条　使用者は，労働者の国籍，信条又は社会的身分を理由として，賃金，労働時間その他の労働条件について，差別的取扱をしてはならない。

第4条　使用者は，労働者が女性であることを理由として，賃金について，男性と差別的取扱いをしてはならない。

第20条　①使用者は，労働者を解雇しようとする場合においては，少なくとも30日前にその予告をしなければならない。

第24条　①賃金は，通貨で，直接労働者に，その全額を支払わなければならない。

第32条　①使用者は，労働者に，休憩時間を除き1週間に40時間を超えて，労働させてはならない。

107 (1) 労働基準
(2) (a)…団結権　(b)…団体交渉権
(3) ① 例 25～34歳の働く女性の割合が特に増えている。
② 例 イギリスでは日本より，30～50歳代の働く女性の割合が高い。

解説 (1) 労働時間や休日，賃金について規定しているのは，労働基準法である。

(3) **資料**をていねいにみるとわかる問題である。30歳から55歳くらいまでは，イギリスの方が，働く女性の割合が高い。特に40歳代は約8割の女性が働いている。日本では，1985年ごろまでは，女性が子育てのためにいったん仕事をやめる傾向があり，25歳～34歳までの女性の働く割合は低かった。

108 (1) 男女共同参画社会
(2) 例 子育てのための休暇制度の充実

解説 (2) 子育ては，男女を問わず協働して行うこ

とが，男女共同参画社会の実現には不可欠である。実際には，例えば，育児休暇をとるのは女性だけという時代もあった。最近では，男性も育児・子育てという動きが出てきている。

---

109 (1) 格差社会
(2) ワーキング・プア

解説 (1) 格差社会とは，富裕層と貧困層に分かれている社会のこと。給与や労働条件などにより，経済的な格差が生じてきている。
(2) ワーキング・プアとは，働いてはいるものの非正規社員やパートであるため，収入が安定せず，生活が苦しい人たちのことをいう。

---

110 ①オ ②ウ ③ケ ④キ ⑤カ

解説 日本銀行が行う政策が金融政策である。主なものは，公開市場操作，預金準備率操作と基準割引率および基準貸付利率(以前の公定歩合)の変更などである。これらを使って，物価の安定と通貨量の調整などを行っている。一般に，不況のときは通貨の量を増やし，景気の行き過ぎをおさえるときは，通貨の量を減らす。

---

111 (1) イ
(2) ウ

解説 (1) イ．五百円玉などの硬貨を発行しているのは，日本政府である。ただし，独立行政法人の造幣局がその仕事を行っている。
(2) ア．景気が悪い時には，公定歩合(基準割引率および基準貸付利率)を引き下げた。イ．景気がよい時には，一般の銀行に国債を売ることで資金を吸収し，景気の行き過ぎを抑える。エ．日本銀行は，企業と取引は行わない。

---

112 (1) ウ
(2) ウ
(3) B…ア C…ク
(4) ア

解説 (1) 勤労の権利と義務を規定しているのは，憲法第27条である。なお，勤労の義務は国民の三大義務(勤労，納税，教育)の1つである。
(3) 労働基準法の一部である。労働時間の基準は，

1日8時間，週40時間までである。
(4) ア．労働委員会については，労働組合法に規定がある。労働委員会は，使用者委員，労働者委員，公益委員からなる。労働委員会の種類としては，中央労働委員会，船員労働委員会，都道府県労働委員会及び船員地方労働委員会がある(労働組合法第19条)。労働委員会の仕事は，労使で問題解決できないときに，調停し斡旋することによって，労使の問題を解決することである。

---

113 (1) A…治安維持法
B…労働関係調整法
C…国際労働機関
(2) ウ
(3) イ
(4) イ
(5) エ
(6) イ

解説 (1) 1925年には普通選挙法と同時に治安維持法が制定された。治安維持法は，天皇制の廃止や私有財産制度を否定する考えを持つ団体や個人を弾圧したもの。労働運動はきびしく制限されたが，戦後の1945年に廃止された。労働関係調整法は，戦後になって労働運動を保護する立場から制定された。また，国際労働機関(ILO)は，1919年につくられた組織で，国際社会における労働条件の向上を目的としている。
(2) ウ．憲法は第45条・第46条において，衆議院議員および参議院議員の任期について定めている。
(3) イ．公務員関係の労働者については，労働三権が制限されている。自衛官や警察職員などについては，労働三権は一切認められていない。また，国家公務員及び地方公務員の一般職員については，争議権(ストライキ権)は認められていない。
(4) 厚生労働省の推定組織率によると，2018年では17%を下回っている。
(5) エ．労働組合に入らないことを雇用の条件とすることは，労働組合法第7条で不当労働行為として禁止されている。
(6) イ．労働基準法には，「30日前にその予告をしなければならない」とある。

114 (1) ウ

(2) 証券会社

(3) 日本銀行

(4) ア

(5) エ

(6) イ

解説 (1) ウ．借金をして返済できず，返済のためにまた別のところから借りる。そうすると，そこも返せなくなる。このようにして，返済できない状態に陥った人を多重債務者という。民法では，自己破産を宣告すると，借金の返済が免除される制度があるが，当然ながら自己破産者は経済活動を制限されてしまう。イの破産管財人とは，企業が破産した場合，借金や手持ちの財産などを管理し，場合によっては処分する役目を持つ人のこと。エの消費者金融とは，消費者に資金を貸すことを主な業務とする金融機関のこと。オのネットカフェ難民とは，定住先がなく，無職または低収入のため，安い宿も利用できずに，ネットカフェで寝泊まりする人たちのことをいう。

(2) 株式を売買する仕事をしているのは，証券会社である。株式の売買の際に手数料がかかるが，この手数料が証券会社の主な収入源である。

(4) クレジットカードは，本人の信用に基づく，いわば借金であるので，貯蓄ではない。

(5) 働くことの意味は，もちろん生活のために収入を得るためではあるが，自分自身を高める自己実現という意味を忘れてはならない。

(6) 株主(出資者)が参加する株主総会が，最高の意思決定機関である。

115 (1) イ

(2) ウ

解説 (1) イ．日本銀行は，一般の企業から預金を預かることはない。

(2) ウ．労働組合の組織率は年々減少しており，最近では 17％を下回っている(2018 年)。

116 (1) 労働組合法

(2) ストライキ

(3) ウ

解説 (3) ウ．ニートとは，仕事につかず，仕事に必要な訓練もしない人たちのこと。

117 (1) ① 10　② 5　③ 5　④ 20　⑤ 15

⑥ 25　⑦ 20　⑧ 40

(2) ① ○　② ×　③ ×　④ ○

解説 (1) 比較生産費についての問題であるが，解答欄に入る数字は説明どおりに考えていけば難しくはない。

(2) ① A時点では 1 ドル＝ 250 円で，B時点では 1 ドル＝ 150 円である。② アメリカで同じ 1 ドルのものが，日本では，A時点では 250 円，B時点では 150 円なので，日本でアメリカの商品が安くなり，アメリカの企業は，日本に輸出しやすくなる。③④ 200 円の商品は，A時点では日本で買った方が安いが，B時点ではアメリカで買った方が安くなる。

14 財政と社会保障

118 (1) 国債

(2) ウ

解説 (2) 国債は財源不足を補う目的などで発行されている。2020 年度の国債の累計残高は 900 兆円を超えている。2020 年度の国の予算は約 128 兆円なので，国の予算をはるかに上回る借金を抱えていることになる。国債の中でも特例国債(赤字国債)の伸び幅が大きく，2020 年度の国債費のうち約 8 割が特例国債である。このように，日本の財政状況は非常にひっぱくした状態である。

⑦得点アップ

▶国債残高と GDP に対する比率

『日本国勢図会2020/21』
（『日本国勢図会 2020/2021』より作成）

119 (1) 例 税金を減らしたり，公共事業などによる財政支出を増やしたりする。

(2) ア，エ，オ

解説 (1) 景気が後退している時は，政府は公共事業による財政支出を増やしたり，減税を行ったりして，生産や消費活動を刺激し，景気を活発化させようとする。逆に，景気が上向きの時は，財政支出を減らしたり，増税を行って，景気の行き過ぎを抑えようとする。

(2) イ．直接税の方が比率が高い。ウ．所得税は所得が多い人ほど税率が上がる累進課税制度をとっており，一律ではない。一律 10 パーセントの税率が課されているのは消費税である。カ．財政活動は，国会の承認が必要で，予算の議決は国会が行う。

120 ア，イ

解説 ア．「税金は直接税と間接税」とに分けられているのは資料Ⅳからわかるが，アメリカとの比較ではその資料がないので読み取れない。イ．「歳出においては社会保障関係費の割合が最も高く」ということは，資料Ⅱから読み取れるが，割合の移り変わりの資料がないので，「その割合は年々高くなってきている」かどうかは読み取れない。ウ．資料Ⅰと資料Ⅳから読み取ることができる。エ．資料Ⅱと資料Ⅲから読み取ることができる。

121 ア

解説 イ．都道府県や市町村が集める税金は地方税である。公債金とは，国や地方公共団体の借金のことである。ウ．納税者と負担者が一致する税金は直接税，一致しない税金は間接税で逆である。エ．消費税は同率の税金であるので，所得の少ない人の方が税負担の割合は高くなる。

122 (1) 例 （企業の生産活動がふるわず，消費ものびないため，）物価が下がり続けること。

(2) 例 ウォンの価値が下がり，日本への旅行費用が高くなったため。

解説 (1) デフレーションが長く続くと，企業の生産活動がさらに縮小され，場合によっては労働者が解雇されたり，残業もなくなったりすることから，賃金総額が減る。そのためさらに消費が落ち込み，ものが売れないので，さらに物価が下がるという悪循環におちいることがある。このような現象をデフレスパイラルという。

(2) 表から考えると，2008 年 1 月には，韓国人旅行客は 87,500 ウォンあれば，日本に来て 10,000 円の買い物ができたが，2009 年 1 月には，149,800 ウォンないと 10,000 円の買い物ができなくなった。以上の理由で韓国人旅行客が減少したと考えられる。なお，日本人が韓国に行く場合は，この逆の現象となるので，韓国への日本人観光客は増えたと考えられる。

123 (1) ウ

(2) 累進課税制度

解説 (1) アの公的扶助は生活保護である。イの公衆衛生は保健所の仕事など。エの社会福祉は，身体障害者など社会的に弱い立場の人に対する保護や援助である。

(2) 累進課税制度は，高所得者からは多くの税金を支払ってもらい，それを社会保障の財源として弱者への支援などにあてるもので，「所得の再分配」の働きをもつ。

124 (1) ウ

(2) 介護保険法

(3) 少子高齢社会

解説 (1) ア．については，少子化の資料がないの

で，関連がわからないし，社会保障給付費は増え
ている。イ．約5倍ではなく約8倍である。エ．
社会保障給付費は増えている。

(2) 老齢になるなどして介護が必要になった場合，
在宅または施設で介護サービスを提供することを
目的に1997年に制定された法律。40歳以上の人
が支払う保険料と税金でまかなっている。原則と
して65歳以上が対象で，費用の1割(一定所得以
上の人は2割)を本人が負担する。これからます
ます高齢化が進むと，保険料が増え続けるのでは
ないかという声もあり，どのくらいの保険料を本
人負担とするのかが議論になっている。

(3) 高齢化が進むと，社会保障給付費が増えること
が予想され，少子化により税金や保険料を負担す
る人が減り続けると，財政運営は非常にきびしく
なる。

⑦ 得点アップ

▶介護保険制度

　1997年に制定された介護保険法に基づくもの。
高齢化に伴い，介護を必要とする高齢者が増え
ており，介護の期間も長引く傾向にある。しか
も，少子高齢化や核家族の増加などにより，家
庭での介護が難しくなってきている。そのため，
社会全体で介護を必要とする高齢者をささえる
という制度がはじまった。これが介護保険制度
である。

　具体的には，家庭へのホームヘルパーの派遣，
または高齢者福祉施設などでのケアに対して補
助を行う。利用者の負担は1割(一定所得以上
の人は2割)である。残りは，40歳以上の人が
支払う保険料と税金でまかなわれている。今後，
高齢化がますます進むと，介護対象者が増える
ことが予想され，財政上の負担が増えることが
問題となっている。

---

125 (1) もの[財]
　　　(2) ウ
　　　(3) 財政
　　　(4) 歳入，歳出
　　　(5) ウ

解説 (2) ウ．計画経済はソ連などのかつての社会
主義国がとった政策で，国家が数年間の単位で生
産などの計画をつくり，それに基いて生産を行う

もの。計画経済は，労働者の意欲不足というマイ
ナス要因も含み，社会主義経済のゆきづまりの1
つの原因となったものである。

(3) 政府の経済活動を財政というが，民間企業では
カバーできないことを税金で行う。道路や港湾な
どの社会資本を充実させ，また，失業者や高齢者
の生活を安定させることなどが財政の役割である。

(4) 政府の収入を歳入，支出を歳出という。歳入と
いうのは，会計年度における収入という意味で，
4月1日から翌年3月31日までの1年間の金額
をさす。

(5) 2020年度の一般会計での経費別割合は，社会
保障関係費(28.6%)，国債費(18.3%)，地方交付
税交付金(12.3%)の順である。なお，防衛関係費
は4.1%，公共事業関係費は5.3%である。

---

126 (1) ① 国債　　② 財政
　　　(2) インフレーション[インフレ]
　　　(3) 終身雇用
　　　(4) (A)(B)ウ，キ　　(C)カ

解説 (1) ② 財政のはたらきは，公共施設をつく
ること，医療や教育のサービスを提供すること，
社会保障を充実させることなどである。

(2) インフレーションになると，通貨の価値が減り，
ものやサービスの価格が上がるので，国民生活に
大きな影響を与える。

(3) 終身雇用とは，入社から定年までの雇用が保障
されることである。雇用されている間は，年々給
料が上がっていく年功序列賃金が採用されていた。
しかし，最近では，労働者がよりよい条件の会社
に転職したり，定年前に解雇されたりするなど，
同じ会社に定年まで働くという制度は崩れつつあ
る。

(4) 国税は，法人税，消費税，所得税である。この
うち，法人税と所得税は直接税，消費税は間接税。

▶国税の割合 2019 年度

直接税	間接税	
38 兆 2,672 億円	28 兆 1,541 億円	
所得税	30.0%	消費税	29.2%
法人税	19.4	揮発油税	3.5
相続税	3.4	酒 税	1.9
		印紙収入	1.6
		その他	5.9

※国税の総額は，62 兆 5000 億円で，直接税が約 57％，間接税
が約 43％になっている。　　　　（日本国勢図会 2020/21）

---

127 (1) ① 1　　② 2　　③ 2　　④ 1　　⑤ 1
　　　　　⑥ 2
　　(2) ア
　　(3) ア，ウ

解説 (1) ① アは所得税，イは法人税。② ウは公
　　債金。2020 年度では，約 3 割を公債金でまかな
　　っており，国の財政は厳しいものがある。消費税
　　の導入は 1989 年であるのでエが消費税。③ カは
　　社会保障関係費。⑥ ケは国債費，オは地方交付
　　税交付金等。
　(2) 高齢化にともない年金関係と医療費関係が増え
　　ているので，アの社会保険費が正解である。
　(3) 減税を行うと消費が増えることが予想される。
　　また，公共事業を増やせば建設関係などの仕事が
　　増えるが，エのように減らせば内需拡大にはなら
　　ない。

---

128 (1) (a)…キ　　　(b)…オ（カ）
　　(2) エ
　　(3) (a)…財政　　(b)…財政投融資

解説 (1) イの労災保険は，労働者災害補償保険の
　　ことで，労働者が仕事を行っているときに受けた
　　けがや病気，死亡などに対して支払われる保険の
　　こと。これに対して，カの健康保険は，仕事以外
　　のときのけがや病気などに対して支払われる保険
　　である。
　(2) ① 遺産相続で税金が払えなくなり，土地や建
　　物を物納した話を聞いたことがあるだろう。これ
　　は，国税のうちの相続税の場合である。法人税に
　　ついては，物納は認められていない。② 消費税
　　は一律課税であり，累進課税ではない。低所得者

にとっては税負担の割合が大きくなる。
　(3) 財政投融資は「第 2 の予算」といわれた。財政
　　投融資とは，公的資金などをもとにして特殊法人
　　などに投資や融資を行うことである。予算案は，
　　国会の議決を必要とするが，財政投融資は国会で
　　の承認事項である。最近はその規模が縮小されて
　　きている。

---

129 (1) ウ
　　(2) 国債費

解説 (1) ア．所得に関係なく同じ税率をかけた場
　　合，累進課税とはいわない。イ．消費税のは，所
　　得の少ない人ほど所得に対する税負担の割合は高
　　くなる。エ．景気のいい時は，政府は増税を行う。
　　オ．財政投融資に関する説明である。金融政策は
　　日本銀行が行う政策である。
　(2) A は所得税，B 消費税，C は公債金，D は地方
　　交付税交付金，E は防衛関係費である。

---

130 (1) 地方交付税交付金
　　(2) 消費税

解説 (1) 地方の予算のうちの地方交付税交付金，
　　地方譲与税，国庫支出金は，国から地方に移譲さ
　　れる予算。ただし，財政が豊かな地方公共団体に
　　は，地方交付税交付金は交付されない。
　(2) 間接税の中心は消費税であり，3％の消費税率
　　でスタートした消費税は 10％まで引き上げられた。

---

15 日本経済の諸問題

131 (1) よび名…イタイイタイ病　場所…C
　　(2) 環境基本法
　　(3) 循環

解説 (1) A が水俣病，B が四日市ぜんそく，D が
　　新潟水俣病の発生地である。
　(3) 循環型社会形成推進基本法は，2000 年に制定
　　された。環境基本法の理念に基づいて，廃棄物の
　　適正な処分と循環的に再利用などが行われるよう
　　にするとともに，国や地方公共団体，国民の責任
　　を明らかにしている。

⑦得点アップ

▶四大公害裁判 （いずれも被害住民の勝訴）

	判決	あらまし
水俣病	1973年	熊本県八代湾沿岸の住民被害。「チッソ」の工場排水に含まれたメチル水銀により被害。
四日市ぜんそく	1972年	三重県四日市市の住民被害。コンビナートの工場が出す二酸化硫黄によりぜんそくの被害。
イタイイタイ病	1972年	富山県神通川流域の住民被害。「三井金属鉱業」関連の鉱山から流失したカドミウムにより被害。
新潟水俣病	1971年	新潟県阿賀野川流域の住民被害。昭和電工の工場廃液中のメチル水銀により被害。

132 例 もののリサイクルを推進し，廃棄物を少なくする社会。

解説 1995 年に成立した法律とは，容器包装リサイクル法のこと。この法律以降，リサイクルが本格化した。

133 (1) ㋐例 多くの食料が廃棄されているが，世界の食料不足人口が多い
㋺アフリカ州

(2) 例 不要となった食品のうち，消費期限内の食品を海外へ食料支援をする団体を通して提供することで，食料を廃棄する量が減少し，食料不足の国などを援助することに結び付く

解説 (1)イ．一人あたりの穀物生産量は，〈穀物生産量÷人口〉で求めることができる。アフリカ州は他州に比べると人口に対して穀物生産量が少ないので，食料不足の状態だとわかる。

(2) 図Ⅱは，不要となった食品のうち，賞味期限内の食品を海外へ送る流れを示している。この流れによって，処分施設に流れる食料の量を減らし，食料不足の国々へ食料を届けることができるようになる。

134 (1) 環境基本法
(2) ア

(3) 温室効果

解説 (1) 環境基本法は，1993 年に制定されたが，焼却施設から出されるダイオキシンや，土壌汚染などの新しい公害が発生したことや地球環境問題に対応するためのものである。

(2) 環境税を導入しているのは，ヨーロッパの国である。日本では，議論はあるが，現時点では導入されていない。

135 (1) ウ　　(2) ウ
(3) エ　　(4) リユース

解説 (1) 足尾銅山鉱毒事件は，栃木県の足尾銅山からの鉱毒が渡良瀬川に流れこみ，下流域の農作物に被害を与えたもの。1890 年に被害が一気に拡大した。足尾銅山の経営は古河鉱業で，地元の代議士である田中正造を中心に，農民たちの運動が高まった，公害の原点といわれる事件であった。表を見て，まずA群から古河鉱業と田中正造の入っているア〜エが候補となる。次に，B群から渡良瀬川の入っているウとエに絞りこむ。あとはC群の地図で最終決定だが，川の位置を判断する。ここで栃木県を思い出す。正解はウ。ⅰは北上川，ｊは阿賀野川（新潟水俣病の発生地），ｋは信濃川，ｍは神通川（イタイイタイ病の発生地）である。

(2) 7つの公害とは，①大気汚染，②水質汚濁，③土壌汚染，④騒音，⑤振動，⑥地盤沈下，⑦悪臭のことで，公害対策基本法（1967 年）で規定された。森林破壊は，温暖化につながりかねない行為であるが，7つの公害には入っていない。

(3) イは環境基本法のこと。公害対策基本法を引き継いで，1993 年に制定された。ウは汚染者負担の原則（PPP）のこと。

(4) 「3つのR」とは，Reduce（ごみを減らす），Recycle（再生利用），Reuse（再使用）のこと。ごみを減らすための心構え・取り組みを表している。ごみをできるだけ出さないことをリデュース，ごみを回収して資源化してもう一度使えるようにすることをリサイクルといい，ごみとして捨てる前に，再使用できるものは利用すること，例えば広告の用紙で裏が使える場合には，メモ用紙として使うなどをリユースという。

136 ① 文化的　　② 生存

解説▶②の生存(権)はわかると思うが，①は憲法第25条を思い出せば，「健康で文化的な」という部分が予想される。環境基本法の条文そのものを解くのは，少し難しいと思われるが，「生存権の理念」というヒントがあるので，解答できる。問題を解くにあたっては，このように総合的に考えることが大切である。

137▶(1) ウ
(2) エ
(3) ウ
(4) デフレスパイラル

解説▶(1)　ウ．高度経済成長期においては，CDプレイヤーは発売されていない。1980年代になってからである。また，ノーマライゼーションやバリアフリーは2000年代のことがらである。

(2)　エ．1973年にアラブ諸国とイスラエルとの間で第4次中東戦争が始まった。アラブの石油産出国はイスラエルと親しい国への石油輸出制限を始めたので，その影響で日本では原油価格が急騰し，経済の混乱がもたらされた。これが石油ショックである。

(3)　円高は，輸出産業に大きな影響を与えた。資源小国である日本にとって，輸出で稼ぐというしくみがうまくいかなくなると，景気が停滞する。これが円高不況である。

(4)　物価が下がるということは，企業の売り上げが落ち込むことを意味する。そうすると，業績の落ちた企業は残業を減らすとか，従業員の出勤を減らすなどの対策をとるようになる。すると，労働者の収入が減るので消費が低迷する。これにより，ますますものが売れなくなるので，物価はさらに下落する。このように悪循環が続くことが，デフレスパイラルである。

第3回 実力テスト

1▶(1) アメリカ
(2) ③
(3) ③
(4) 円高

解説▶(2)　③1960年，池田勇人内閣は長期経済政策をかかげ，10年間で国民所得を2倍にする政策を行った。これを所得倍増計画という。計画には，社会資本を充実させ，貿易を促進するなどがふくまれ，10年後に目標を達成し，日本の経済発展に大きな影響を与えた。

(3)　③第一次石油危機の後，物価が2～3倍になり，「狂乱物価」が発生した。1974年は戦後初めてのマイナス成長となり，企業は省エネ志向へと事業構造の転換を計っていった。その結果，電化製品や自動車産業が新しい発展をとげ，国際競争力が強まっていった。

2▶(1) イ
(2) 労働関係調整(法)
(3) エ

解説▶(1)　①2016年における大企業数は約1.2万社で，全体の0.3％である。残り97.3％を占める中小企業数は約357.8万社ある。日本の企業を規模別に見ると，少数の大企業と多くの中小工場という構造となる。出荷額と従業員数で見ると，中小企業は全出荷額の約50％で全従業員数の70％を占めている。近年は，大企業にはない高度な技術を持つ中小企業が台頭し，独自の技術を生かして起業するベンチャー企業が増えている。

(2)　日本国憲法では勤労の権利が認められており，その下でさまざまな労働の権利を定めた労働三法が定められている。

⊘得点アップ

▶労働三法

労働基準法	労働時間，休日，賃金などの労働条件について最低基準を定めた法律。
労働組合法	労働組合を結成することや，労働争議を保障することを定めた法律。
労働関係調整法	労働争議を予防，解決して産業の平和を保つために定められた法律。

(3)　ア．株主が責任を負うのは，出資した範囲内である。
イ．配当は株主が保有する株数に応じて配分される。

ウ．独占禁止法は起業の独占や不正取引などを禁止し，健全な資本経済を維持するために定められた法律である。発行された株式の売買方法について定めているのは金融商品取引法である。

---

3 (1) 発券
　　(2) ア

解説 (1) 日本銀行は日本の中央銀行である。日本銀行は，日本銀行券（千円札，二千円札，五千円札，一万円札）を発行する唯一の銀行である（発券銀行）。また，政府の資金を預かり，出し入れを行っている（政府の銀行）。一般銀行に対しては，資金や預金の出し入れを行っている（銀行の銀行）。

(2) 日本銀行は金融政策を行うことで，景気の安定化を図っている。不景気のときは市中にお金が出回るようにするため，日本銀行は一般銀行が持つ国債などの債権を買う。債権を買うことで，日銀のお金が一般銀行に流れるため，一般銀行は企業や個人にお金を貸しやすくなり，市中にお金が出回るようになり，景気が回復していく。好景気のときは，日本銀行は一般銀行に債権を売ることで，一般銀行からお金を引き上げる。すると企業や個人は銀行からお金を借りられなくなり，過熱した景気がおさえられていく。このような金融政策を公開市場操作（オペレーション）と呼ぶ。

---

4 (1) ①イ　　②ア　　③公正取引
　　(2) 終身
　　(3) ウ
　　(4) イ

解説 (1) ①ア．物価が上がり続ける状態はインフレーションであり，デフレーションは物価が下がり続ける状態である。どちらも経済にはよくないことで，政府や企業は，需要と供給のバランスを調整して物価を安定させる努力をしている。ウ．不況のときの説明である。エ．市場価格ではなく独占価格という。

(2) 日本では長らく一度就職したら，その会社で定年まで働く終身雇用が一般的であった。近年は，欧米式の働き方が広まり，就職に対する意識が変化するとともに，転職する人が増加傾向にある。

(3) ア．最も歳入が少ないのは鳥取県で，神奈川県は全国5位である（2017年度）。イ．地方公共団体間の格差を減らすために国が配分するのは地方

交付税交付金である。エ．2000年以降，地方債の発行残高はほぼ横ばいで推移している。

(4) 労働者は使用者に対して弱い立場にあるため，労働三権が認められている。団結権によって労働組合をつくる権利が認められ，団体交渉権によって使用者と交渉する権利，そして，団体行動権によってストライキをする権利が認められている。

第4回 実力テスト

1 (1) ウ
　　(2) ウ
　　(3) 依存財源
　　(4) A…過半数　　　B…国会
　　(5) エ

解説 (1) 地方消費税交付金は，消費税のうち，地方分を国から地方に分配する制度である。消費税率が10%になった2019年10月以降の地方消費税率は，それまでの1.7%から2.2%となった。まず，平成26年度の消費額全体を求める。平成26年の地方消費税交付金が14億79.8万円で消費税率が1.7%なので，〈1479080000÷0.017＝約870億〉から，国分寺市での消費総額は約870億円だとわかる。2019年10月から，この額から消費税率2.2%分が市に配分されるので，その額は〈870億×0.022＝約19.14億〉となる。求める値は，平成26年度の14億7,908万円からいくら上回ったかなので，〈1914000000−1479080000＝434920000〉となり，ウの約4.4億円が近い。

(2) 公共施設整備のために長期に借り入れる資金は，将来的に市民の負担を軽くすることに結び付く。

(3) 地方財政の一般会計の財源には自主財源と依存財権がある。地方公共団体によって，割合はさまざまであるが，租税収入が多い地方公共団体では自主財源の比率が高くなる。都道府県別に見た場合，多くの自治体の自主財源比率が50%を割っている。そのため，歳入の多くを地方交付税交付金と国庫支出金に頼った財政状況にある。例外的に東京都は租税収入が多いため，地方交付税交付金が配分されていない。

(5) ア．企業規模による賃金格差もある。
　イ．雇用対策のために国が設けた施設は公共職業安定所（ハローワーク）である。ウ．労働基準法で

決められている週の労働時間は40時間である。
オ．裁量労働時間制は，労働者と使用者との間で労働成果に対して労働時間を考えないで契約を結ぶことができる制度である。労働時間に関わらず，一定の成果を上げれば契約した労働時間を働いたと見なす。この制度の下では，始業や終業の時間設定は必要ない。システムエンジニアや研究職，芸能などの分野でこの制度が広まっている。

> 2 (1) ① 労働基準法
> 　　　 ② 1日…8時間　　週…40時間
> 　(2) イ
> 　(3) EPA
> 　(4) 育児・介護休業
> 　(5) ① A…租税　　B…社会保険料
> 　　　 ② (う)

解説 (1) 労働時間や賃金の最低基準を定めた法律は労働基準法である。労働者の権利を保障するための労働三法には，他に労働組合を結成することや，労働争議を保障することを定めた労働組合法，労働争議を予防，解決して産業の平和を保つために定められた労働関係調整法がある。
(2) イ．非正規雇用労働者とは正規雇用以外の労働者を指し，契約社員や派遣社員，パートタイマーやアルバイトなどが含まれる。これらの労働者には，労働組合に加入することが認められている。
(3) EPA（経済連携協定）とは，投資や人の移動，知的財産の保護などにおけるルール作り，様々な分野での協力を行うことで，幅広い経済関係の強化を目的とする協定である。日本は欧米諸国の他にアジアの国々とEPA協定を結んでいる。また，特定の国や地域の間で，物品の関税やサービス貿易の障壁をなくすことを目的とする協定をFTA（自由貿易協定）と呼ぶ。
(4) 女性の社会進出や高齢化によって高齢者介護を必要とする人が増えるなどの背景で，労働者が子の看護休暇や介護休暇を取りやすくする育児・介護休業法が制定された。2019年の改正では，時間単位での育児・介護休暇取得が取得できるようになった。
(5) 国民負担率とは，国民全体の所得に占める税金と社会保障費の負担の割合のことで，この数値が高いほど，国民がより多くの税金や社会保険料などの負担が大きいことを示す。日本では，1970

年代は20％代であったが，2020年には44.6％となった。この背景には，少子高齢化によって社会保障にかかる費用がふくらんだことと，高齢者を支える若い世代の人口が減少していることがあげられる。

> 3 (1) キ
> 　(2) ウ
> 　(3) ウ

解説 (1) a．2019年現在の，全人口に占める高齢者の割合は28.4％である。b．2019年の合計特殊出生率は1.36で，前年よりも低下した。
(2) ウ．社会保険の財源は，すべて国からのお金ではない。主に本人と事業者が支払う保険料でまかない，一部を国・地方公共団体が負担している。
(3) ア．所得税は，所得が多くなればなるほど高い税率を適用する累進課税の方法がとられているため，所得の高い人は低い人よりも税金を多く負担する。「所得が高い人も低い人も同じ金額を負担することになるので，所得の低い人ほど所得に占める税負担が高くなる」のは消費税である。
イ・エ．所得税は，納税者と担税者（税を納める者）が一致する直接税である。

5編　国際社会とわたしたち

16 国際社会と世界平和

> 138 (1) エ
> 　(2) 国際法
> 　(3) (国連)総会

解説 (1) 国連海洋法条約は，日本は1996年に批准した。条約では，経済水域（排他的経済水域）は200海里をこえない範囲で設定することになっている。1海里は1,852m。
(2) 国際社会において国家が守るべきルールが国際法である。国際法は，条約と国際慣習法からなる。条約は国と国が結んだ合意で，国際慣習法とは，長い間の慣行にもとづくルールをいう。
(3) 総会は国連の最高機関で，すべての国連加盟国が出席し，参加国は平等に1票を持っている。

⑦ 得点アップ

▶国連海洋法条約

1982 年に国連海洋法会議において採択された条約。2020 年現在で 167 の国と EU が批准している。

領海，公海，大陸棚に加えて，排他的経済水域についての新たな規定が行われた。また，国際海洋法裁判所が紛争の解決のためにもうけられた。国境をめぐる国際的なトラブルには，国家の主権という問題とは別に，海洋資源の確保の問題がからんでいる。いくつかの条文を紹介すると次のとおり。

第2条　①沿岸国の主権は，その領土若しくは内水又は群島国の場合はその群島水域に接続する領海といわれるものに及ぶ。②沿岸国の主権は，領海の上空並びに領海の海底及びその下に及ぶ。③領海に対する主権は，この条約及び国際法の他の規則に従って行使される。

第3条　いずれの国も，この条約の定めるところにより決定される基線から測定して 12 海里を超えない範囲でその領海の幅を定める権利を有する。

---

139 ▷ (1) ユーロ

(2) 例EU に加盟した時期が早いほど，1 人あたりの GNI［国民総所得］が大きい。

(3) ア

解説 (2) ヨーロッパ連合（EU）は，1951 年のヨーロッパ石炭鉄鋼共同体（ECSC）にはじまった。最初の加盟国は，ドイツ（当時は西ドイツ），フランス，イタリア，ベルギー，オランダ，ルクセンブルクの 6 か国であった。1973 年には，欧州共同体（EC）となり，イギリス，デンマーク，アイルランドが加盟した。その後，1981 年にギリシャ，1986 年にポルトガル，スペインが加わり，1993 年にヨーロッパ連合（EU）となった。2013 年にクロアチアが加盟したが，2020 年 1 月にはイギリスが離脱した。

▲ヨーロッパ連合（EU）の加盟国

(3) アの ASEAN（アセアン）は東南アジア諸国連合のことで，1967 年に設立された。タイ，マレーシア，シンガポール，フィリピン，インドネシア，ベトナム，ブルネイ，ラオス，ミャンマー，カンボジアの 10 か国。1997 年以降は，日本，中国，韓国の 3 か国を加えた首脳による会合が定期的に開催されている。ウの NAFTA（ナフタ）は，北米自由貿易協定のことで，1992 年に設立された。アメリカ，カナダ，メキシコが加盟している。2020 年 7 月，USMCA（アメリカ，メキシコ，カナダ協定）に名称変更された。エの NIES（ニーズ）は，新興工業経済地域のことで，急速な工業化を実現している国と地域のこと。韓国・台湾・香港・シンガポールをさす。アジア NIES（アジア NIEs）ということもある。

⑦ 得点アップ

▶ASEAN（東南アジア諸国連合）

設立　1967 年（バンコク）

原加盟国　インドネシア，マレーシア，フィリピン，シンガポール，タイ，ブルネイ

新加盟国　ベトナム，ラオス，ミャンマー，カンボジア

目的
○域内における経済成長，社会や文化の発展をめざす。
○域内における政治や経済の安定につとめる。

現状　　　2018 年現在

面積	449 万 km²	日本の 12 倍
人口	約 6.5 億人	日本の 4.6 倍
GDP	約 29,700 億ドル	日本の約 6 割
輸出	約 14,300 億ドル	日本の約 1.9 倍

140
(1) 東南アジア諸国連合
(2) アジア NIES［アジア NIEs］
(3) アジア太平洋経済協力会議
(4) 北米自由貿易協定
(5) ウ

解説 (1) 東南アジア諸国連合は，1967 年にバンコクで設立された。その後発展を遂げ，ヨーロッパの EU に迫る規模になってきている。
(3) APEC（アジア太平洋経済協力会議）は，アジア太平洋地域の 21 の国・地域が参加している。世界の人口と貿易の約 4 割を占めており，貿易の自由化や経済協力などを進めている。主な参加国は，オーストラリア，中国，日本，韓国，マレーシア，フィリピン，ロシア，アメリカなどである。
(5) ウの関税は，自国の農産物や工業製品などを保護するために，外国からの輸入などに対して税をかけるもの。関税が高すぎると貿易に支障ができ，これが壁となって経済が停滞することになる。NAFTA のほかには，EU（ヨーロッパ連合）などが，域内の関税を撤廃している。

141
(1) 安全保障理事会
(2) PKO（国連平和維持活動）
(3) 例 核兵器を「持たない，つくらない，持ち込ませない」こと。

解説 (1) 安全保障理事会の常任理事国は，アメリカ，ロシア，中国，イギリス，フランスの 5 か国。

(2) PKO とは，国連の平和維持活動のことで，紛争地域で停戦の監視などを行っている。日本では，1992 年に成立した国連平和維持活動協力法により，国連の平和維持活動に参加している。2001 年の法律改正により，平和維持軍（PKF）にも参加することが可能になった。
(3) 1971 年の国会決議で採択された。日本は世界で唯一の被爆国であり，その国が核兵器の制限をしたことは世界的に見ても意義がある。

得点アップ

▶国際連合
主要機関
　総会
　安全保障理事会
　経済社会理事会
　信託統治理事会（活動を休止中）
　国際司法裁判所（オランダのハーグ）
　事務局（事務総長が統轄）
国連専門機関
　国際労働機関（ILO）
　国連食糧農業機関（FAO）
　国連教育科学文化機関（UNESCO）
　世界保健機関（WHO）
　国際通貨基金（IMF）

---

142 A…オ　　B…ウ

解説 政府開発援助（ODA）は，政府が開発途上国や国際機関に対して行う資金援助や技術援助のこと。ODA とは，Official Development Assistance の略で，1954 年から行われている。

---

143 ウ

解説 ア．アメリカの，サブサハラ・アフリカ地域への支援割合は日本より大きく，支援額も日本より多い。イ．イギリスの 2017 年度の ODA 実績は，アメリカ，ドイツに次いで 3 番目である。また，サブサハラ・アフリカ地域への支援割合が 5 か国の中で最も大きいのはアメリカである。エ．2017 年度の中東・北アフリカ，サブサハラ・アフリカ地域への支援額はイギリスの方が多い。

144 (1) ウ
(2) ア，イ

解説 (1) UNCTAD は国連貿易開発会議，AFTA はアセアン自由貿易地域，APEC はアジア太平洋経済協力会議，NAFTA は北米自由貿易協定のこと。

(2) ウ．安全保障理事会は，侵略国に対する軍事行動をとるよう加盟国に求めることができる。
エ．日本はこれまで国連の平和維持活動(PKO)に参加してきたが，PKO のうち紛争の拡大を防ぐ平和維持軍(PKF)には参加していない。

145 (1) ウ
(2) ウ

解説 (1) 世界貿易機関は WTO，国連児童基金は UNICEF，政府開発援助は ODA，非政府組織は NGO である。UNICEF は，世界の子どもたちを貧困や飢餓などから救うために活動している。日本では，募金活動や，マンスリー＝プログラム(海外の子どもたちに定期的に送金をする支援活動)などが行われている。

WHO は世界保健機関，WFP は国連世界食糧計画の略称で，WTI は原油価格の一つ。UNHCR は国連難民高等弁務官事務所，UNCTAD は国連貿易開発会議，UNESCO は国連教育科学文化機関，AU はアフリカ連合，OPEC は石油輸出国機構，OECD は経済協力開発機構，NPT は核拡散防止条約，NPO は非営利組織，NATO は北大西洋条約機構の略称である。

(2) 国連加盟国の地域別割合を問う問題である。まず，1945 年に注目する。b は 4 か国であったが，1960 年には 26 か国になっている。1960 年は「アフリカの年」と言われ，17 の独立国が生まれた。このことから，b はアフリカである。c は 1945 年には 14 か国が加盟し，2014 年には 51 か国が加盟しているので，ヨーロッパである。1991 年のソ連解体により，1992 年に東ヨーロッパの国々が多く加盟した。なお，2011 年に南スーダンが加盟し，国連加盟国の数は 193 に増加した。

146 (1) アインシュタイン
(2) 広島市
(3) エ

(4) 中華人民共和国[中国]
(5) パキスタン
(6) IAEA

解説 (1) アインシュタイン(1879 ～ 1955)は「相対性理論」で有名なアメリカの物理学者。ラッセル(1872 ～ 1970)はイギリスの哲学者。ラッセルとアインシュタインは，水爆実験に対して危機を感じ，原子力の平和利用を訴えた宣言を出した。

(2) 原爆投下から 10 年が経過した広島市において，1955 年 8 月に第 1 回の原水爆禁止世界大会が開かれ，アメリカ，中国，オーストラリアなど 11 か国の代表が参加した。

(3) 1968 年に調印されたのは，核拡散防止条約(NPT)。すでに核兵器を持っていたアメリカ，ロシア，イギリスなどの保有は認めるものであった。1987 年に調印されたのは，中距離核戦力(INF)全廃条約。アメリカとソ連で調印された。中距離とは，500 ～ 5,500km の射程能力を持つもの。戦略兵器削減条約(START)は 1991 年に調印された。調印したのは，アメリカのブッシュ大統領と，ソ連のゴルバチョフ大統領。これにより，大陸間弾道ミサイルなどが削減された。

(4) 対人地雷全面禁止条約は 1997 年に採択された。国連によると，毎年，2 万人を超える人が地雷の被害にあっているという。地雷を禁止し，埋まっている地雷を取り除くというもの。日本は 1998 年に締結した。アメリカ，ロシア，中国(以上，五大国)，韓国などがまだ調印していない(2020 年 12 月)。

(5) インドとパキスタンは対立状態にあった。インドは 1974 年に核保有を宣言したが，1998 年にインドが核実験を行った。これに対して，パキスタンも核実験で対抗し，核保有国となった。

(6) IAEA とは，国際原子力機関のことで，1957 年に発足した。2020 年 4 月現在で，170 を超える国が加盟しており，原子力の軍事利用に対して警戒を行っている。最近では，北朝鮮の核問題で査察を行ったという事例がある。なお，日本は設立当初から加盟。

147 (1) ア
(2) ア，エ

解説 (1) イ．UNECCO(国連教育科学文化機関)

についての説明である。ウ．安全保障理事会ではなく経済社会理事会である。エ．GATT(関税および貿易に関する一般協定)は，経済社会理事会とは関係がない。また，貿易紛争の処理を行っているのは，GATT に代わり 1995 年に発足したWTO(世界貿易機関)である。

(2)　イ．図1中に示された国々のうち，北アメリカの国はアメリカ，カナダ，メキシコの3か国。貧困率はアメリカ21.2%，カナダ14.0%，メキシコ24.5%で，平均すると19.9%となる。ウ．1990年代に子ども貧困率が3%以上増加した国々のうち，チェコの2010年における子ども貧困率は9.0%であり，10%を超えていない。エ．日本は，子ども貧困率の低い上位3分の1には含まれていない。

148 (1) イ
　　(2) 難民

解説 (1)　イ．自爆テロが頻発するようになったのは 2000 年代に入ってからであり，1973 年に起こった第4次中東戦争直後からではない。

17 地球社会と国際協力

149 (1) オゾン層
　　(2) イ

解説 (1)　オゾン層は，紫外線を吸収して地上の生物を守っている。オゾン層の破壊が進むと皮膚ガンなどの心配が出てくる。破壊の原因はフロンガス。フロンガスは冷却材として，冷蔵庫やクーラーなどに使われていた。特に南極や北極でのオゾン層の破壊が進んでおり，早急な対策が求められている。

(2)　世界の国は約 200 か国あるので，その5分の1は約 40 か国になる。南極・北極の保護切手は，42 の国・地域で共同発行された。日本では，2009 年6月に発売された。切手発行の目的は，極地保護と，地球温暖化に対する関心を深めることであった。

150 (1) イ
　　(2) ウ

解説 (1)　酸性雨の原因となる化石燃料を多く使用しているのは，先進国である。

(2)　2017 年に二酸化炭素排出量が最も多いイは中国で，それに次いで多いアはアメリカである。エは 2017 年の二酸化炭素排出量が 1990 年の2倍以上になっていることから，経済成長がめざましいインドとなり，ウが日本である。

151 イ

解説 イは一般に地球サミットと呼ばれる。アの国連貿易開発会議は，UNCTAD(アンクタッド)のこと。南北問題の話し合いのために，1964 年に国連の機関として設置された。ウのアジア太平洋経済協力会議は，APEC(エイペック)のことで，1989 年に発足。日本・アメリカ・中国など 21 の国・地域が参加している。エの国連人間環境会議は，1972 年にストックホルムで開催。「かけがえのない地球」をテーマに話し合いがなされ，人間環境宣言が出された。

⑦ 得点アップ

▶環境と開発に関するリオ宣言
第1原則　人類は，持続可能な開発の中心にある。人類は，自然と調和しつつ健康で生産的な生活を送る資格を有する。
第4原則　持続可能な開発を達成するために，環境保護は，開発過程の不可欠の部分とならなければならず，それから分離しては考えられないものである。
第6原則　発展途上国，特に最貧国及び環境の影響を最も受けやすい国の特別な状況及び必要性に対して，特別の優先度が与えられなければならない。環境と開発における国際的行動は，すべての国の利益と必要性にも取り組むべきである。

152 例 発展途上国の間で，資源や工業製品を輸出できるかどうかで，経済の格差が広がった。

解説 一般に先進国と発展途上国との格差の問題を南北問題というが，発展途上国間での格差の問題が南南問題である。発展途上国の中で，資源があり工業化が進んでいる国と，そうでない国との格

差の問題である。資料では，資源があり工業化が
進んでいる南アフリカ共和国とベネズエラ，マ
レーシアは国内総生産の伸びが大きい。それに対
して，農産物輸出にたよるケニアとグアテマラの
伸びは小さいことがわかる。

---

153 (1) リオデジャネイロ，ウ
(2) オ
(3) 例 偏西風がふいているため。

解説 (1) 地球サミットとは，国連環境開発会議の
ことである。1992 年にブラジルのリオデジャネ
イロで開催され，持続可能な開発をめざしたリオ
宣言が出された。20 年前の 1972 年に国連人間環
境会議が開かれたが，その会議を引き継いだもの。
(2) チェルノブイリ原子力発電所の事故は，ウクラ
イナ(当時はソ連)でおきた。広島に落とされた原
爆の数百倍の放射性物質が流出したとされる。原
発の事故としては，過去に例のない大きな事故で
あった。日本でも，2011 年 3 月に発生した東日
本大震災により福島第一原発に被害が出て，放射
能がもれる大事故が発生した。
(3) デンマークは人口密度が高い国だが，自然を生
かした風力発電は海上を中心に行われている。

---

154 (1) A…ア　　B…ウ　　C…イ
(2) 例 環境を保全して，将来の世代に
引き継ぐことができるよう開発する
こと。
(3) 例 地球温暖化の原因となる二酸化
炭素の排出量を減少させることがで
きる。

解説 (2) 将来の世代にこの地球環境を引き継ぐこ
とができないとすると，開発をすることはできな
い。地球環境を保全しながら，健康で生産的な生
活を送ることが必要である。特に環境の影響を最
も受けやすい発展途上国の事情をよく考える必要
がある。
(3) パークアンドライドにより，マイカーの利用を
減らすことができれば，二酸化炭素の排出量を減
らすことに貢献できる。このような積み重ねが，
地球温暖化を少しでも防止することになる。

第 5 回 実力テスト

1 (1) ⑥
(2) イ→ア→ウ
(3) ③
(4) リサイクル

解説 (1) 1960 年代後半になると，日本の工業は
ますます発展し，環境をかえりみない物づくりが
進行した。その結果，大気汚染や地盤沈下，水質
汚濁などの公害が多く発生し，四大公害病が発生
した。政府は 1967 年に公害対策基本法を制定し，
大気汚染，水質汚濁，土壌汚染，騒音，振動，地
盤沈下，悪臭を典型 7 公害と定義し，公害対策
の基本方針を定めた。1993 年になると，地球規
模での環境破壊に対応するために，公害対策基本
法を発展させる形で環境基本法が制定された。

---

⑦ 得点アップ

▶典型 7 公害

大気汚染
生活や自然環境に悪影響を与える汚染物質によって大気が汚染されること。硫黄酸化物(SOx)，窒素酸化物(NOx)，光化学オキシダント，アスベスト等などが含まれる。
水質汚濁
公共用水域に有害物が排出されることで，水質が汚濁すること。工場排水，生活排水，農業排水などが原因となる。
土壌汚染
有害物質等が水や大気などを通じて，土壌に浸透して生じる汚染のこと。
騒音
不快だったり，好ましくなかったりする音のこと。工場・事業場，建設作業現場，自動車，航空機，鉄道など。
振動
地盤等が揺れること。工場・事業場，建設作業現場，道路交通，鉄道などが発生源となる。

地盤沈下
地盤が沈下して家屋などに被害を与えること。地下水のくみ上げ，鉱物や天然ガスなどの資源の採取などが原因となる。
悪臭
不快だと感じさせるにおい。工場や事業所などかが原因となる。

(2)　㋐は1964年，㋑は1956年，㋒は1970年である。

(3)　X．製造物責任法ではなく，消費者基本法である。製造物責任法(PL法)とは，製造物の欠陥により消費者に被害が起きたときの，製造業者の賠償責任について定めた法律で，消費者の権利を守るために制定された。Y．2009年に消費者庁が設置され，政府の消費者行政を一元化した。

(4)　3RはReduce(リデュース)，Reuse(リユース)，Recycle(リサイクル)の3つのRの総称で，環境保全のためにかかげられた。リデュースはごみの量を減らすこと，リユースは一度使ったものを再利用すること，リサイクルは使い終わったものを再資源化することである。

> **2** (1) 1…朝鮮戦争　2…平和維持[PKO]
> (2) ア
> (3) イ
> (4) ア
> (5) イ
> (6) ア
> (7) ① 例 条約で認められた核保有国は，核兵器を保持し続けられる点。
> ② オバマ(元アメリカ大統領)

解説 (2)　イ．日本国憲法第9条には，自衛隊の表現は使用されていない。ウ．非核三原則は，政府の核に対する方針であり，法制化されたものではない。エ．個別的自衛権とは，自国が攻撃されたときに自国を守るために攻撃する権利であり，日本国憲法で認められている。集団的自衛権とは，自国が攻撃を受けていなくても自国と同盟を結んでいる国が攻撃を受けた場合に，攻撃できる権利であり，国際法上は認められているが，日本国憲法では認められていない。

(3)　1990年代，チェチェンはロシア連邦から独立して共和国成立を宣言したが，ロシア連邦は独立を認めずに紛争状態となった。日本の自衛隊は派遣されていない。

(4)　UNHCRは国連難民高等弁務官事務所の略称で，難民問題解決のための国際連合の機関である。UNICEFは国連児童基金の略称で，子どもの支援活動を行う国際連合の機関。UNCTADは国連貿易開発会議の略称で，発展途上国の経済発展や南北問題の経済格差を是正するための国際連合の機関。UNEPは国連環境計画の略称で，環境問題についての活動を行う国際連合の機関である。

(6)　日本はODA(政府開発援助)を行うことで，国際社会における役割を果たしている。2018年における実績はアメリカ，ドイツ，イギリスに次いで大きいが，国民一人あたりの負担額では18位となる。

(7)　①核拡散防止条約(NPT)には191の国と地域が締結(2020年1月現在)している。アメリカ，ロシア，イギリス，フランス，中国の核兵器保有を認め，それ以外の国や地域への核兵器の拡散を防止する条約である。

> **3** (1) 例 拒否権を持つ常任理事国が，1か国以上反対したから。
> (2) マイクロクレジット[マイクロファイナンス]

解説 (1)　安全保障理事会は世界の平和と安全を維持することを目的とした国際連合の機関で，5か国の常任理事国(アメリカ，ロシア連邦，イギリス，フランス，中国)と，総会で選出された10か国の非常任理事国からなる。決議では常任理事国には拒否権が与えられ，1か国でも反対すれば決議できない。表では，常任理事国のうち2か国が反対しているため採択されない。

(2)　マイクロクレジットは発展途上国から先進国にも広がった。貧困層が企業するための融資を行う新しいしくみである。

第6回 実力テスト

1 (1) ウ，エ
(2) ウ，オ
(3) ア，オ
(4) ア，オ
(5) ウ，オ
(6) イ

解説 (1) ア．世界人権宣言は「すべての人民とすべての国とが達成すべき共通の基準」を宣言したもので，1948年12月10日に第3回国連総会において採択された。あくまでも宣言なので，締約国に法的義務はない。イ．女子差別撤廃条約の批准にあたって，日本で制定された法律は，男女共同参画社会基本法ではなく男女雇用機会均等法である。オ．国連難民高等弁務官事務所の業務は，難民の保護と生活支援や各国への受け入れの手続きなどを行うことであり，地域紛争を調停する役割は持っていない。

(2) ウ．インド大反乱が起こったのは1857年であり，1840年のアヘン戦争のあとに起こった。オ．革命政府はレーニンを中心とした。また，ソビエト社会主義共和国連邦の樹立の際に，ドイツとの講和などは行われていない。

(3) ア．ベルリンを首都とした国は東ドイツで，モスクワオリンピックには参加している。オ．ベルリンの壁が崩壊したのは1989年，ソ連が崩壊したのはその2年後である。

(4) ア．NATOとは北大西洋条約機構のことで，北大西洋に面したアメリカ合衆国，カナダ，とヨーロッパ諸国による軍事同盟であり，日本は加盟していない。オ．サミットを提唱したのはフランスである。

(5) ア．クローン技術についてはさまざまな観点から規制が設けられている。イ．手術などの医療行為には特許権は認められていないが，医療技術や医薬品については特許権が認められている。エ．2010年に臓器移植法が改正され，「本人の臓器提供の意思が不明の場合であって，遺族がこれを書面により承諾するとき」は移植が可能となった。

(6) ア，エ，オは，ドーピングを肯定的に述べているため適切ではない。ウは，ドーピング規制の理由が適切ではない。

2 (1) 1…朝鮮　　2…戦力
(2) エ
(3) エ

解説 (1) 1950年，朝鮮戦争が始まると，日本にいるアメリカ軍が動員され，その空白をうめる形で警察予備隊が新設された。憲法第9条では「陸海空軍その他の戦力は，これを保持しない」と定められているが，政府は一貫して警察予備隊に起源を持つ自衛隊は，戦力にはあたらないと主張している。

(2) ア．非核三原則は政府の基本方針として，現在も保持している。イ．核兵器不拡散条約（核拡散防止条約）では米，露，英，仏，中の5か国を「核兵器国」と定め，核保有を認めている。ウ．中国は1970年代に核実験を成功させており，核兵器開発も進められている。

(3) Ａ．日本は文民統制（シビリアン・コントロール）を行うことで，軍事よりも政治を優先している。防衛大臣も文民から任命される。Ｂ．1992年に国際平和協力法（通称ＰＫＯ協力法）が成立し，自衛隊員は国際協力活動への参加ができるようになった。

3 (1) Ａ…日本国憲法　　Ｂ…核兵器禁止
(2) エ
(3) ICAN
(4) エ
(5) エ

解説 (1) Ｂ．2017年に核兵器禁止条約が採択されたが，唯一の被爆国である日本はこの条約に批准していない。

(2) 1945年に国際連合が創設され，創設時の原加盟国は51か国であった。ドイツは第二次世界大戦の敗戦国であり，冷戦下でドイツ民主共和国（東ドイツ），ドイツ連邦共和国（西ドイツ）に分断されており，国際連合加盟は両国同時に1973年である。

(3) 核兵器廃絶国際キャンペーンとは，核兵器禁止条約の参加国を広げるために行われた国際運動で，通称ICANと呼ばれた。ICANはInternational Campaign to Abolish Nuclear Weaponsの略である。

(4) ドゥテルテはフィリピン大統領で，フィリピン